# FA(H)R AWAY

## Auf dem Landweg nach Indien

Hubert Luible

D1705816

traveldiary.de Reiseliteratur-Verlag
Hamburg

www. traveldiary.de

© 2005 traveldiary.de Reiseliteratur-Verlag
Jens Freyler, Hamburg
www.traveldiary.de
Herstellung: Books on Demand GmbH, Norderstedt
Fotos: Daniel Wachter, Rammi Dülger, Hubert Luible
Umschlaggestaltung & Layout: Patrick Weiß, virtuell-Medien
www.virtuell-medien.de
Lektoren: Veronika Luible, Irmgard Schlembach
Kontakt zum Autor: fahraway@lycos.de

**ISBN 3-937274-24-3**

# Fa(h)r away – auf dem Landweg nach Indien

*Dieses Buch ist meinen Freunden und Reisepartnern*
*Rammi Dülger und Daniel Wachter gewidmet.*
*Ohne die beiden verrückten Kerle wäre diese*
*Reise niemals möglich gewesen.*

# Tag 1
## 05. Februar


„Die Motoren laufen doch gut, oder?" „Ja, schon, aber die Frage ist, wie lange!"
Daniel grinst mich schelmisch an und schließt mit Wucht den Kofferraum-
deckel. Wir stehen in seiner Garage, es ist alles eingeladen: Nahrungsmittel für
eine ganze Armee, jede Menge Kanister, Ersatzteile, Werkzeug, Decken,
Klamotten, Reifen, Lampen, ein paar Autoradios zum Verscherbeln, allerlei
Elektronikkram, der Reiseführer für Iran, Landkarten für sechs Länder, Getränke
und viele andere Utensilien, die wir während der vor uns liegenden 11.000
Kilometer so brauchen könnten. Vor uns stehen zwei BMW 735i, schöne, große
Autos. Man sieht ihnen nicht an, dass jedes Fahrzeug nur 750 Euro gekostet hat.
Das Reisebudget ist schmal, unsere Ausrüstung ist alles andere als professionell.
„Hoffentlich fahren diese Luxusschlitten auch ihrem Aussehen und nicht dem
Preis entsprechend!" scherzt Rammi und erntet für diese Bemerkung ein
schiefes Lächeln von Daniel und mir.
Wir steigen gerne in diese Wagen, die allen Schnickschnack besitzen, den die
Welt eigentlich nicht braucht – obwohl die Sitzheizung sehr willkommen ist, da
es ja in den Bergen Anatoliens und im iranischen Alborzgebirge um diese
Jahreszeit verdammt kalt werden könnte. Endlich geht es los. Als ich das Hoftor
in Augsburg schließe und die Motoren beider Autos hinter mir höre, kommt so
richtig Freude auf. Mir wird ganz warm, das Herz klopft vor Aufregung, nun
geht es endlich ab ins Ungewisse. Nichts kann uns jetzt mehr aufhalten.

Die Idee entstand schon während der ersten Tour durch die Sahara mit Daniel,
damals nach dem Grundwehrdienst, aber doch eher als „Wenn-ich-mal-groß-
bin-dann-vielleicht-Möglichkeit". Letzten Sommer dann der Entschluss, es jetzt
endlich wahr zu machen: mit dem Auto nach Indien. Flüchtig sprach ich Rammi
darauf an, ob er auf so etwas Lust habe, ob er wieder mit mir Urlaub machen
wolle. Wir zogen schon vor ein paar Jahren gemeinsam nach Asien und
Neuseeland los, ein halbes Jahr verbrachten wir dort. Und das ging gut, wir
hatten eine sagenhafte Zeit. Wenn also jemand in Frage kam für eine Reise wie
diese, dann auf jeden Fall er. Bevor ich mir selbst die Sache ernsthaft überlegt
hatte, kam schon das „ok" von seinem Arbeitgeber und von einer Person, die
auch ein Vetorecht bei solchen Entscheidungen besaß: seine Freundin. Daniel
mit seiner umfassenden Reiseerfahrung – er fuhr vor einiger Zeit mit einem
alten Geländewagen von Augsburg bis nach Kapstadt – war dabei, da brauchte
man gar nicht lange zu fragen, nie hätte er sich so etwas entgehen lassen. Als
Kraftfahrzeugmeister stand sein Part der Vorbereitung schon fest: die Autos.

Zwei Fahrzeuge sollten es auf alle Fälle sein, auf ein einziges Auto in dieser Preiskategorie sollten wir uns nicht verlassen. Also brauchten wir vier Leute. Andi, der vor zwei Jahren mit Daniel und mir durch die Sahara fuhr, wurde von uns regelrecht überfallen mit der Idee, nach Indien zu gondeln. Er war gerade auf einer Party, als ich ihn anrief und ihm eröffnete, ihn als Reisemitglied schon fest eingeplant zu haben. Auch er fackelte nicht lange und sagte, das Weinglas in der einen und das Handy in der anderen Hand, noch auf der Party spontan zu. Im August 2002, also fünf Monate vor unserer geplanten Abfahrt, war die Lage im Nahen Osten schließlich noch einigermaßen friedlich, und wer konnte da schon mit den Amerikanern rechnen, die dann später tatsächlich ernst machen und im Irak einmarschieren würden? Den Zeitpunkt, zu dem der Angriff erfolgen sollte, konnte niemand voraussagen. Von August an spitzte sich die Lage mehr und mehr zu, und ab Oktober gab es schließlich wöchentlich Prognosen, dass der Krieg nächste Woche wohl losginge, bis dann die nächste Woche kam und somit auch wiederum die nächste Prognose für die kommende Woche erschien.

Wir waren anfangs sehr verunsichert, beobachteten die Medien und diskutierten immer wieder bei Treffen, am Telefon, per E-Mail oder SMS, ob wir jetzt fahren oder die Sache doch lieber abblasen sollten. Die Lage war kompliziert. Auch je nachdem, welches Medium man zu Rate zog – die Prognosen waren teilweise grundverschieden. Frankreich mit seinem Vetorecht im Sicherheitsrat war gegen einen Eingriff, die UNO also nicht dabei. George W. Bush erklärte, die USA würde im Notfall auch alleine einmarschieren. Die Waffeninspektoren um Hans Blix fanden keine Massenvernichtungswaffen, warfen aber Saddam Hussein mangelnde Mitarbeit vor, was nach Auslegung von Bush wiederum gegen die Resolution 1441 verstieß und einen Angriff rechtfertigte. 320.000 amerikanische und britische Soldaten warteten schon ab Januar 2003 auf den Marschbefehl, doch kurz davor lenkte Saddam Hussein ein und gelobte den unabhängigen Waffeninspektoren bessere Kooperation.

Zwischenzeitlich zog Pakistan seine Botschafter aus Indien ab und die Diplomaten aus Indien verließen postwendend Pakistan: Die Kashmirkrise schien wieder brenzliger zu werden. Auch die politischen Ereignisse in dieser Region waren sehr wichtig für uns, denn Pakistan mussten und wollten wir auf jeden Fall durchqueren. Die Situation verschärfte sich durch einen Anschlag auf Katholiken in der Nähe der südpakistanischen Millionenmetropole Karachi zwei Monate vor unserer geplanten Abfahrt, der antichristlichen Fanatikern die Möglichkeit gab, auf deutschen Bildschirmen ihre Einstellung gegenüber der westlichen Welt zu präsentieren. Die Türkei lenkte unterdessen kurzfristig ein und ließ, im Gegensatz zu ihrem bisherigen Kurs, amerikanische Stützpunkte auf ihrem Boden errichten. Somit war strategisch alles vorbereitet für die

Operation „Iraqi freedom", wie sie Bush nannte. Keiner wusste, ob und vor allem wann es losgehen sollte.

Ein heilloses Durcheinander also, Prognosen am Stammtisch waren genauso zuverlässig und wertvoll wie die Einschätzungen von Fachleuten, die täglich durch sämtliche Medien wanderten. Sie halfen uns nicht weiter. Rammi und Daniel entschieden schon Mitte Januar: Sie fahren auf jeden Fall, egal wie sich die Lage im Nahen Osten entwickeln würde. Meine Familie und auch viele Freunde waren natürlich anderer Meinung, und so zog sich meine und Andis Entscheidung bis zwei Tage vor Abfahrt hin. Ich entschied mich zu fahren. Andi blieb zu Hause. Wir waren also zu dritt.

Es schneit dicke Flocken, umso größer ist die Freude auf das sonnige Indien. Nachdem wir gestern die halbe Nacht die Autos bepackt, die vor drei Tagen noch schnell gekauften Winterreifen montiert und das Iran-Handbuch beim Buchhändler abgeholt hatten, verbrachten wir die letzten Stunden in Deutschland gemütlich bei Daniel auf der Couch. Es sollte für längere Zeit die letzte Nacht sein, in der wir *nicht* auf Autositzen schlafen würden.

Bevor wir jedoch die Autobahn ansteuern können, gibt es noch ein paar Kleinigkeiten zu erledigen. Eines der Autoradios funktioniert nicht, wir benötigen noch den Code dafür. Im Baumarkt muss noch Werkzeug für die Autos gekauft werden – auch wenn wir nicht hoffen, dass wir es brauchen werden, ist uns klar, dass ein Satz Schraubenschlüssel und anderes Reparaturmaterial während der Reise wichtige Begleiter sein werden.

Nachdem wir vor Daniels Haus das Startfoto von uns und den zwei Fahrzeugen geschossen haben, ziehen wir von Autohaus zu Supermarkt, von Kaufhaus zu Fachhandel. Als wir endlich die Autobahneinfahrt in Richtung Indien befahren, fallen Daniel plötzlich noch mindestens fünf Dinge ein, die er zu Hause vergessen hat, also verlassen wir die Autobahn bei der nächsten Ausfahrt und fahren zurück. Bei der Ankunft stellen wir verwundert fest, dass seine Kamera samt Stativ noch auf dem Bürgersteig vor seinem Haus steht – wir hätten sie vielleicht doch nach unseren Abschiedsfotos wieder einpacken sollen. Verdammt, die Schlamperei darf so nicht weitergehen! Was für ein Wunder, dass die teure Spiegelreflexkamera noch da steht! Das Glück ist uns hold, hoffentlich auch in den nächsten fünf Wochen.

Gegen drei Uhr nachmittags ist es dann endlich so weit, der große Moment ist da – wir befahren die Autobahn A8 in Richtung Asien, das Kribbeln im Brustraum und an den Fußsohlen wird spürbar stärker, wir fühlen es genau: Jetzt kann uns nichts und niemand mehr stoppen. Zumindest fast niemand – denn kaum liegen die ersten hundert Kilometer hinter uns, werden wir von einer deutschen

Polizeistreife aufgehalten. Den Polizisten sind wohl unsere ausgelassene Stimmung und unsere voll bepackten Fahrzeuge an einer Tankstelle in Bad Reichenhall aufgefallen. Die zwei Gesetzeshüter halten die Autos nicht für die unseren, also steht erst einmal eine intensive Personen-, Fahrzeug- und Drogenkontrolle auf dem Programm. Die Papiere stimmen überein, nach einem fast schon zärtlichen Griff eines Polizeibeamten in meine Hosentasche während der Drogensuche und einer oberflächlichen Fahrzeugdurchsuchung wird auch klar, dass wir keine verbotenen Rauschmittel an Bord haben. Doch als wir erzählen, wohin die Reise geht, schauen uns die zwei Kollegen mit großen Augen an: „Indien? Mit diesen Autos? Indien? Seid ihr da ganz sicher?" Wir nicken alle drei wortlos wie auf Kommando. „Na dann, viel Glück!"
Die Stimmung wird dadurch schlagartig besser. Die Gepäckdurchsuchung, die noch ansteht, fällt somit aus, statt Strafzettel gibt es Schulterklopfen von den beiden Polizisten, die jetzt plötzlich richtig nett sind. Um sicher zu gehen, dass unsere Fahrzeuge auch wirklich das Land verlassen, geben uns die beiden noch Geleitschutz bis an die Grenze zu Österreich.

Es hat mittlerweile aufgehört zu schneien, die Wintersonne lässt die ver-schneiten Berge und Wiesen in einem fast schon romantischen Licht erstrahlen. Leise Musik dröhnt aus den Lautsprechern, Daniel hat extra für die Reise fünf Musikkassetten aufgenommen, ich habe meine leider vergessen. So tuckern wir in mäßigem Tempo dahin und peilen Slowenien an. Die leise Vorahnung beschleicht mich, dass wir die Songs dieser fünf Kassetten bald auswendig können werden.
Es ist schon ziemlich finster, als wir die Grenze passieren. Die slowenischen Grenzbeamten sind freundlich, die Formalitäten sind in weniger als einer Stunde erledigt. Daniel vermutet, dass dies der einfachste Grenzübergang auf der gesamten Reise sein könnte. Da kaum Schnee auf den Straßen liegt, beschließen wir, heute noch bis zur Hauptstadt Lublijana zu fahren und dort zu übernachten.
Wir sind alle drei überrascht, wie modern und stilvoll alles aussieht, Lublijana scheint ein wunderbarer Ort zu sein. Kneipen gibt es in rauen Mengen und das Bier überzeugt sowohl vom Geschmack als auch vom Preis. Die erste Nacht in den Autos, auf einem Parkplatz mitten in der Innenstadt, hat schon etwas Aufregendes. Alleinc im Auto liegend beginne ich mein Reisetagebuch, das mich auf den kommenden 11.000 Kilometern begleiten soll. Als ich den Stift weg lege, kann ich dick eingemummt im Schlafsack lange nicht einschlafen – aus Freude auf die nächsten Wochen.

# Tag 2
## 06. Februar

Die Sonne scheint durch die Windschutzscheibe und während ich noch die angenehme Temperatur im Auto genieße und vor mich hindöse, rüttelt mich plötzlich ein kräftiger Ruck wach. Selten kam mein Kreislauf so plötzlich in die Gänge. Beim Blick in den Rückspiegel sehe ich meine zwei sich schlapp lachenden Reisekollegen – sie sitzen schon abfahrtbereit hinter mir im Wagen, nachdem sie kräftig gegen meine Stoßstange gefahren sind. Sehr lustig.

Wir schleichen mit noch teilweise zugefrorenen und angelaufenen Scheiben durch die Innenstadt von Lublijana. Der Eindruck vom Vorabend bestätigt sich, diese Stadt ist zum Verlieben schön. Die Stimmung könnte besser nicht sein: Sonnenschein, jede Menge Leute auf den Straßen. Kurios präsentieren sich die Schneeberge am Straßenrand, die nur durch die hervorstehenden Seitenspiegel als Autos identifizierbar sind. Mein Fahrzeug zeigt an diesem ersten Morgen schon sein erstes kleines Wehwehchen – ein Nagel steckt im rechten Hinterrad. Wir tuckern langsam mit dem fast schon platten Reifen zur nächsten Tankstelle. Ein schneller Reifenwechsel, kurzer Autocheck, dann endlich Frühstück. Unsere drei Kartons Aldi-Milch sind eisgekühlt im Kofferraum. Fünf Wochen lang wird es nun das gleiche vitaminreiche Müsli zum Frühstück geben, an den Faktor „Abwechslung" hat beim Einkaufen leider keiner gedacht.

Die Fahrt durch das verschneite Slowenien bereitet ausgesprochen gute Laune. Die Straßen sind fast perfekt geräumt, der Verkehr fließt akzeptabel und überhaupt könnte man meinen, dass man immer noch durch deutsche Alpenlandschaften fährt. So vergeht der Vormittag problemlos, ohne Zwischenfälle erreichen wir die Grenze zu Kroatien.

Die Kroaten empfangen uns schon mit einem freundlichen Winken, viel scheint zurzeit an der Grenzstation nicht los zu sein. Die Leute sind redefreudig, auch wenn wir kaum etwas verstehen. Als alles geregelt ist, sämtliche Stempel in den Pässen, Unterschriften auf den Zollpapieren, den so genannten „Carnets de passage", unsere Fahrzeugbriefe gecheckt und die Glückwünsche für die Reise ausgesprochen sind, wird noch einmal freundlich gelächelt und ab geht die Post. Man kann den Weg kaum verfehlen – die Straße führt immer geradeaus auf den gut ausgebauten Autobahnen in Richtung Zagreb. Diese Stadt wollen wir uns auf jeden Fall anschauen, vielleicht original kroatische Bohnensuppe essen und ein bisschen einkaufen gehen, doch die Beschilderung am Autobahnkreuz ist ein wenig verwirrend. Dass die Hauptstadt Zagreb nur eine Ausfahrt besitzt, verwundert uns ebenfalls. Vielleicht sind wir einfach blind? Das bestätigt sich auch gleich fünfzig Kilometer nach dieser besagten Ausfahrt, die Hauptstadt ist jetzt schon weit hinter uns – anstatt der kroatischen Bohnensuppe in Zagreb gibt es jetzt eben deutsche Aldi-Salami auf Tüten-Vollkornbrot am nächsten Rastplatz. Von Kroatien konnten wir nicht viel sehen, die Autobahnen führen als endlose Geraden durchs Land. Alle zehn Minuten überholen wir ein einsames Auto und egal wohin man blickt, erinnert die Landschaft wohl eher an die russische Taiga als an ein beliebtes Urlaubsland.

Noch knapp 550 Kilometer bis Serbien. Nachdem Rammi uns bei jedem Stopp an Rastplätzen mal mehr und mal weniger leicht auffährt, sind wir es langsam gewohnt, kurz nach dem Stillstand durch einen kräftigen Ruck von hinten noch einmal einen halben Meter nach vorne geschoben zu werden. Die fast verlassene Autobahn verleitet zum Rasen und so fahren wir bei Sonnenschein in hoher Geschwindigkeit Richtung Serbien. Dort allerdings sollte der Spaß dann erst einmal vorbei sein.

Fünfzig Kilometer vor der Grenze haben sich dicke Wolken vor die Sonne geschoben, es schneit große Flocken und die kroatischen Grenzbeamten warnen uns schon bei der Ausreise vor den Serben: Abzocke und Polizeistrafen für kleine Delikte seien uns gewiss. Wir waren bei der Reisevorbereitung schon etwas schlecht auf die serbische Bürokratie zu sprechen – hat das Durchreise-visum doch 35 Euro pro Nase gekostet, mehr als ein Halbjahresvisum für Indien. Bei der Einreise werden wir schon sehr verhalten empfangen. Ich frage mich, ob der Grenzbeamte, der die Pässe sichtbar gelangweilt und in Zeitlupentempo in Empfang nimmt, taubstumm ist oder von Haus aus einfach seine Lippen nicht gern bewegt. Seinem Zeigefinger nach sollen wir ein paar Meter weiter unsere Autos abstellen und warten. Aha. Wird gemacht, Chef! Auf Gestikulieren des Beamten entfernen wir uns von seiner kleinen Hütte. Wir stehen im Freien, es schneit und stürmt, und wir überlegen zum zwölften Mal, ob wir auch wirklich alle Vorgaben erfüllen. „Sind die Pässe alle mit Visa beklebt?" fragt Rammi. „Ja", antworten Daniel und ich im Chor. „Haben wir alle Fahrzeugbriefe, Fahrzeugpapiere, die Carnets de passage abgegeben?" „Auch ja", ist die Antwort. „Ist die Profiltiefe ausreichend, haben wir die Geschwindigkeiten eingehalten?" äfft Rammi einen strengen Grenzbeamten nach. „Aber sicher, alles bestens", beruhigen wir ihn und nicken andächtig. „Habt ihr die Maschinengewehre, Handgranaten, den Panzer und alle Drogen gut versteckt?" scherzt er weiter. „Aber sicher, wir haben sogar extra die Zähne geputzt – jetzt kann wirklich nichts mehr schief gehen." „Na dann ist ja alles gut."

Frierend stehen wir in Reih und Glied neben unseren Fahrzeugen und sind beruhigt. Doch der Grenzbeamte gibt uns ein Handzeichen, wir sollen herkommen, es gäbe ein Problem. Unsere grüne Auslandsversicherungskarte für die Fahrzeuge sei nicht mit der Abkürzung „YU" versehen, also müsse eine eigene Versicherung abgeschlossen werden. Da man dafür nicht in die nächste

Stadt fahren darf, gibt es nur eine Möglichkeit – die Versicherung muss hier an der Grenzstation gekauft werden. Die gute Nachricht: Es gibt mehrere Versicherungsvertretungen an der Grenze, da kann man die Preise vergleichen. Die schlechte Nachricht: Es gibt nur einen einzigen Preis und der liegt bei 80 US-Dollar – pro Auto! Wir versuchen zu handeln, doch ein anscheinend erfahrener Lastwagenfahrer aus Italien klärt uns kurz und bündig auf: „Nix zahlen 80 Dollar, nix fahren in die Serbia." Bei solch konkreten Aussagen bleiben keine Zweifel. Zähneknirschend bezahlen wir. Nachdem wir das Lehrgeld auf den Tisch gelegt haben für eine Versicherung, die, wie ich im Nachhinein gehört habe, im Schadensfall sowieso nur mit großen Schwierig-keiten zahlt, geht es mit grimmigen Gesichtern zu einem Grenzbeamten, der genauso taubstumm zu sein scheint wie der andere. Kostet dort etwa Reden auch Geld? Ich würde es sofort glauben.

Der umfangreichste Satz, den ich bis jetzt von ihm vernommen habe, lautet: „Come with me". Wir trotten ihm nach. Gäbe es eine Meisterschaft im Langsamlaufen, er wäre der klare Favorit. Er will unser Gepäck sehen. Und das ganz genau. Es schneit heftig, auch der Ablagetisch an der Grenze ist dick mit Schnee bedeckt. Wir räumen trotzdem sämtliche Gegenstände samt Kissen, Decken und Daunenschlafsäcke aus, legen sie auf den nassen Tisch und schauen machtlos zu, wie sie in kürzester Zeit schneebedeckt sind. Der gesprächige Grenzer murmelt nur ab und zu etwas Unverständliches und steuert mit seinem Zeigefinger die ganze Aktion. Wir, drei Kasper mit Schneemützen, räumen also die Autos nacheinander aus und versuchen, locker zu bleiben. Unser serbischer Freund steht nur vor dem Kofferraum und mich beschleicht der Gedanke, dass er wohl zu viele FBI-Fahndungsfilme gesehen haben muss. Nachdem die Tortur endlich vorbei ist und er offensichtlich nichts gefunden hat, was für eine spektakuläre Verhaftung von uns gefährlichen Gangstern reichen würde, räumen wir unsere Fahrzeuge wieder ein, bringen die Decken und Kissen schon mal in Trocknungsposition und warten unterbewusst schon auf die nächste malträtierende Anweisung dieses Beamten. Nach knapp zwei Stunden zieht er – wenn auch in Zeitlupengeschwindigkeit – endlich unsere Pässe aus seiner Brusttasche. Er zelebriert die Übergabe unserer Papiere regelrecht als Ritual, als würden wir vom Papst höchstpersönlich einen selbst angefertigten Rosenkranz überreicht bekommen. Ohne weitere Kommunikation steigen wir in die Fahrzeuge. Als wir zurücksetzen, wünschen wir dem Grenzer, der in seiner Schildkrötengangart zurück zum warmen Grenzhäuschen trottet, alles, was ich hier lieber nicht aufzähle.

Es ist grau und nass, so ähnlich könnte man im Moment auch unsere Stimmung beschreiben. Noch genervt von der Einreise schreiben wir jetzt sogar die Schuld am schlechten Wetter dem Grenzbeamten zu. Wir wissen aus vielen

Erzählungen, teils sogar von Serben selbst, dass die Polizei überall lauert und gerne bei ausländischen Autofahrern abkassiert. Wir halten uns deshalb besonders genau an die vorgeschriebenen Geschwindigkeiten.

Mittlerweile ist es stockfinster, das Wetter immer noch so, wie man sich schlechte Tage in der Arktis vorstellt, und trotzdem beschließen wir, dieses Land auf jeden Fall heute noch zu verlassen. Zwar hätte uns Belgrad sehr interessiert, jedoch ist uns die Lust auf Sightseeing irgendwie vergangen. Zum Trost führt die Autobahn mitten durch die Stadt, auf beiden Seiten ragen große Gebäude hervor, so gewinnen wir wenigstens einen Eindruck. Es herrscht Weltuntergangswetter, es ist stürmisch, ein Mischmasch aus Regen und Schnee beschäftigt die Scheibenwischer, die Lichter der Hochhäuser spiegeln sich auf der nassen Straße. Da der Verkehr auch noch sehr dicht ist, wird das Fahren unter diesen Umständen ziemlich anstrengend. Wir reden im warmen Auto über unsere Vorstellungen von der sonnigen Südküste der Türkei, über den Zeitpunkt, an dem wir sämtliche Jacken und Pullover verschenken, stellen uns vor, wie wir gerade die dritte Familienpackung Sonnenmilch aufgebraucht haben und am Strand Fußball gegen Türken, Pakistanis, Inder oder wen auch immer spielen.

Zurück zum Winter. Kurz vor der bulgarischen Grenze müssen wir noch einmal tanken. Wir zahlen mit US-Dollar und werden das Gefühl nicht los, dass wir von den drei Tankwarts, die schön gereiht hinter der Kasse stehen, übers Ohr gehauen wurden. Es wird uns eine Rechnung präsentiert, die komplizierter zu sein scheint als die Abiturprüfung im Leistungskurs Mathematik. Schon bevor wir den Tankstutzen in unsere Autos steckten, zeigte die Zapfsäulenanzeige sieben Liter an, dazu rechnet er die US-Dollar in einem so abenteuerlichen Kurs in die einheimische Währung um, dass mir ganz schwindlig wird. Damit aber nicht genug: Dubiose Gebühren, die wohl je nach Wochentag wechseln, kommen auch noch zu der ohnehin schon überdimensionalen Rechnung dazu. Rammi jedoch hat aufgepasst und mitgerechnet. Nach einer Diskussion in einem Mix aus Deutsch, Englisch und Türkisch setzen wir uns dann schließlich durch – am Ende zahlen wir den Betrag, den *wir* für korrekt empfinden. Plötzlich freundlich, scheinbar etwas peinlich berührt, dass Rammi den Schwindel aufgedeckt hat, überreicht uns einer der Tankstellenmeister noch gratis drei Kalender mit Werbung ihrer Tankstelle auf der Rückseite, die jedoch gleich beim Abbiegen auf die Straße durch den Fahrtwind vom Armaturenbrett aus dem Fenster geweht werden – aus Versehen, versteht sich.

Die Autobahn ist schon seit Längerem zu Ende, wir fahren eine dicht befahrene, einspurige Landstraße entlang. Es gilt, die vielen Lastwagen zu überholen und bei der glatten, spiegelnden und kurvenreichen Straße auf der Fahrbahn zu bleiben. Aber wir wollen heute noch weg von hier, auf jeden Fall. Wir erreichen die Ausläufer der Rhodopen, die teilweise bis zu 1.800 Meter hochragen, und singen dabei ein Loblied auf Daniel, der noch kurz vor der Abreise die Winterreifen ergattert hat. Ohne sie könnten wir diese Reise wohl jetzt schon beenden. Auf der Fahrt durch das Gebirge führt uns der Weg durch einige enge Tunnels, die verdammt knapp in den Fels geschlagen wurden und keine Beleuchtung haben. Die Trucks vor uns müssen millimetergenau rangieren, um aneinander vorbeizukommen. Wir kommen immer wieder in diesen Tunnels zum Stehen und schauen dem „Bleibt-der-Lastwagen-jetzt-hängen-oder-nicht-Spektakel" gebannt zu. Nur Millimeter trennen die Trucks von den Felsen, die Fahrerhäuser berühren sich schon fast.

Wenige Kilometer nach dem letzten Tunnel erreichen wir – kurz vor Mitternacht – die Grenze zu Bulgarien. Die Frage ist nun, ob wir tatsächlich noch heute Nacht die Formalitäten hinter uns bringen. Es könnte ja schließlich mehrere Stunden dauern und so langsam wären Ruhe und ein nach hinten geklappter Sitz herzlich willkommen. Wir wagen es und nach kurzer Diskussion reisen wir mit – für serbische Verhältnisse – wenig Stress aus, schimpfen noch ein wenig über den Grenzbeamten und die Typen an der Tankstelle, sind aber im Grunde sehr zufrieden und stolz, ohne größere Zwischenfälle durchgekommen zu sein. Für diverse Abgaben an Polizei und Zoll hatten wir schon bei der Vorbereitung 250 Euro eingeplant, da wir immer wieder von Strafen für imaginäre Verkehrsverstöße gelesen und gehört hatten. Doch bis jetzt haben wir von unseren 250 Euro „Schmiergeld-und-Formalitäten-Beschleunigungsbudget", wie wir es nennen, noch keinen Cent entnommen, wenn man von der serbischen Versicherung absieht. Als uns das heute Abend bewusst wird, klopfen wir alle drei ganz andächtig auf Holz.

Heute haben wir knapp 800 Kilometer zurückgelegt. Wir sind müde und erschöpft. Gleich nach der Abhandlung der Formalitäten stellen wir unsere Wagen im Niemandsland zwischen der serbischen und der bulgarischen Grenze ab und machen zur Feier des Tages eine Flasche Wein auf. Was für ein Tag, drei Länder durchquert und unserem Ziel schon wieder ein kleines Stück näher gekommen. Durch den Wein wird die Stimmung noch recht ausgelassen. Während Rammi nebenan im Auto schon in anderen Sphären schnarcht, leeren Daniel und ich noch die restliche Flasche und formulieren beschwipst den heutigen Tagebucheintrag.

# Tag 3
## 07. Februar

Der Schlaf beschränkt sich leider auf wenige Stunden. Kurz vor sieben Uhr weckt uns ein Grenzbeamter auf serbisch-herbe Art. Wir sollen schnellstens Land gewinnen, sollen weg von hier. Ein hochrangiger Beamter komme zu Besuch an die Grenze und es solle „clean" sein hier im Neutralgebiet. Also wollen wir den ungefähr 500 Meter langen Landstrich nicht mit unserer Anwesenheit beschmutzen und räumen auf, indem wir uns, noch halb schlafend, auf die bulgarische Grenzstation zubewegen. Die Sonne dringt leicht durch die Wolken, die Luft ist klirrend kalt und klar, die Fenster am Auto sind beschlagen, nur ein kleines mit der Hand freigemachtes Loch gibt Sicht. Doch diese Fläche reicht uns an diesem Morgen aus, die Augen sind sowieso noch halb geschlossen. Die Beamten geben Zeichen, aber ich verstehe das nicht. Der Zollbeamte sieht aus, als gäbe er Anleitung für Wassergymnastik. Obwohl Rammi hinter mir fährt, erkennt er den Sinn der Übung, er deutet die Gestiken wohl als Aufforderung zum Anhalten und Aussteigen. Ich mache es ihm nach. Doch so früh am Morgen kann man nicht an alles denken; ich vergesse, den Rückwärtsgang herauszunehmen. Nachdem ich ausgestiegen bin, fährt das Auto wie von Geisterhand gelenkt los, wird jedoch nach fünf Metern von unserem anderen Fahrzeug abrupt gebremst. Die Beamten, bis dahin ebenfalls sehr bewegungsarm hinter der Glassscheibe, springen auf und schauen mich an, als würde ich kleine Kinder zum Frühstück essen. Ich sehe mich schon beim Verhör mit Handschellen an einem Schreibtisch mit heller Lampe sitzen, doch Rammi und Daniel lachen und den Beamten bleibt nichts anderes übrig als auch etwas peinlich berührt zu grinsen. Jetzt wirken die beiden sogar etwas unsicher, sie wissen wohl nicht so ganz, was sie von uns halten sollen – aber das beruht schließlich auf Gegenseitigkeit. Die Fotos auf den Pässen werden besonders akkurat mit den originalen Köpfen verglichen. Ich versuche, genauso wie auf dem Bild zu schauen. Es gelingt mir offensichtlich – bald blättert er weiter, die Gesichtskontrolle dürfte somit wohl bestanden sein.
Es folgt die nächste Station, eine kleine Hütte, an der man die Autobahngebühr berappen muss. Zwanzig Euro pro Fahrzeug für die wohl schlechteste Autobahn der Welt.
Wir entdecken leider nach dem Bezahlen kleingeschrieben auf einem Schild, das an die Hütte genagelt ist: „Autobahngebühr 17 Euro". Auch auf dem Beleg sind nur siebzehn Euro vermerkt, pro doofen Reisenden wie uns gehen also drei Euro als Taschengeld an die Zollbeamten. So kommt hier wohl das dreizehnte Monatsgehalt zu Stande. Die nächste Hütte verlangt drei Euro Desinfektions-

gebühr – pro Fahrzeug, versteht sich. Wir dürfen durch ein Becken mit tiefbrauner Flüssigkeit fahren. Anstatt „Desinfektionsbecken" wäre der Begriff „Infektionsbecken" wohl passender. Wiederum danach lesen wir in mehreren Sprachen: „Desinfektionsgebühr: 2 Euro". Beleg gab es natürlich keinen. Das hätten wir jetzt aber wissen sollen – denken ist heute Morgen nicht gerade unsere Stärke!

Es herrscht mittlerweile schon reger Verkehr am Übergang. Durch das ständige Warten wird der Motor eines unserer Autos heiß, da der Lüfter nicht funktioniert. Bei minus zehn Grad Celsius stehen wir nun über eine halbe Stunde um das Auto und entlüften den Motor. Dazu verliert ein Reifen Luft und kaum fahren wir die fünfte Tankstelle an, hat diese auch einen Kompressor.

Die Bulgaren, denen wir begegnen, sind nicht direkt unfreundlich, aber doch sehr verhalten. Die Dörfer, die wir passieren, scheinen ihrer Zeit etwas hinterher zu sein. Man erkennt den Unterschied zu westeuropäischen Ländern spätestens dann deutlich, wenn man um die Ecke fährt und plötzlich stark abbremsen muss, weil ein Eselsgespann auf der „Autobahn" unterwegs ist. Polizeistreifen halten uns hin und wieder auf, relativ wortkarg, aber freundlich, wollen nur unsere Papiere sehen und lassen uns dann wieder weiterziehen. Sophia, die Hauptstadt, scheint riesig zu sein. Die Millionenstadt mit den vielen gigantischen Häuserblocks aus den Zeiten des Sozialismus, den gegensätzlichen, fast dörflich wirkenden Hütten davor und dem regen Treiben auf den Straßen fasziniert uns sofort. Wir wollen noch eine Extrarunde drehen. Daniel schießt vom fahrenden Auto aus dem Schiebedach Bilder, die Szenen auf den Straßen Sophias sind so interessant, dass wir uns ein gutes Stück in den kleinen Straßen der Vororte verheddern. Viele Menschen sind unterwegs, unzählige Mofas und Autos, Lastwägen, die bei uns ein klarer Fall für den Schrotthändler wären, Handkarren und Eselsgespanne schieben sich durch die Gassen. Bunte Werbeschilder wechseln sich ab mit grauen und braunen Mauern, dazwischen Holz- und Stahlzäune. Nach gut dreißig Minuten beschließen wir umzudrehen. Wir nehmen den gleichen Weg zurück zur Hauptsraße, auf dem wir gekommen sind und steuern Richtung stadtauswärts. An einer roten Ampel geht plötzlich meine Fahrertür auf, ein Polizist macht mir auf englisch klar, dass wir irgend etwas angestellt haben, somit ein „big Problema" hätten und dass wir mit ihm und seinem Kollegen auf das Revier kommen sollen. Was für ein Zufall – wir stehen direkt davor, die Polizeistation ist gleich neben uns. Wir lassen also unsere Autos einfach vor der Ampel stehen und gehen voller Verwunderung mit den Polizisten zur Wache. Der Beamte redet auf dem Weg kein Wort. Drinnen erfahren wir, dass Fotografieren in diesem Land verboten sei. Interessant, das wussten wir nicht. Es stehen also Preisverhandlungen über die Höhe der Strafe an. Dazu kommt, dass ich angeblich nicht angeschnallt gewesen sei. Sogar nachdem ich den Motor abgestellt hatte, war der Gurt noch um mich geschnallt. Genau das erkläre ich dem Polizisten und nach einer Weile gibt er uns Recht, wir müssen plötzlich doch nicht zahlen. Das Fotografierverbot war damit wohl auch aufgehoben. Nachdem das Gurtthema abgeschlossen ist, schwenkt die Verhandlung in einen gemütlichen Plausch über unsere Reisepläne um. Wir erzählen von unserem Vorhaben, von Indien und der Strecke bis dorthin, von bisher Erlebtem und unseren Eindrücken. Es wäre nett, noch eine Weile dort zu bleiben, ein wenig vom Polizistendasein in Sophia zu erfahren – aber die Sprachbarrieren sind einfach zu groß. Es wird Zeit zu gehen. Wir versuchen zu erklären, dass wir jetzt weiter müssen, da wir noch heute in die Türkei einreisen wollen. Sie schauen uns nur freundlich an. Ich strecke meine Hand entgegen, um mich zu verabschieden. Nach Glückwünschen und Schulterklopfen machen wir uns dann ganz, ganz langsam aus dem Staub, bis die Schandarmstation im Rückspiegel verschwunden ist.

Die Landstraßen entlang zu fahren macht großen Spaß. Wir überholen an diesem Tag wohl einige hundert Autos, Lastwagen, undefinierbare Gefährte, Eselskarren, Pferdekutschen, Mofas und Schubkarren, die überdimensional beladen sind mit Heu, Stroh, Metallfässern, Holz, Stoffen und so manch anderem, nicht identifizierbarem Gut. Für TÜV- und ASU-Beamte aus Deutschland wäre dies wohl ein Bild des Grauens: Viele Fahrzeuge weisen solche Rostschäden auf, dass es schon wie ein Wunder wirkt, dass die Karosserie noch trägt. Die Abgaswerte dürften wohl alle Messlatten bei Weitem übersteigen. Dicker, schwarzer Qualm, den viele Fahrzeuge ablassen, nimmt uns teilweise für mehrere Sekunden den Durchblick, wir sehen einige Autos, deren Räder mit nur zwei statt fünf Radbolzen an die Achse montiert sind. Fahrzeuge ohne Windschutzscheibe garantieren wohl für eine modische Frisur. Diese Vielfalt an Kuriositäten macht die Fahrt sehr aufregend. Wir legen jetzt öfter Pausen ein, um uns über die Phänomene der hiesigen Straßen auszutauschen: „Boa, hast Du den roten Lastwagen ohne Fahrerkabine oder das Fahrrad mit dem kleinen Baum auf dem Gepäckträger gesehen?" „Ja sicher, und erst der alte Gastransporter, der gnadenlos mit den roten Flaschen überladen war, auf denen ein Totenkopf-Zeichen aufgeklebt war – ich dachte beim Überholen wirklich, dass jetzt jeden Moment die Bordwand bricht. Und der Fahrer sitzt rauchend im Führerhaus – Junge, was für ein brenzliges Gefühl!" „Aber das ist ja gar nichts gegen den Bagger mit der riesigen Schaufel auf Windschutzscheibenhöhe. Der hat ja mehr als dreiviertel der Straße ausgefüllt, ich war beim Ausweichen schon mit zwei Rädern im Feld. Da fällt mir echt nichts mehr ein, die haben vielleicht Nerven." Gespräche über die „Boa-ey-Erlebnisse" wie dieses dominieren unsere Fahrpausen.

Viele Leute sind freundlich, winken uns zu, stellen ihre Schubwägelchen ab und schauen uns interessiert nach. In manchen Dörfern stehen im Vergleich zu den vielen anderen Fahrzeugen auf der Straße relativ moderne Polizeistreifenwagen. Jedes Mal, wenn wir mit maximal dreißig Kilometer pro Stunde lächelnd an den Ordnungshütern vorbeifahren, wird mir ganz flau im Magen – hatten wir doch auch von der bulgarischen Polizei mehrere unschöne Geschichten gehört. Jedoch haben wir Glück, die Beamten starren auf uns, während wir im Zeitlupentempo an ihnen vorbeifahren, nicken uns zu oder auch nicht, aber keiner hält uns mehr an. Die Straßenzustände wechseln ab von neu und breit bis zur Kategorie „ausgebauter Feldweg" mit hinterhältigen Schlaglöchern. Es ist etwas grau, die Sonne zeigt sich schwach durch eine dicke Wolkendecke, links und rechts von uns liegen weite Felder und Waldgebiete. Ab und zu fallen leichte, kleine Flocken, die jedoch nicht lange liegen bleiben. Es ist schön hier. Eine letzte Polizeikontrolle, ungefähr vierzig Kilometer vor der Landesgrenze, winkt uns zwar ohne uns anzuhalten vorbei, die strengen Blicke der zwei Polizisten aber durchbohren uns förmlich.

Als wir so gegen vier Uhr nachmittags die türkische Grenze erreichen, sind wir erleichtert. Rammi hat türkische Eltern und beherrscht die Sprache perfekt, er weiß mit türkischen Beamten umzugehen, kennt die Mentalität dieser – wie sich noch herausstellen wird – derart freundlichen Leute und kann uns sogar den Unterschied zwischen den zehn verschiedenen Dönerarten erklären. Ohne seine Hilfe bei der Menüauswahl wären wir wohl hoffnungslos verloren!
Die Einreiseformalitäten dauern gut zwei Stunden, wir sehen mehrere deutsche Kennzeichen – bis auf eine Ausnahme im Iran das letzte Mal auf der gesamten Reise. Es muss hier und da ein Formular ausgefüllt werden, es muss dort in einer Warteschlange angestanden und am Schalter daneben ein Dokument abgestempelt werden. Man hat sich wieder einzureihen, da dann doch ein Stempel fehlt, bezahlt wird schließlich an einem anderen Schreibtisch, vor dem wiederum eine Menschenschlange steht. Wir bekommen Einreisemarken, die aussehen wie Briefmarken. Wir lachen und fragen uns, ob wir unsere Pässe kurz nach Ankara senden sollen.
Es ist schon fast dunkel, als wir endlich an der letzten Kontrolle vor der Einreise alle unsere abgestempelten Papiere vorlegen und losfahren wollen. Aber leider, so der junge Grenzbeamte, fehlt noch etwas im Pass: die eingeklebten und abgestempelten Wertmarken, die im Moment noch bei Rammi in der Hosen-tasche stecken. Wieder mal werden wir ein Stück klüger! Diese Lektion kostet uns eine dreiviertel Stunde. Wir müssen zurück zu den Schaltern. Das geht so: Umdrehen, nach dem Weg suchen, da wir auf einer Einbahnstraße hergekom-men sind, keinen finden, jemanden fragen, erklären lassen, dass normalerweise

auch keiner zurück muss (aus dem Unterton können wir verstehen: Allah, seid ihr doof!), deswegen gibt es hier keinen Weg, der zurück führt, also die Einbahnstraße in falsche Richtung zurück, den richtigen Ansprechpartner finden und schließlich die Wertmarke eintragen lassen.

Die Eintragung geht jetzt schnell, da wir fast alleine sind. Es ist mittlerweile klirrend kalt, man sieht im Licht deutlich den Atemdunst. Wir wollen zurück zu den Autos, „Stopp" meint der Beamte, die Eintragung muss bezahlt werden, in Ordnung, in die Tasche greifen, zahlen, zurück zur letzten Kontrolle. Als der Grenzer uns den Weg ins Osmanische Reich letztendlich freigibt, fällt uns ein Riesenstein vom Herzen.

Gleich nach der Grenze müssen wir tanken, wichtiger jedoch, endlich essen. Seit dem Frühstück heute Morgen hatten wir einzig und allein das Erreichen der türkischen Grenze im Sinn, nun ist es aber allerhöchste Zeit für unseren ersten, frischen, original türkischen Kebab. Wir setzen uns in die einzige Raststätte gleich an der Grenze. Der Ofen für das frische Brot mitten im Raum ist nicht zu übersehen. Die Stube ist voll besetzt, nach ein paar Blicken nach links und rechts fällt mir auf, dass wir drei wohl die einzigen Menschen ohne Oberlippenbart in diesem Raum sind. Man könnte fast denken, dass diese großen schwarzen Schnauzer dort Pflicht sind. Willkommen in der Türkei.

Wir bestellen auf Rammis Empfehlung einen Adana-Kebab, also Fleisch am Spieß mit Salat, Brot, das direkt vom Ofen auf unsere Teller kommt, sowie angebratenen Kartoffeln und Tomaten. Ich bin mir sicher: Wenn ich jemals wieder an dieser Grenzstation vorbei komme, so verbringe ich mindestens zwei Tage hier, einzig und allein nur des Essens wegen. Die Gerichte allgemein in der Türkei sind fast ausnahmslos lecker, jedoch diese Mahlzeit war, nicht nur auf dem Weg durch die Türkei, sondern auf der gesamten Reise durch zwölf Länder, das leckerste Essen, das wir aufgetischt bekamen. Jeder, der irgendwann im Laufe seines Lebens zufällig mal an der bulgarisch-türkischen Grenze vorbeikommt, sollte diese von außen unscheinbar wirkende Gastwirtschaft gleich neben der Endkontrolle auf keinen Fall auslassen. Unser Tipp des Tages.

Gut gestärkt wollen wir noch die letzten zweihundert europäischen Kilometer in Angriff nehmen, bis wir den Bosporus und die asiatische Seite Istanbuls erreichen. Leider macht uns hier der harte türkische Winter einen Strich durch die Rechnung. Die Autobahn ist nun derart zugeschneit, dass nur die Leitplanke in der Mitte erkennbar ist. Die gesamte Teerfläche gleicht einer Skipiste, dazu kommt heftigster Schneefall, kombiniert mit starkem Wind. Es ist mittlerweile völlig dunkel, wir können uns höchstens mit dreißig bis vierzig Stundenkilometern fortbewegen. Die Fahrt über eine Distanz von sechzig Kilometern unter diesen Umständen ist anstrengender als die zurückgelegten vierhundert

Kilometer des ganzen Tages. Ich konzentriere mich so gut es geht und obwohl Daniel neben mir sitzt, herrscht meistens Stille im Wagen. Der Schneefall wird stärker, mehrere Autos stehen mit Warnblinklicht am Straßenrand. Ehrlich gesagt hatten wir uns die Türkei anders vorgestellt, wettermäßig eher freundlicher, warm und mild, eben so wie auf den sagenhaften Werbeplakaten, die in jedem deutschen Reisebüro an der Wand kleben. Stattdessen sind wir die letzten drei Tage dem Winter entgegengefahren und befinden uns zum jetzigen Zeitpunkt wohl auf dem meteorologischen Tiefpunkt der Reise. Ich muss ständig an die Warnungen von einigen türkischen Freunden denken: Im türkischen Hinterland im Osten mit den Pässen, die teilweise eine Höhe von 2.500 Meter über dem Meeresspiegel erreichen, soll angeblich der Winter wohnen. Da bin ich mal gespannt drauf.

Beim langsamen Überholen eines Lastwagens bricht plötzlich die Hinterachse meines Autos aus, ich kann nur noch in die Gegenrichtung lenken, wir stehen fast quer zur Fahrtrichtung, Daniel gibt mir lautstark Anweisungen „Und jetzt wieder rüberziehen, auf keinen Fall bremsen." Das Herz rast. Ich gehe langsam vom Gas, drücke die Kupplung, wir driften langsam schräg nach rechts, bis allmählich der Wagen wieder in die Spur kommt und stabil bleibt. Was für eine Aktion! Beide könnten wir jetzt ein Gläschen Doppelherz vertragen, ich fühle meinen Pulsschlag, bin wach wie nie zuvor. Wenn wir das Fahrzeug nicht mehr gerade bekommen hätten, wären wir vom Lastwagen hinter uns wohl eine ganze Weile mitgeschoben worden. Wir hatten Glück. Daniel reagiert sofort – und zündet uns erstmal eine Zigarette an.

Kraft und Konzentration lassen jetzt stark nach, wir müssen einsehen, dass wir Istanbul heute unmöglich noch erreichen können. Die anstrengende Fahrt unter diesen Umständen lässt Augen, Reaktions- und Denkvermögen so schnell ermüden, dass sogar ein Adrenalinkick wie bei unserem Schleudermanöver nicht sehr lange anhält. Kurze Zeit später finden wir endlich einen Rasthof, an dem wir parken und sofort einschlafen, ohne uns, wie eigentlich jeden Abend, noch zu dritt auf die vorderen zwei Sitze eines Autos zu quetschen, um uns zu unterhalten. Der Sturm hält noch die ganze Nacht an, ich wache immer wieder auf, wenn das ganze Auto gnadenlos vom Wind hin und her gerüttelt wird. Schneeflocken wirbeln horizontal durch die Landschaft, der Sturm ist laut und ich spüre, wie die kalte Luft leicht durch die Ritzen in unser Auto pfeift. Auch Daniels konditionsstarkes Leistungs-Dauerlautschnarchen trägt nicht gerade zu einem erholsamen Schlaf bei.

# Tag 4
## 08. Februar

Der Sturm hat sich beruhigt, es schneit nur noch ganz leicht, eine Fahrspur der dreispurigen Autobahn ist geräumt und so gondeln wir bei düster-grauem Himmel Istanbul entgegen. Bei einer kurzen Rast stellen wir fest, dass erneut ein Reifen platt ist, wir müssen ihn in der Megastadt reparieren lassen, zum Wegschmeißen ist er zu schade. Wer weiß, welche Straßenverhältnisse uns im Iran und in Pakistan erwarten. Wir haben zwar fünf Ersatzreifen an Bord, aber sicher ist sicher. Daniel erzählt mir bei dieser Gelegenheit, dass er auf der Fahrt von Augburg nach Kapstadt 32 Reifenpannen hatte.

Es ist schon ein gutes Gefühl, über die Bosporusbrücke zu fahren, quasi von Europa nach Asien in einer Minute. Ich halte die Kamera aus dem Schiebedach. Europa hinter uns, die erste Etappe ist geschafft. Auf der asiatischen Seite der Millionenmetropole verlassen wir die Stadtautobahn, Rammi führt uns durch die Straßen, prompt parken wir direkt vor einer Autowerkstatt. Die Reparaturmethode allerdings ist sehr verwunderlich: Der Mechaniker legt den Autoreifen samt der Felge in eine alte Badewanne mit Wasser, das schwarz ist wie Öl – es waren wohl schon ein paar andere Reifen vor unserem in der Brühe. Wie bei der Reparatur eines Fahrradschlauchs sucht er nach den Wasserblasen, findet so das Loch und markiert es. Danach wird ein Hohlraumdübel mit einer Nadel so weit in das Loch eingeführt, bis nur noch der Rand zu sehen ist – fertig! So ist der Reifen in Minuten repariert, ohne ihn von der Felge nehmen zu müssen. Ich könnte wetten, dass er schon wieder Luft lässt, bevor wir überhaupt zurück auf der Straße sind. Der Mechaniker garantiert uns jedoch das Gegenteil, er meint, der Reifen sei jetzt so gut wie neu. Na dann, viel Glück.

Der Rindermarkt, der gleich gegenüber der Werkstatt in vollem Gange ist, lädt wahrlich zum Fotografieren ein, die Bauern haben sichtlich Freude daran, als Modell zu agieren: So kommt einer nach dem anderen zu uns und möchte auch ein Foto. Daniel schießt mehr Bilder als ihm eigentlich lieb ist. Die Leute sind wirklich unglaublich freundlich und offen, jeder redet mit uns, obwohl Daniel und ich kein Wort verstehen. Rammi übersetzt uns, wenn er nicht gerade selbst ein Gespräch führt. Wir beschließen, ein oder zwei Tage hier zu bleiben, nach vier Tagen rund um die Uhr in derselben Wäsche käme eine Dusche sowieso nicht ungelegen. Ein Hotel oder ein Guesthouse wollen wir allerdings nicht nehmen. Wir suchen ein Hamam, ein echt türkisches Dampfbad. Im Stadtteil Kadiköy, dem „Herzen Istanbuls", schickt man uns von einer Straßenecke zur anderen und nach längerer Suche befinden wir uns schließlich mit mindestens zwanzig Einheimischen mitten in der Entspannungshalle eines Hamams. Die

Regeln eines solchen Badeaktes sind sogar Rammi bis jetzt verborgen geblieben, diese festgelegte Prozedur muss man uns so nach und nach erst einmal erklären. Nachdem wir uns im ersten Stock ausgezogen haben und nackt die Treppe zur Entspannungshalle herunter laufen, bekommen wir mit unmissverständlichen, hastigen Gesten zu verstehen, dass wir mit dem Handtuch, das wir zu unserer Verwunderung ausgeteilt bekamen, doch bitte sofort unsere Allerheiligsten bedecken sollten. Wir beobachten nun einfach die anderen Gäste und verhalten uns genauso. Ein Angestellter kommt plötzlich auf uns zu und fängt an, uns mit einem groben Lappen ausgiebig zu waschen. Was sich anfänglich recht komisch anfühlt, wird mit der Zeit eigentlich sehr angenehm. Am Ende sind wir geschrubbt wie die Badewanne in der Domestos-Werbung.

Mehr als sauber liegen wir nun zu dritt auf den warmen Steinplatten, genießen es in vollen Zügen und tanken Energie für die nächsten Tage und Wochen.

Die Massage auf einem Stuhl, die anschließend folgt, ist überaus brutal. Es knackst und zieht am ganzen Körper. Daniel und ich sind froh, als wir es lebend überstanden haben. Rammi, der erst jetzt in den Massageraum kommt, hat von all dem nichts mitbekommen. Daniel ahnt schon den riesigen Spaß, den wir beim Zuschauen haben werden. Während er die Kamera holt, flüstere ich dem Schlächter noch kurz „He likes a hard massage" zu und deute auf Rammi, der sich gerade nichts ahnend auf den Folterstuhl setzt. Der Masseur grinst und reibt sich die Hände. Das restliche Schauspiel ist sehr amüsant – zumindest für Daniel und mich. Wir haben riesigen Spaß.

Alle drei noch lebend – Gott sei Dank – sind wir nun sehr entspannt und sauber bis auf die letzte Pore. Jedem von uns wird noch eine Kabine zugewiesen, in der eine Liege steht. Ich öffne das kleine Fenster und lasse kühle Luft durchziehen. Von draußen höre ich viele Menschen reden und feilschen, von irgendwoher ertönt türkische Musik und im Hintergrund der Lärm der Straße. Jetzt kann ich es richtig fühlen, wir sind unterwegs, wir sind auf Tour, so wie wir es wollten. Der Genuss, der Reiz des Fremden und die Vorfreude auf noch Kommendes wird wohl immer der treibende Motor zur Weiterreise bleiben.

Zum Abschluss des Tages machen wir uns auf den Weg, etwas von der kulinarischen Tausend-und-eine-Nacht-Tradition abzubekommen. Wir besuchen nach einem ausgiebigen Menü mehrere Bars und Gaststätten, bevor wir morgens zu den Autos zurückkommen, um dort direkt am Bosporus zu übernachten.

# Tag 5
## 09. Februar

Muezzins, die zum Gebet rufen, wecken uns. Ich schätze die Zahl der hörbaren Gebetsaufrufe, die aus allen Richtungen erklingen und die sich in scheinbarer Konkurrenz versuchen zu übertönen, auf mindestens fünfzehn. Es liegt kaum noch Schnee in der größten Stadt der Türkei, hat es doch nachts stark geregnet. Die Luft ist herrlich rein, die Sonne scheint dazu in voller Pracht. Es ist Feiertag, viele Leute gehen spazieren. Wir tuckern langsam und genussvoll durch kleine Gässchen, Rammi scheint einen Riecher dafür zu haben, wie wir wieder zur Autobahn kommen. Istanbul hat offiziell acht Millionen Einwohner, Einheimische nennen uns jedoch Dunkelziffern um die fünfzehn Millionen. Als wir auf der Stadtautobahn die nicht enden wollende Metropole durchqueren, fällt es uns überhaupt nicht schwer, dies zu glauben.

Nach gut einer weiteren Stunde ist das letzte Stück der mehr als 2.300 Kilometer Autobahn jetzt zu Ende, gut 8.000 Kilometer Landstraße liegen nun vor uns. Die Reise auf den einspurigen Landstraßen bekommt jetzt einen anderen Charakter, auf den wir uns schon sehr gefreut haben. Es wird langsamer voran gehen, aber dafür kann man das Land von einer anderen Seite kennen lernen und mehr Leuten begegnen. Hoffentlich.

An den Straßenrändern liegt wieder Schnee. Das Landleben, das Durchqueren von Städten und Dörfern bietet gute Unterhaltung. Wir fahren sehr langsam, da die Alltagsszenen, die wir beobachten, faszinierend sind. Die Straßen in Dörfern und Städten sind sehr belebt, Menschen tragen ihre Einkäufe auf dem Kopf, Säcke und Körbe jeder Größe werden ohne Probleme mit Zweirädern transportiert, Eselskarren und Neuwagen fahren parallel in gleicher Geschwindigkeit durch die Ortschaften. Der Westen der Türkei ist ein Gemisch aus Vergangenheit und Moderne, aus alt und neu, aus Tradition und Fortschritt. Überall gibt es Gemischtwarenhändler, bei denen man verschiedenste Artikel kaufen kann: Motorsägen neben Unterwäsche, Joghurt und Brot neben Traktorteilen, zehn Meter Wäscheleine in leuchtend gelber Plastikverpackung heute im Angebot, Sommerjacken neben Brennkohle, Bier neben Rasierklingen, das Regal mit Schmierfett direkt neben dem Tresen mit jeder Menge Süßigkeiten. Das alles auf ungefähr achtzig Quadratmetern.

In der großen Stadt Eskisehir ist Markt. Dort angekommen kaufe ich Brot, drei Bier und Ziegenkäse. Der Preis: 3,5 Millionen Lira. Das zahlen wir locker aus der Hüfte, da wir in der Türkei Multimillionäre sind! Ein schönes Gefühl. Eine

Million Lira sind heute knapp über 1,20 Euro wert. Schon morgen kann der Kurs wieder anders sein – die Inflationsrate ist beachtlich.

Auf dem Weg in den äußersten Süden der Türkei steht noch ein Abstecher nach Pamukkale auf dem Plan. Unsere detaillierte Türkeikarte zeigt uns sogar kleinste Wege und so fahren wir teilweise ungeteerte Strecken entlang, die uns herrliche Ausblicke auf die Landschaft und ebenso interessante Einblicke ins türkische Hinterland gewähren. Die Strecke ist seit Istanbul fast immer bergig, großartige Aussichten wechseln sich ab mit langen, geraden Auffahrten und Schwindel erregenden Serpentinen. Heute überqueren wir noch eine 1.500 Meter hohe Gebirgskette, bevor wir Usak erreichen, eine größere Stadt im Inneren des Landes. Obwohl wir den ganzen Tag gefahren sind, stellen wir beim Blick auf die Karte fest, wie wenig Kilometer von der Gesamtstrecke wir zurückgelegt haben. So etwas wie einen Zeitplan haben wir nicht, trotzdem ist uns klar, dass wir uns keine großen Pausen leisten können. Wenn wir in vier Wochen in Neu Delhi sein wollen, dann ist da noch einiges zu tun. Wir hatten die Weite des Landes stark unterschätzt, von der Strecke der gesamten Reise ganz zu schweigen. Bei beiden Sahara-Durchquerungen in den Jahren zuvor hatten wir ungefähr 5.000 Kilometer pro Tour zu bewältigen, wobei knapp 1.000 Kilometer davon auf der Fähre zurückgelegt wurden. Diese Reise wird wohl ungefähr 11.000 Kilometer lang werden. Der Unterschied von 7.000 Kilometern macht sich langsam aber sicher schon jetzt bemerkbar. Obwohl wir den ganzen Tag im Auto sitzen, wandern wir auf der großen Türkeikarte nur wenige Zentimeter voran.

An die Tatsache, dass unsere Autos nicht nur Transportmittel, sondern auch Küche, Wohn- und Schlafzimmer sind, haben wir uns mittlerweile bestens gewöhnt. Anfangs schliefen die Beine im Stundenrhythmus und meist vor dem restlichen Körper ein, Brems- und Gaspedal nahmen den Füßen den Platz. Bei Wind spürte man, wie das Fahrzeug geschüttelt wurde und das Schnarchen des Beifahrers war aufgrund der Enge im Fahrerhaus richtig laut und fast in Stereoqualität. Mittlerweile schlafe ich auf meinem Fahrersitz trotz des Lenkrades, der Pedale und des lauten Beifahrers genauso gut wie in jedem Luxusbett.

Es hat sich eingebürgert, dass wir abends zusammenrücken und uns noch auf eine Dose Bier oder eine Tüte Saft zu dritt auf die zwei vorderen Sitze eines Fahrzeuges quetschen. Man könnte dieses alltägliche Abendritual das „Feierabendbier" nennen. Es ist immer interessant, eigene Eindrücke des Tages am Abend aus anderen Sicht- und Wahrnehmungsweisen zu hören und die Erlebnisse gemeinsam zu besprechen. Oder auch einfach mal loszuwerden, was einem so auf den Geist geht. Obwohl man den ganzen Tag im Fahrzeug rumhängt und sich körperlich kaum bewegt, ist die Müdigkeit am Abend bei jedem von uns kaum zu übersehen.

Meistens gibt es jedoch vor dem Einschlafen noch ein Reis- oder wahlweise Nudelgericht aus dem Hause Aldi. In Usak, der Stadt, in der wir uns momentan befinden, ist an Kochen nicht zu denken. Es ist bitter kalt, diese Ortschaft liegt knapp 950 Meter über dem Meeresspiegel. Überall hängen hier Eiszapfen, alles ist eingefroren. Wir sind jedoch auch zu faul und zu müde, um Essen zu gehen, stattdessen trinken wir zwei Dosen Eves-Bier, die wir an einem Straßenkiosk mitgenommen haben. Damit hat sich der Hunger für heute auch erledigt.

# Tag 6
## 10. Februar


Wir kommen das erste Mal auf der Reise vor sieben Uhr los. Der Hunger und die Kälte haben uns wohl so früh wachgerüttelt. Der Gedanke an frisches türkisches Brot lässt uns schon das Wasser im Mund zusammenlaufen. Das knackige Weißbrot ist in jeder noch so kleinen Ortschaft zu haben, ob beim Gemischtwarenhändler oder in der Autowerkstatt! Es ist verdammt kalt so früh am Morgen und es dauert eine ganze Weile, bis uns auf der Fahrt wieder warm wird – trotz vieler Decken war die Nacht ganz schön eisig. Die Karte eröffnet uns zwei Möglichkeiten: Entweder wir nehmen die Hauptstraße nach Antalya oder wir fahren auf kleinen Nebenstraßen direkt über die Berge Richtung Süden. Bei der zweiten Möglichkeit würden wir uns knapp 200 Kilometer sparen. Wir wissen zwar, dass diese Straßen nicht sehr stark befahren sind und somit auch schlecht geräumt, aber im Moment scheint die Sonne und in der letzten Nacht hat es, so glauben wir zumindest, nicht nennenswert geschneit. So fällt die Entscheidung auf die Nebenstraßenvariante, die über bis zu 1.600 Meter hohe Berge führt. Ein weiterer Vorteil ist, dass wir auf dieser Strecke an Pamukkale vorbeikommen.

Die ersten sechzig Kilometer legen wir problemlos zurück. Wir durchqueren mehrere kleine Dörfer, die Sonne strahlt bei klarer Morgenluft, wir werden von den Leuten winkend begrüßt. Mit der Zeit jedoch werden die Dörfer weniger, die Sonne verschwindet hinter dicken grauweißen Wolken und die Straße wird immer schmäler und einsamer, bis die Wege wieder komplett weiß sind. Zumindest in der vorhergehenden Nacht und an diesem Morgen ist hier noch niemand entlanggefahren. Die Berge werden steiler und kurviger. Bevor wir es richtig realisieren, schlittern wir wortwörtlich in eine Rutschpartie, die den Fahrzeugen mit Heckantrieb Probleme bereitet. Daniel fährt allein voraus, er hinterlässt die ersten Spuren auf der weißen Schneepiste. Immer wieder bricht sein Wagen hinten aus und mich beschleicht der Gedanke, dass wir wohl umdrehen und doch die Hauptstraße nehmen müssen. Die engen Kurven, um die wir schlittern, lassen unser Herz immer schneller pochen. Es sind zwei Berge zu überqueren. Endlich befinden wir uns auf dem Gipfel, einen haben wir also geschafft, jetzt geht es abwärts. Links von uns sind die steinigen Wände des Berges, rechts oft Wald, was eher beruhigt – die Bäume könnten uns schließlich im Notfall bremsen. Doch hin und wieder ist nur der Abgrund zu sehen, der einige hundert Meter steil nach unten abzufallen scheint. Im ersten Gang rollen und bremsen wir angespannt und schwitzend den Berg bis zum Tal herunter, unser Auto hält sich in der von Daniel eingefahrenen Spur. Das Fahrzeug, in dem Rammi und ich sitzen, ist mit ABS ausgestattet. Bei Daniels Auto allerdings ist diese Funktion defekt. Immer wieder blockieren die Reifen und das gesamte Fahrzeug stellt sich gefährlich quer.

Zwischen den Bergen halten wir kurz an, es ist zehn Uhr morgens und wir brauchen schon eine kleine Verschnaufpause. Die ganze Aktion ist zwar abenteuerlich, aber durch die Daueranspannung auch unglaublich anstrengend. „Bist du dir sicher, dass du den nächsten Berg mit deiner Karre schaffst?" frage ich Daniel, der gerade an seiner Anti-Stress-Zigarette zieht. „Rauf weiß ich nicht – aber runter kommen sie alle, wie auch immer", grinst er und zwinkert mit einem Auge. Ich bin froh, dass er es so locker sieht, nicht jeder würde nach dieser Abfahrt noch einmal eine ähnliche wagen.

Mit vollem Schwung geht es an die starke Steigung des zweiten Berges. Ich sehe das Heck des Wagens vor mir links und rechts schleudern, die Reifen drehen durch und wir werden immer langsamer, gleich werden wir wohl auf der Stelle stehen, was dann bedeuten würde, dass wir umdrehen müssten, denn anfahren an dieser Steigung bei diesen Straßenverhältnissen ist ein Ding der Unmöglichkeit. Falls es also hier nicht mehr weitergehen sollte, hieße das, dass wir rückwärts wieder zurück ins Tal rollen müssten. Danach wäre allerdings der erste Berg wieder hochzukommen, diese Aktion *muss* dann klappen – zwischen den Bergen gibt es keine Anzeichen von Zivilisation, wo sollten wir denn dann unser geliebtes Frühstücksbrot bekommen? Ansonsten bliebe uns nur zu warten, bis Hilfe kommt oder bis sich das Wetter bessert. Keine angenehme Vorstellung.

Daniels Fahrzeug vor uns hält seine Spur überhaupt nicht mehr, die Räder drehen permanent durch, doch er zwingt das Fahrzeug unter riesiger Anspannung, auf der Straße zu bleiben. Es kann doch nicht mehr weit sein bis zum Gipfel! Die Sicht ist ziemlich schlecht, die Scheibenwischer laufen auf Hochtouren und der dichte Schneefall erweckt schon einen sehr trüben Eindruck. Rammi und ich sind beide so angespannt, dass wir wie gebannt nur auf das Heck unseres Vordermannes starren, wie es immer wieder nach links und rechts hin- und herwedelt. Der Motor unseres Autos wird mittlerweile heiß, die Nadel der Anzeige steht kurz vor dem roten Bereich, und obwohl uns von der Anspannung schon ausreichend warm wäre, müssen wir die Heizung auf Höchststufe drehen, um dem Motor Wärme abzunehmen. Minuten werden zu Stunden. Gegrillt, jedoch sehr erleichtert, erreichen wir den Gipfel. Daniel streckt die Faust aus dem Fenster, er feiert sein Durchhaltevermögen – zu Recht! Ein regelrechtes Hupkonzert entsteht, wir lassen unserer Freude freien Lauf. Doch das Erfolgsgefühl hält nicht sehr lange an – nach einer steilen Rechtskurve geht es jetzt bergab. Das nächste Problem lässt nicht lange auf sich warten: Das Fahrzeug ohne ABS lässt sich kaum bremsen, und so wird Daniel immer schneller. Wir sehen zwar, wie die Reifen blockieren, jedoch wird das Auto nur unwesentlich langsamer. Er scheint fast ständig auf der Bremse zu stehen, die Bremslichter flackern unaufhörlich, die Wirkung allerdings bleibt aus. Das Auto ist nur lenkbar, solange sich die Reifen drehen, also nimmt Daniel vor jeder Kurve den Fuß vom Bremspedal und schlenkert langsam aber sicher Richtung Abgrund. An dieser Stelle fangen Rammi und ich an zu diskutieren, wer von uns heute Morgen die Idee hatte, via Hinterlandstraßen nach Antalya zu fahren.

Die Südseite des Berges ist anders als die Nordseite. Die Schneefallgrenze ist höher, und langsam aber sicher kommt der ein oder andere Sonnenstrahl durch, der Schnee wird matschiger, somit griffiger und alle drei sind wir mehr als erleichtert, als die ersten Teerflecken durch die Schneedecke scheinen. Wenn Rammi sich keinen Scherz erlaubt hat, dann soll es in Antalya 14 Grad haben. Das T-Shirt-Wetter ist also in greifbarer Nähe. Nach den kalten Schnee- und Windtagen wäre das mehr als willkommen.

Über kleine, oft nicht geteerte Wege fahren wir jetzt durch kleine Dörfer, in denen wir von den Passanten freundlich begrüßt und bestaunt werden. Autos dieser Art kommen hier offensichtlich nicht sehr oft vorbei. In einem kleinen Bergdorf bietet sich ein sagenhafter Ausblick, über hügelige Landschaft bis hin zu einer Bergkette, die weit am Horizont liegt. Man sieht von dieser Stelle aus meilenweit. Ein phantastisches Bild, schon allein für diesen Blick hat sich die Mühe gelohnt. Wir halten an und genießen die Aussicht. Als Daniel das Stativ für seine Kamera aufbaut, sprechen uns einige Leute an. Darunter auch ein Mädchen ohne Kopftuch. Sie spricht Englisch und fragt uns, wo wir herkämen, was wir hier machen und wo wir hin wollen. Sofort lädt sie uns ein, wir sollen doch mit ihr und ihrer Familie frühstücken, wir wären herzlich willkommen. Der Fastenmonat Ramadan ist vorbei und die Einwohner feiern das mit vier Feiertagen am Stück. Da sagen wir natürlich nicht nein. Rammi hat bis dahin noch nicht erzählt, dass auch er Türke ist und da dieses Mädchen etwas Englisch spricht, ist das auch nicht nötig. Wir hocken bei der ganzen Familie im Kreis: Mutter und Vater, die Schwester, der Bruder, der Schwager, mehrere kleine Kinder, eine alte Frau und wir. So sitzen wir auf Bänken, ein Großteil der Familie auf dem Boden. Die junge Dame erzählt uns bei Tee und Keksen über ihr Studium in Istanbul, von dem sie träumt, von ihren Wünschen, einmal ins Ausland zu reisen und von ihrem Idol – Britney Spears. Die übrige Familie, die bei uns sitzt und kein Wort Englisch versteht, sieht anders aus. Ihre Schwester, die vielleicht um die zwanzig Jahre alt sein muss, wiegt ihr zweites Kind im Arm, der Vater wird mit großem Respekt von der Mutter bedient und alle lächeln uns an. Der Bruder sitzt richtiggehend auf der Lauer: Er hält die Teekanne in der Hand und sobald unsere Gläser einen Schluck weniger als die Hälfte mit Tee gefüllt sind, springt er ruckartig auf und füllt sie wieder bis zur Oberkante. Wir spüren förmlich die Herzlichkeit dieser Familie, jedoch sind die

Themen, über die wir uns unterhalten können, aufgrund der sprachlichen Barrieren eher spärlich gesät. Jetzt plötzlich türkisch zu reden wäre wohl für Rammi auch keine gute Idee, dies würde doch sehr unhöflich wirken. Wir verdrücken uns besser. Nach einem herzlichen Abschied ziehen wir weiter.

Durch das kleine Dorf müssen wir durch, es gibt keinen anderen Weg. Da Feiertag ist, findet in der Dorfmitte, direkt auf der Hauptstraße, der Gemüse- und Viehmarkt statt. Auf Anfrage erfahren wir, dass der Markt bis zum Abend dauern wird. Kein Ausweg: Wir müssen also mitten durch!
Manche Händler räumen Gegenstände aus dem Weg, die Straße ist überfüllt mit Leuten, prall gefüllten Säcken, Obst- und Gemüsekisten, Schafen, Rindern, Hühnern und sonstigen mobilen Gegenständen. Wir fahren in Schritt-geschwindigkeit in die Masse hinein, schauen staunend aus den Fenstern, während die Leute, oft genauso staunend, manchmal auch etwas ratlos, mit skeptischen Blicken zurück schauen. Wir sind hin und wieder gezwungen, stehen zu bleiben, bis komplette Stände verschoben, Säcke und Kisten weggeräumt werden. Berührungsängste haben die Bewohner wohl nicht – hin und wieder drücken Marktbesucher ihre Nasen gegen unsere Scheiben. Mehrere Leute schütteln uns die Hände, begrüßen uns freundlich.
Dass es nicht jeder gut mit uns meint, können wir verstehen, da unsere Durchfahrt mit großer Mühe verbunden ist. Rammi steigt aus, um Kisten aus dem Weg zu räumen, Leute drängen sich eng an den Fahrzeugen vorbei. Kühe räumen zögernd nach wiederholtem Hupen die Fahrbahn, Menschen klopfen auf unsere Dächer. Das rege Treiben links, rechts, vor und hinter uns fasziniert uns unheimlich. Endlich, die Menschenmassen werden weniger, das Marktende scheint erreicht.
Nach einer Irrfahrt durch weitere sagenhaft enge und steile Gassen dieses so idyllischen Dorfes geht es eine steile Abfahrt durch das Wohngebiet am Dorfrand hinab zur Hauptstraße, die uns in knapp 80 Kilometern auf größtenteils ungeteerten kleinen Wegen nach Pamukkale bringen soll. Der ganze Gegen-verkehr in zwei Stunden beschränkt sich auf zwei kleine Traktoren. Nach anstrengender Fahrt auf teilweise einspurigen Schotterwegen durch kleinste Dörfer und Siedlungen können wir wieder sicher sein, dass dies doch der richtige Pfad war: Wir müssen plötzlich anhalten, um Eintritt zu zahlen, umgerechnet 33 Cent werden pro Mann verlangt. Der Weg von der Zahlstation zu der erwarteten Attraktion führt auf busgerechten, geteerten Straßen vorbei an uralten, historischen Steinblöcken, die erahnen lassen, dass hier vor mehr als 2.000 Jahren eine lebendige Stadt gestanden haben muss. Hierapolis war der Name dieser antiken Stadt, bis zu 100.000 Einwohner sollen hier gelebt haben. Das riesige Theater ist' noch am besten erhalten. Die Trümmer dieses Ortes

liegen uns rechts und links zu Füßen, doch von den Salzbecken immer noch keine Spur.

Sackgasse. Wir lassen unsere Fahrzeuge stehen und gehen ab jetzt zu Fuß. Immer noch skeptisch laufen wir die gepflasterten Wege entlang, vorbei am Hinweisschild zu den Toiletten und zum Souvenirshop. Einige wenige Touristen, die meisten davon Türken und ein paar Japaner, nehmen dieselbe Route. Plötzlich tut sich vor uns ein mächtiger Abgrund auf: Pamukkale, die bekannten Salzbecken. Wir sind überwältigt von dem weiten Ausblick und ein wenig verwundert zugleich: Sehen die Becken auf den Plakaten der Reisebüros, die Pamukkale oft als Aushängeschild der Türkei benutzen, sehr weiß und groß aus, so sind sie im Original dann doch eher klein und vielmehr grau als weiß. Dazu stellen wir fest, dass diese Felsen durch künstlich angelegte Betonschächte bewässert werden, was den natürlichen Charakter etwas beeinträchtigt und weshalb die Temperaturen des „immerwährend warmen Schwefelwassers", wie uns erklärt wurde, dann auch eher im Bereich eines Kneipp-Fußbades liegen.

Wir hatten uns bei der Anfahrt überlegt, ob wir noch fünf Stunden warten sollten, bis die Sonne untergeht, um dann stimmungsvolle Bilder zu schießen. Es bedarf allerdings keiner langen Diskussion um einstimmig festzustellen, dass das Warten bis zum Sonnenuntergang nicht lohnen würde. Schließlich sind wir auch schon voller Sehnsucht in Erwartung auf das warme Klima in Antalya. Es liegt hier zwar kein Schnee mehr, aber der eisige Wind und die Temperaturen zwingen uns auch jetzt, die dicksten Jacken und Mützen zu tragen und die Hände zwanghaft in den Hosentaschen zu vergraben. Sogar die Kamera ist so kalt, dass das Fotografieren unangenehm ist. Es wird Zeit für Sonne. So lassen wir den sagenhaften Ausblick noch ein wenig auf uns wirken, bevor wir uns auf den Weg in die südlichste Region der Türkei machen. Noch 230 Kilometer nach Antalya. Dort soll es fast zwanzig Grad Celsius haben, teilt uns die Dame aus dem Tourismusbüro mit, die sogar fast akzentfrei Deutsch spricht.

Zurück auf der Hauptstraße kann uns dann nichts mehr aufhalten. Die Straßen sind wieder breit und bestens ausgebaut, die Sonne kommt hinter den Wolken hervor und die Leute sind wie immer freundlich. An den Tankstellen bekommen wir immer wieder ein nettes Lächeln gratis. Das Benzin allerdings ist alles andere als gratis, die Preise lassen sich fast mit Deutschland vergleichen. Bei einem Durchschnittsverbrauch von 13 Litern pro hundert Kilometer und Auto kommt die Durchquerung der Türkei, bei der wir knapp 3.000 Kilometer zurücklegen, unvorhergesehen teuer. Zwar ist das Essen relativ günstig, jedoch haben wir mit diesen Spritpreisen nicht gerechnet. Also muss an anderer Stelle gespart werden – wir verbringen jede Nacht in den Autos.

Die Gegend ist bergig und bewaldet, die Straßen wieder gut ausgebaut und das Fahren macht richtig Spaß. Hier mal gemütlich die Kurven, dann dort wieder etwas flotter die geraden Strecken entlang – langsam stellt sich der Sonnenuntergang direkt vor uns ein. Als wir plötzlich einen Radiosender mit Chartmusik empfangen, wird uns klar: Antalya kann nicht mehr weit sein. Hinter der nächsten scharfen Kurve ist schon der berühmte Aussichtspunkt zu sehen, von wo aus man die ganze Stadt, das Meer und den weiten, feuerroten Horizont betrachten kann. Wir machen Halt und bestaunen die atemberaubende Aussicht auf unser heutiges Reiseziel. Das weite Meer, so tief blau in blau, bestrahlt von den letzten Sonnenstrahlen des Tages und davor die bunte Stadt, gespickt mit unzähligen Lichtern, sind faszinierend. Nach einem freundlichen Plausch mit einem der Verkäufer, der wie aus dem Nichts aufgetaucht ist, und einer ganzen Reihe Fotos legen wir die letzten sechs Kilometer zurück, fahren gemütlich durch die großen Straßen der Stadt und müssen uns Mühe geben, uns auf den Verkehr zu konzentrieren – gibt es doch links und rechts der Straße so viel zu sehen. Im Vergleich zu den Orten, durch die wir seit Istanbul gekommen sind, ist das hier eine andere Welt: Bunte, grelle Lichtreklame auf den Hauptstraßen, jede Menge Geschäfte mit den Schriftzügen westlicher Marken wie Joop, Adidas oder Versace tauchen vor uns auf. Wir sehen riesige Einkaufszentren mit integrierten McDonalds-Restaurants, fahren hinter der Trambahn her und kommen an die Meerespromenade mit gepflegten Palmen und Strandbars, die genauso auf Ibiza stehen könnten.

Es stimmt tatsächlich, es geht eine im Vergleich zu den Vortagen warme Brise. T-Shirt-Wetter wäre übertrieben, aber es ist auch schon dunkel. Während des Tages bestimmt! Genüsslich trinken wir einen Cappuccino direkt am Mittelmeer. Was tun? Antalya hat bekanntlich viele Bars und Discotheken – eine gute Gelegenheit, die geglückte Reise bis hierher zu feiern, also auf zur Party!

Bei der Inspektion der touristischen Innenstadt erkennen wir zwei Dinge. Erstens: Nicht nur die komplett westliche Ausrichtung der ganzen Stadt unterscheidet diesen Ort von anderen türkischen Ortschaften, sondern auch das Preisniveau. Es ist egal, was wir kaufen wollen, es kostet immer mindestens das Doppelte wie normalerweise, meistens sogar noch mehr. Zweitens: Momentan ist alles andere als Hochsaison. In Lokalen, die im Durchschnitt über vierzig Tische verfügen, sind maximal zwei davon besetzt, Diskotheken sind komplett leer und auch am Hafen, dem touristischen Zentrum, ist kaum jemand anzutreffen. Mitteleuropäische Rentner in Birkenstock-Pantoffeln dürften wohl die Hauptgruppe der Touristen ausmachen, die sich momentan hier aufhalten. Wir ändern den Abendplan: Nach einem leckeren Döner streunen wir noch durch die Stadt, halten auf einem der drei McDonalds-Parkplätze und trinken unser „Feierabendbier" dann eben wie gewohnt auf den zwei Vordersitzen eines unserer Fahrzeuge.

# Tag 7
## 11. Februar

Wir werden durch die warmen Sonnenstrahlen geweckt – das T-Shirt-Wetter hat sich also bewahrheitet. Wir hoffen schon heimlich, dass wir dem Winter endgültig davongefahren sind und uns langsam an die Sonnenbrillen gewöhnen können. Es ist einfach schön, unsere Stimmung beim Frühstück schon bestens. Auf der Fahrt durch die Stadt erkennen wir, dass heute wohl ein weiterer Feiertag sein muss: Direkt vor den Eingangstüren vieler Häuser hängen blutende, tote Schafe, aufgehängt an kurzen Seilen. „Schächten nennt man das", klärt uns Rammi auf. Heute sei tatsächlich der vierte und letzte Feiertag des Ramadanfestes und um dies zum Ausdruck zu bringen, wird in vielen Häusern ein Schaf geschlachtet und feierlich gegessen. Es sieht grausam aus, wie die Schafe an ihren Hinterbeinen aufgehängt wurden, um sie ausbluten zu lassen, Blutlachen bilden sich unter den Tieren. Oft sieht man mehrere Männer um die Schafe stehen; sie rauchen, trinken Tee und unterhalten sich, Kinder hüpfen fröhlich um die Tiere. Trotz des makaberen Anblicks der aufgehängten toten Schafe ist eine Gemütlichkeit und Ruhe zu spüren, die ich zu Hause in Deutschland selten erlebt habe.

Aus Antalya heraus führt ein kurzes Stück Autobahn, das außer uns so gut wie niemand benutzt. Wir fahren die nächsten 130 Kilometer in weniger als einer Stunde und liegen somit gut in der Zeit. Die nächsten 300 Kilometer gehören wohl zu den schönsten auf der gesamten Reise: Bergauf und bergab schlängeln wir uns in unzähligen Kurven immer am Meer entlang. Die Strecke führt von einem schönen Aussichtspunkt zum nächsten. Steile Kurven und kurze Geraden wechseln sich ab, greller, warmer Sonnenschein begleitet uns den ganzen Tag. Es ist ein Traum, mit den Automatikfahrzeugen hier gemütlich entlang zu fahren. Wir halten immer wieder an, um Bananen oder Honig am Weg zu kaufen. In diesen Tagen verzehren wir wohl mehr Bananen als eine ganze Fußballmannschaft im Jahr. Das heutige Tagesziel ist der Ort Adana, der jetzt noch ungefähr 140 Kilometer weit entfernt sein dürfte. Als wir eine wunderschöne Burg direkt am Strand entdecken, halten wir an. Die Sonne steht sehr niedrig und scheint in gelb-rotem Licht, es lassen sich fantastische Bilder schießen. Als wir zurück zu den Autos wollen, spricht uns ein Mann an. Er trägt einen Anzug und eine rote Krawatte, seine grau-schwarzen Haare und seine gepflegte Rasur erinnern an George Clooney. Er ist Besitzer eines Cafés gleich gegenüber der Burg. „Please come and test my delicious Nescafé!" Warum nicht? Wir lassen uns also überreden und kommen mit. Es herrscht nicht gerade viel Betrieb vor seinem Café, wir sind seine einzigen Gäste. Die weißen

Plastikgartenmöbel und das etwas ramponierte Gebäude des Cafés passen so gar nicht zur Erscheinung seines Besitzers. Würde er behaupten, der türkische Wirtschaftsminister zu sein, könnte man es ihm sofort glauben.

Das ist der erste Tag ohne Schnee, der erste Tag, an dem wir draußen sitzen, unseren Kaffee und die Wärme genießen. In diesem Moment, in dem wir jetzt und hier sitzen, die Sonne auf uns scheinen lassen und türkische Musik aus dem Radio hören, könnten wir auch Pauschalurlauber sein, die an der Hotelbar Platz nehmen und das Nichtstun genießen. Der George Clooney-Doppelgänger gesellt sich zu uns, er spricht gebrochen Englisch, erzählt uns von der Türkei und fragt uns nach unseren Plänen. Das Thema schwenkt auf Autos. Sein purpurroter Mercedes Strich Acht steht vor der Tür, er erzählt ganz nebenbei auf unsere Nachfrage, dass es seiner wäre. Keine Spur von Stolz ist zu erkennen. Bei uns in Deutschland sind diese Mercedes aus den 70ern selten geworden, wer einen hat, ist stolzer Oldtimerbesitzer. Unser Gastgeber aber interessiert sich mehr für unsere Autos, hat er doch dieses Modell sehr selten gesehen. Wir bieten ihm an, damit selber zu fahren. Er zögert anfangs und ist verunsichert. Wir überreden ihn. Im Vergleich zu seinem Wagen sehen der Bordcomputer und die vielen Anzeigen aus wie das Cockpit eines Flugzeugs. „Der Wagen ist kaputt, da fehlt ja ein Pedal", übersetzt uns Rammi seinen ersten Kommentar, als er uns aus dem Wageninneren angrinst. Wir müssen erkennen, dass das seine erste Fahrt mit einem Automatikgetriebe ist. Rammi fährt bei ihm mit. Er erklärt ihm kurz die Bedienung, schon biegen die beiden auf die lange gerade Straße ab. Der Motor heult auf, ein langes Quietschen ertönt, wir stürzen erschreckt auf die Straße und sehen nach, was passiert ist. Doch das Auto fährt weiter, war wohl nur ein Bremsentest. Nach der Rückkehr erzählen beide lachend, dass der Fahrer wie gewohnt schalten wollte und mit voller Wucht auf die Kupplung getreten ist, was jedoch leider die Bremse war. Beide haben die Windschutzscheibe geküsst, doch zum Glück ist keinem etwas Ernstes passiert. Die Stimmung könnte an diesem frühen Abend nicht besser sein. Doch wir müssen weiter. Als wir bezahlen wollen, will er kein Geld nehmen. Wir seien seine Gäste. Rammi steckt ihm trotzdem einen Schein in die Tasche. Nach anfänglichem Hin und Her gibt er endlich nach. Ganz schön hartnäckig, diese Türken!

Wir verabschieden uns von diesem netten Typen, überqueren die Straße zu den Fahrzeugen und wollen starten. Doch irgendwas stimmt mit dem Zündschloss nicht. Der Schlüssel hängt, lässt sich nicht herumdrehen und somit kann der Motor nicht gestartet werden. Rammi versucht es ungläubig und nach ihm auch Daniel, aber das Schloss ist kaputt, wir können nicht starten. Die nächste Autowerkstatt ist 130 Kilometer entfernt. Außerdem haben wir heute Feiertag. Daniel meint, er wäre ja im ADAC, die seien für so etwas zuständig. In sechs oder sieben Tagen wären die auch bestimmt hier.

Aber wir haben schließlich zwei Profis und Werkzeug an Bord. Das ganze Schloss ist schnell freigelegt. Das Problem mit der Zündung ist schnell gelöst – doch das Lenkradschloss macht Probleme. Nach verschiedenen sanften Versuchen wird nun der große Hammer ausgepackt – das Lenkradschloss muss dauerhaft außer Gefecht gesetzt werden. Was passieren würde, wenn während der Fahrt das Lenkrad einrastete, stellt man sich am besten erst gar nicht vor. Daniel baut schließlich einige Teile des Schlosses nicht mehr mit ein, was einen kuriosen Effekt hat: Falls wir auf der weiteren Reise den Fahrzeugschlüssel verlieren sollten, ist das ab jetzt kein Problem mehr – mit allen Schlüsseln, sogar mit einem Schraubenzieher, kann man den Motor jetzt starten.

Mittlerweile ist es schon fast dunkel, aber wir wollen auf jeden Fall noch ein Stück weiter. Schon ein wenig müde nehmen wir die letzte Tagesetappe in Angriff. In einem Fischerdorf 40 Kilometer vor Adana halten wir an, um zu tanken und entdecken direkt am Meer ein kleines Restaurant, das frischen Fisch zubereitet, den man vorher auswählen kann. Unser Tagesziel ist bei diesem Anblick nicht mehr wichtig, wir werden heute hier bleiben und sofort in dieses Restaurant gehen! Hungrig vor dem Glaskasten mit den Fischen ist die Entscheidung sehr einfach – wir nehmen die drei größten Exemplare.

Etwas außerhalb, gleich neben der Straße, wollen wir übernachten. Da wir jedoch so vollgestopft sind, können wir nicht schlafen. Also schreibe ich noch in mein Tagebuch, während Rammi und Daniel noch einmal zurück in die Ortschaft fahren, um ein paar E-Mails zu schreiben.

Als ich alleine im Auto sitze und ins Schreiben vertieft bin, taucht plötzlich neben mir ein Polizeiauto auf. Die Polizisten eröffnen mir, dass ich ein „Problema" hätte. Nachdem ich ihnen wiederholt zu erklären versuche, dass alles in Ordnung ist, beginne ich langsam zu verstehen, dass ich angeblich viel zu schnell durch die Ortschaft gefahren wäre und jetzt dafür bezahlen müsse. Bitte? Ich sei eben viel zu flott in die Ortschaft gefahren? Ich sitze seit mehr als einer Stunde hier und schreibe. Ich verstehe ehrlich gesagt nicht sehr viel und lasse es mir noch mal erklären. Die Polizisten sind geduldig und reden und reden. Mit der Zeit wird mir langsam klar, was hier vor sich geht: Die Polizisten haben wohl den anderen BMW gesehen, mit dem Rammi und Daniel unterwegs sind, und jetzt sind sie der Überzeugung, dass ich in diesem Auto saß. Sie dürften sich wohl etwas wundern, wie ich so schnell wieder hierher zurückgekommen bin und sogar in umgekehrter Richtung neben der Straße stehen kann. Das erinnert an die Geschichte von Hase und Igel. Wie soll ich das erklären, dass wir mit zwei fast identischen Fahrzeugen unterwegs sind und ich gar nicht gefahren bin? Und was würde es bringen, denn dann müssten eben Daniel und Rammi zahlen, wir haben schließlich sowieso eine gemeinsame Reisekasse. Ich zucke nur mit den Schultern, was die Polizisten als Aufforderung verstehen, mir alles noch einmal zu erklären. In der Hoffnung, dass sie bald aufgeben, starre ich nur zurück, mehr nicht. Es wirkt. Ich glaube, sie wollen mich etwas fragen, da die Betonung am Satzende nach oben geht und beide mich erwartungsvoll anschauen. Ich zucke mit den Schultern und schaue freundlich zurück. Beide schütteln den Kopf, lassen ihr Auto an und fahren los. Das Hase-und-Igel-Spiel geht weiter: Zurück im Dorf treffen sie Rammi und Daniel auf der Rückfahrt. Das muss wohl sehr verwirrend für sie sein! Nach ihrer Rückkehr berichten Rammi und Daniel, sie hätten gerade ein Polizeiauto abgehängt, seien aber nicht verfolgt worden. Bei unserem „Feierabendbier" lachen wir über die ganze Geschichte – und beschließen, kurzfristig umzuziehen. Wir haben Glück, die Polizisten finden uns nicht mehr. Dass die beiden Chaoten auch immer so rasen müssen!

3.350 Kilometer sind nun zurückgelegt. Bis jetzt haben wir außer der ominösen Versicherung in Serbien noch keinen einzigen Cent Strafe bezahlt und außer dem Vorfall mit dem Zündschlüssel gab es noch keine technischen Probleme. Die Zwischenbilanz ist besser als gedacht. Langsam nähern wir uns jedoch dem Kurdengebiet und dem fremden Land Iran. Wir können momentan noch überhaupt nicht abschätzen, was uns dort erwartet. Wir klopfen auf Holz und schwingen uns in die Schlafsäcke.

# Tag 8
## 12. Februar

Daniel und ich werden durch einen heftigen Ruck geweckt – Rammi ist schon früh morgens zum Scherzen aufgelegt und rammt uns mit seinem Auto. Im Rückspiegel sehe ich ihn verschwommen im Wagen sitzen, aber sein breites Grinsen ist deutlich zu erkennen. Wirklich toll, solche witzigen Freunde zu haben. Ich könnte ihn jetzt an Ort und Stelle verprügeln, dieses Scherzfließband! Während wir uns anziehen, schraubt er die durch die Weckaktion abgefallene Stoßstange und das Nummernschild wieder an.

Durch den kalten, rauen Wind am Morgen haben wir schon eine leise Vorahnung, dass es wieder zurück in den Winter geht. Die morgendliche Fahrt führt bis Adana und im Park der Stadt wird es Zeit, das Frühstück einzunehmen. Der Wind weht uns um die Ohren, wir löffeln schneller und schneller unser Müsli aus dem Gemeinschaftstopf. Irgendwann ist es kaum mehr auszuhalten. Es ist so kalt, dass wir das Frühstück im Auto fortsetzen müssen. Heizung an, weiter geht die Fahrt. Rund um Adana führt eine gut ausgebaute Autobahn in Richtung Osten, zum Großteil dreispurig, jedoch kaum befahren. Die Autobahngebühren betragen zwischen 13 und 22 Cent, das können wir uns leisten.

Obwohl wir uns beim letzten Autobahnstück vorgenommen hatten, nicht mehr über 200 Kilometer pro Stunde zu fahren, enden diese 230 Kilometer Autobahn mit einem Rekord: Die schnellste Fahrt auf der Reise, 235 Stundenkilometer als Spitze. Mir ist nicht wohl, wenn die Fahrzeuge so streng riechen. Doch genau das ist nun der Fall, der Öl- und Benzingeruch ist so penetrant, dass wir eine Zwangspause einlegen müssen. Während der Fahrt auf diesem Autobahnstück haben wir 37 Autos, 54 Mofas am Straßenrand und bestimmt mehr als 100 Menschen gezählt, die auf dem Seitenstreifen zu Fuß unterwegs waren. Verteilt auf 200 Kilometer ist das akzeptabel.

Es ist noch nicht Mittag, da kämpfen wir schon gegen das erste Schneegestöber, die Kälte hat uns wieder. Das Mittelmeer, das uns auf der Südseite mehr als 450 Kilometer begleitet hat, ist jetzt zu Ende, wir fahren teilweise in zehn Kilometer Entfernung an der syrischen Grenze entlang. Die Landschaft wird bergiger, die Luft kälter und die Straßen immer einsamer. Kurz vor Sanliurfa, einer belebten Stadt mit großem Markt, wird der Verkehr etwas lebendiger. Die Leute dort sind gewohnt freundlich, wir halten kurz an, wollen uns einen Kebab kaufen. Ein Herr in Anzug jedoch winkt uns zu sich in ein Restaurant. Wir folgen. Mehrere gut beleibte Männer essen an mit weißen, sauberen Tüchern bedeckten Tischen. Sämtliche Gäste des Restaurants sind elegant gekleidet, mehrere Männer mit weißen Gewändern und weißen Tüchern auf dem Kopf sehen so aus, wie man sich eben Ölscheichs vorstellt. Ein paar junge Menschen jedoch fallen auf, haben relativ alte Kleidung an, die farblich alles andere als abgestimmt ist, dazu sind sie schlecht rasiert und nicht gekämmt, die Haare stehen in alle Richtungen: Das sind wir.

Das Restaurant sieht sehr teuer aus. Das ist es tatsächlich für die dortigen Verhältnisse, aber im Vergleich zu Deutschland immer noch akzeptabel. Wir stopfen uns also voll, das Essen ist großartig. Nach dieser Stärkung geht es im Schritttempo durch die Innenstadt, es macht einfach Spaß zu beobachten, was da draußen so alles los ist. Das heutige Tagesziel ist Diyarbakir, eine Stadt, die zum größten Teil von Kurden bewohnt ist. Es sind noch knapp 300 Kilometer. Die Fahrt auf den Landstraßen läuft hervorragend. Der Verkehr hält sich in Grenzen, lange, weite Geraden wechseln sich ab mit kurvigem Auf und Ab. Wir halten oft an Tankstellen, um nach einer Dusche zu fragen, was wirklich wieder mal fällig wäre – doch ohne Erfolg.

Obwohl das Fahren mit der Zeit anstrengend wird und uns Schneeböen immer wieder zum Schleichen zwingen, bringen wir viele Kilometer hinter uns. Es ist schon fast dunkel, als wir weit ab von sämtlichen Ortschaften eine Raststätte entdecken, die einsam und verlassen aus dem Nichts auftaucht. Nur zwei Autos stehen davor, zu unserer Überraschung gibt es dort sogar tatsächlich eine Dusche. Hoch erfreut suchen wir unsere Utensilien zusammen und hasten zur Brause. Es ist eisig kalt draußen – das Wasser allerdings auch. Die beiden Duschköpfe sind hinter zwei dünnen Trennwänden draußen angebracht, Wind und Schnee duschen also durch die Ritze oben und unten mit. Dazu scheint es, als hätte jemand in Lehmschuhen in den Duschen gestanden, vor lauter Dreck ist von den Fliesen kaum mehr etwas zu sehen. Das schreckt erst mal ab. „Wer weiß, wann wir die nächste Duschmöglichkeit entdecken", ist das schlagende Argument von Daniel. Wir reißen ein paar Pappkartonstücke von den Essenskisten im Kofferraum und legen diese in die Dusche. Allein das Ausziehen bei Minusgraden kostet Überwindung. Rammi zieht den angebotenen Tee in der warmen Stube vor, so stehen Daniel und ich also in den zwei Duschräumen, die eigentlich keine Räume sind. Der Wind pfeift durch, und als ich nur kurz die Hand unter das Wasser strecke, stehen mir schon am ganzen Körper die Haare zu Berge. So kaltes Wasser hatte ich noch nicht oft auf meiner Haut. Das Duschen verursacht regelrecht Schmerzen, die Zähne klappern im Vierviertel-takt, wir bekommen kaum Luft und noch nie in meinem Leben habe ich mich so auf ein Glas Tee gefreut wie jetzt. In diesem Moment muss ich an einen Zeitungsbericht denken, in dem zu lesen war, dass es in Städten in Ostsibirien bei minus vierzig Grad regelmäßig Stromausfälle geben soll.

Geteiltes Leid ist halbes Leid. Ich höre Daniel schreien und muss einfach nur lachen. Diese ganze Situation ist grotesk. Dummerweise habe ich auch noch mein Handtuch im Auto liegen lassen und während des Schneegestöbers nackt zum Auto zu laufen wäre wohl Selbstmord. Wir teilen uns also ein kleines Frotteetuch. Schnatternd ziehen wir uns die Klamotten an – so wach und frisch wie wir in diesem Moment sind könnten wir wohl die ganze Nacht durchfahren.

In der Raststätte wartet schon Tee auf uns, der Tankstellenbesitzer, erfreut, dass er zu dieser Zeit Gesellschaft hat, baut extra für uns einen Elektroheizer auf, an dem wir dankbar versuchen, unsere Füße und Hände wieder aufzutauen. Er hatte unser Gegröle gehört und fand es wohl sehr amüsant, dass wir seine Duschen benutzt haben. Es muss schon eine ganze Weile her sein, dass sich das jemand angetan hat.

Rammi hat sich mittlerweile gut mit dem Besitzer unterhalten, der jetzt richtig lecker auftischt. Nachdem wir gegessen und einige Gläser heißen Tee getrunken haben, verabschieden wir uns. Wir fühlen uns noch so fit, dass wir bis spät in die Nacht weiterfahren und an diesem Tag insgesamt 880 Kilometer zurücklegen, der bisherige Tagesrekord. Kurz nach der Stadt Silvan, an einer schönen Stelle wenige Kilometer vor einem kurdischen Dorf, lassen wir dann die Nachtruhe einkehren – so planen wir es zumindest.

Nachdem wir etwa eine halbe Stunde stehen und uns noch ein bisschen unterhalten, bekommen wir Besuch. Zwei sichtlich angetrunkene Männer klopfen an unsere Scheibe, beide sprechen nur türkisch, und wir machen den Fehler, das angebotene Bier anzunehmen. Wir hören ihre Kassetten mit kurdischer Musik, sie erzählen uns von Saddam Hussein und dem früheren Kurdenführer Abdula Öczalan, betonen ihre Sympathie für beide und bestehen darauf, dass wir im Dorf eine Pension nehmen sollten. Als wir das fünfzehnte Mal dankend ablehnen und erklären, dass wir sehr müde sind, werden unsere neuen Freunde zudringlich. Einer von ihnen sitzt am Einstieg unserer Autos, also direkt vor der Tür, deshalb können wir sie auch nicht einfach schließen. Die Sache wird langsam kritisch, die Stimmung ist jetzt eher aggressiv als freundlich. Wir beschließen, pfeilschnell den Ort zu verlassen. Mit ihrem eher kleinen Auto können uns die zwei nicht folgen, wir müssen nur schnell wegkommen. Daniel sitzt bereits im anderen Auto, Rammi zählt bis drei, wir lassen zeitgleich die Motoren an, Rammi schubst den Mann weg von der Tür, wir setzen zurück und brettern sofort in Richtung Straße.

Wir sind weg, bevor die Gesprächspartner überhaupt realisieren, dass wir uns verabschieden. Die Blitzaktion war wirklich gelungen. Rammi ist türkischer Staatsbürger, vor dem Hintergrund des Konflikts mit der kurdischen Bevölkerung ist es wohl besser, außerhalb und nicht *in* diesem Dorf zu übernachten.

Nach kurzer Fahrt durch bergiges Land mit steilen Felswänden links und rechts erreichen wir eine große Fläche neben der Straße, auf der mehrere Kieshaufen liegen, hinter denen wir uns gut verstecken können – die ideale Stelle zum Übernachten. Es liegt eine dünne Schneeschicht auf der Erde, doch der Himmel ist klar, man kann die Sterne deutlich sehen. Das ist gut so, denn morgen müssen wir Pässe mit etwa 2.400 Höhenmetern überqueren, die bei Schneefall ohne Schneeketten, so die Aussage von einigen einheimischen Truckfahrern, kaum überquert werden können. Schneeketten sind für diese Fahrzeuge in Deutschland auch in gebrauchtem Zustand fast unerschwinglich und in dieser Gegend wird es wohl für unsere Autos auch keine zu kaufen geben. Aber warum Gedanken an Schneeketten verschwenden, die Nacht ist klar und es liegt so gut wie kein Schnee auf der Straße. Immerhin befinden wir uns im Moment auf fast 800 Metern über dem Meeresspiegel. Bei diesem klaren Himmel wird es zumindest heute Nacht sicher nicht schneien. Todmüde und versteckt hinter den Kieshügeln schlafen wir erschöpft, aber zufrieden und mit einem Gefühl von Sicherheit ein.

# Tag 9
## 13. Februar

Um acht Uhr morgens ist es noch verdächtig dunkel in den Autos. Wir sind sprachlos als wir, noch in den Schlafsäcken liegend, den Scheibenwischer anschalten, denn er bewegt sich nicht. Was das bedeutet, erahnen wir alle – Schnee! Ich mache die Tür auf, tatsächlich, eine mindestens dreißig Zentimeter dicke Schneeschicht bedeckt die Autos. Die Straße ist komplett weiß und wären da nicht ein paar wenige Spuren von zwei oder drei Trucks, die heute Morgen schon hier entlanggefahren sein müssen, so hätten wir schon große Probleme damit, die Straße überhaupt zu erkennen. Wir schaufeln den Schnee von unseren Scheiben und schauen uns nur ratlos an.

Die Autos müssen auf jeden Fall betankt werden, bevor wir den Pass entlang des Vansees zwischen den Städten Tatvan und Van befahren, an dem kein Weg vorbeiführt. Am höchsten Punkt befindet sich die Straße 2.804 Meter über dem Meer. Als Rammi uns dies aus der Karte vorliest, verlieren wir jegliche Hoffnung, dass dies zu schaffen ist. Es gibt noch einen anderen Weg, der wäre jedoch knappe 600 Kilometer länger, dazu sind die Straßen schmäler in der Karte eingezeichnet. Und was das bedeutet, haben wir ja schon im Westen der Türkei zu spüren bekommen. Die Stimmung ist der Situation entsprechend.

Tatvan und Van liegen jeweils am Ende eines mächtigen Sees. Wir haben vor ein paar Tagen von einem Truckfahrer gehört, dass dort eine Fähre verkehren soll. Sie befördert die dortige Eisenbahn. Die Schienen enden an der Fährstation in Tatvan und gehen am Hafen von Van dann in östlicher Richtung weiter. Allerdings soll das letzte Auto vor gut zwei Jahren auf dieser Fähre mitgefahren sein. Immer diese Mythen über jahrelang zurückliegende Ereignisse! Näheres erfahren wir allerdings auch nach Befragung anderer Einheimischer nicht.

Der bergige Weg nach Tatvan birgt zwar einige Tücken, doch bleibt keines unserer Autos stehen. Im Schildkrötentempo bewegen wir uns die Berge hoch, ab und zu bricht das Heck aus, woran wir langsam ja gewöhnt sind. Obwohl mittlerweile Räumfahrzeuge im Einsatz sind, werden die Straßen schnell wieder komplett eingeschneit. Trotzdem geht es voran ohne stecken zu bleiben. Der höchste Punkt auf dem Weg nach Tatvan liegt auf 1.600 Metern. Als wir diese Stelle hinter uns haben, ist mir schon viel wohler. In einer kleinen Stadt wollen wir tanken, können aber die Schneemassen vor der Tankstelle nicht überwinden, also versuchen wir es bei der nächsten. Zu unserer Verwunderung wird dort sogar Rammis Kreditkarte akzeptiert, wir kaufen uns noch frisches Brot und ratschen ein wenig mit den einheimischen Kurden. Das Verhalten der Männer ist allerdings seltsam: Sobald ein Krümel des Brotes auf den Boden fällt, bückt sich sofort jemand und hebt diesen wieder auf, steckt ihn in die Hosentasche oder behält ihn in der Hand. Wir werden darauf aufmerksam gemacht, dass es eine große Sünde ist, Brot auf den Boden zu schmeißen, auch wenn es nur die Krümel sind, die beim Abbeißen herunterfallen. Manchmal kann ich die Regeln der Leute nicht ganz nachvollziehen. Es ist ein schweres Vergehen, einen Krümel fallen zu lassen, während an Feiertagen lebenden Schafen der Schnitt in den Hals verpasst wird und diese dann zum Ausbluten an den Hinterbeinen vor dem Haus aufgehängt werden. Aber klar, wir werden das respektieren. Schafe schlachten werden wir zwar trotzdem nicht, jedoch essen wir ab jetzt ausschließlich im Auto oder nur dann draußen, wenn es keiner sieht.

Auf der Strecke nach Tatvan gibt es immer wieder Streckensperren mit Militärkontrollen. Normalerweise laufen diese Kontrollen recht freundlich ab. Wenn die Soldaten beim Prüfen der Pässe merken, dass wir Deutsche sind, zählen sie oft Namen von Spielern der deutschen Fußball-Bundesliga auf oder bekunden ihre Sympathie für den FC Bayern oder für Bayer Leverkusen. In seltenen Fällen auch für Schalke 04. Meistens können wir sogar im Auto sitzen bleiben, kurz plaudern, fertig. Dieses Mal ist aber etwas anders: Ein älterer Soldat steigt mit seiner Kalaschnikow bei Rammi ins Auto. Während der Fahrt erkennen wir von hinten durch die Heckscheibe, dass die beiden sich scheinbar angeregt unterhalten. Warum der Soldat aber bei Rammi mitfährt, würden Daniel und ich schon gerne wissen. Als nach ungefähr zwanzig Kilometern die Bremsleuchten des Fahrzeugs vor uns aufleuchten, steigt der Soldat an einer kleinen Militärstellung aus und verabschiedet sich von Rammi ziemlich freundlich. Ach so, er war also nur Fahrgast!

Im gesamten Ostgebiet der Türkei sind flächendeckend auf jeder strategisch wichtigen Bergspitze Militärstellungen der türkischen Armee angebracht, um den Konflikt mit den Kurden unter Kontrolle zu halten. Vor unserer Reise sind wir mehrmals gewarnt worden, dass es in diesem Gebiet gefährlich sei, doch bei dieser großen Militärpräsenz fühlen wir uns sehr sicher. Es ist immer gut, einheimische Passagiere ein Stück mitzunehmen, so kommt man an wertvolle Infos, was in diesem Fall aber eher ernüchternd war: Der Soldat hat Rammi erzählt hat, dass die Überquerung des Passes ein unmögliches Vorhaben sei, es aber auch keine anderen Alternativen in den Iran gäbe, da auf anderen Strecken ebenfalls hohe Pässe zu überwinden seien. Und auch wenn diese Pässe nicht ganz so hoch wären, sei die Grenzüberquerung an einer anderen Stelle mit einem Umweg von mehreren hundert Kilometern verbunden, das wussten wir ja bereits. Auch er hat auf Nachfrage die Fähre erwähnt, er wisse aber nicht, ob auch Autos mitgenommen würden. Die weitere Fahrt durch total verschneite Täler verläuft ohne Probleme – wir sind mit maximal dreißig Kilometern pro Stunde unterwegs. Gut Ding braucht eben Weile.

Von einer Erhöhung aus sehen wir Tatvan und den Vansee. In Schritt-geschwindigkeit geht es abwärts, langsam fahren und rutschen wir die kurvenreiche Straße in Richtung Osten entlang. Tatvan ist ein seltsamer Ort, eine schier endlos lange und große Straße führt durch die Stadt, links und rechts Geschäfte und emsige Leute, die den Eindruck machen, es sehr eilig zu haben. Die breite Straße ist nicht geräumt und es schneit durchgehend. Wir wissen, dass dies der letzte Ort vor der Passüberquerung ist und kaufen noch Brot und andere Lebensmittel. Der Händler ist auffallend wortkarg. Auch andere Bewohner, die wir nach Läden oder Tankstellen fragen, sind nicht gerade gesprächig, niemand lächelt wie sonst die Leute in diesem Land. An der Ortsausfahrt steuern wir die Tankstelle an und füllen die Tanks und die Ersatzkanister voll. Auf Nachfrage des Besitzers erzählen wir, dass wir über den Pass wollen. Er grinst und macht uns, wie viele Andere vor ihm, klar, dass wir das mit diesen Autos vergessen können, es gäbe keinen Weg ohne Schneeketten, wir sollen doch im Frühling wiederkommen. Die nächsten Schneeketten für unsere Reifen gibt es vielleicht ein paar hundert Kilometer entfernt, daran ist also gar nicht zu denken. Er schlägt vor, ein paar Wochen zu warten. Ein paar Wochen??? Das ist die beste Idee, die ich jemals gehört habe – ein paar Wochen in einer Stadt, die uns ganz und gar nicht so freundlich erscheint wie wir es vom Rest der Türkei gewohnt sind. Dazu kommt, dass ich in vier Wochen auf jeden Fall wieder in München in den Vorlesungen sitzen muss.

Wir löchern den Tankwart mit Fragen nach der Fähre. Er weiß zwar nichts Genaues, kann uns jedoch wenigstens sagen, wo sie ablegt. Warum weiß hier eigentlich keiner etwas über diese verdammte Fähre? Er meint, sie könnte zwei Mal die Woche ablegen, ist sich aber nicht sicher. Der nächste Straßenpassant wird befragt, er glaubt, dass die Fähre täglich verkehrt, jedoch nur Eisenbahn-waggons und keine Autos befördert. Wir machen uns jetzt einfach auf die Suche und nach knapp dreißig Minuten und ebenso vielen Kurven und Abzweigungen stehen wir am Ufer des Vansees vor den verschlossenen Toren des kleinen Hafens. Nach längerem Rufen und Verhandeln kommt Rammi zurück, schon an seinem Strahlen sehen wir, dass er gute Nachrichten mitbringt: Die Fähre geht tatsächlich täglich um 13.00 Uhr und es ist jetzt kurz vor Mittag. Fahrzeug-beförderung ist nur an den seltenen Tagen möglich, an denen die Eisenbahn weniger Waggons mitnimmt als üblich, doch so einen seltenen Tag haben wir heute erwischt. Die Überfahrt kostet für zwei Autos umgerechnet acht Euro, was nur ein Bruchteil der Spritkosten ist, die auf uns zugekommen wären, wenn wir den Landweg eingeschlagen hätten. Wir können unser Glück kaum fassen, es geht also doch ohne Verzögerung weiter! Freude macht sich breit, als hätten wir gerade Neu Delhi erreicht.

Gespannt fahren wir in das Hafengebiet ein, das leider ungeräumt ist, und kaum haben wir den Zaun hinter uns gelassen, stecken wir schon mit beiden Fahrzeugen im Schnee fest. Es ist ganz schön anstrengend, die Autos wieder freizubekommen, dazu nimmt die Aktion massig Zeit in Anspruch. Arbeiter der Fähre spornen uns an, denn die Fähre wird pünktlich ablegen und falls wir unsere Fahrzeuge nicht bald eingeladen haben, können wir leider nicht mitfahren. Mehrere Leute helfen uns, die Fahrzeuge zu schieben und den Schnee wegzuschaufeln, der Motor eines unserer Fahrzeuge wird heiß, wir müssen ihn für kurze Zeit abstellen. Die Zeit drängt, wir haben nur noch weniger als eine halbe Stunde. Falls wir heute die Gelegenheit wegen eines dummen Fahrfehlers nicht nutzen können, müssen wir bis morgen warten – es ist allerdings fraglich, ob wir dann auch noch Platz auf der Fähre haben werden. Unter Zeitdruck versuchen wir alles, um die Autos aus dem Schnee zu befreien, legen die Teppiche aus dem Fahrerraum unter die Reifen, schaufeln mit den Händen den Schnee zur Seite und denken dabei gar nicht daran, dass es kalt ist. Mittlerweile helfen uns fünf oder sechs Hafenarbeiter. Dank ihrer Unterstützung und den Fahrkünsten von Rammi und Daniel bewegen sich die Autos, eines nach dem anderen, mit durchdrehenden Reifen langsam zur eingeschneiten, kaum erkennbaren Straße im Hafengebiet. Falls wir jetzt noch einmal im Schnee stecken bleiben, ist die Chance für heute wohl vorbei. Übervorsichtig rollen wir ganz behutsam den Weg zur Fähre entlang, an mehreren Hallen und heruntergekommenen Hafengebäuden vorbei. Nach ein paar Abzweigungen sehen wir vor uns die gewaltige Rückseite der Fähre und auch gleich ein halbes Dutzend winkender Hafenarbeiter, die sich anscheinend genauso darüber freuen wie wir, dass wir es doch noch schaffen. Wir leisten ihnen wahrscheinlich seltene Gesellschaft bei ihrer täglichen Arbeit. Das Einfahren auf die Fähre entpuppt sich als sehr kompliziert, die Schienen, auf denen normalerweise die Eisenbahnwaggons stehen sollten, sind höher als die Bodenfreiheit unserer Fahrzeuge, dazu ist der Radstand etwas breiter als die Schienen. Millimeter-genau rangieren wir ein, die Schienen sind jedoch nass und angefroren, was die Reifen immer wieder abrutschen lässt. Rammi und Daniel fahren sehr konzen-triert, während mehrere Leute enthusiastisch Anweisungen geben. Wir stehen permanent unter wahnsinnigem Zeitdruck, doch alle Fährenarbeiter geben ihr Bestes, um doch noch pünktlich loszukommen. Ganz langsam kommt eine Achse nach der anderen an Bord, die Schienen schleifen an der Ölwanne. Doch als die Vorderräder auf der Fähre stehen, weicht der ganze Druck schlagartig von uns; jetzt können sie uns nicht mehr zurücklassen, jetzt ist die Überfahrt gesichert. Die Fähre hat keinen Zaun und keine Absperrung. Als wir ablegen, stehen wir am Rand, 50 Zentimeter unter uns ist das tiefblaue Wasser, das aufgrund des gewaltigen Antriebs hohe Wellen schlägt. Es sieht schon sehr abenteuerlich aus, unsere Autos stehen nur knapp zwei Meter von der Kante des Schiffes entfernt, die weder durch eine Reling noch durch andere Begrenzungen gesichert ist. Jeder von uns überprüft doppelt und dreifach, ob auch wirklich die Handbremse an beiden Fahrzeugen gezogen und der Gang eingelegt ist. Zur Sicherheit organisieren wir noch zwei Keile für jedes Fahrzeug.

Tatvan verschwindet schnell am Horizont. Nebel zieht auf, auf der linken Seite sind es ungefähr 500 Meter bis zum Festland. Hohe weiße Berge ragen in die Wolken – die Berge, die wir überqueren wollten. Auf der anderen Seite kann man nichts erkennen, der Blick verliert sich im Nebel. Die Aussicht nach hinten ist wunderschön. Das besondere Blau des Wassers ist mir nur von Bildern Grönlands oder der Arktis bekannt, in den Nebellöchern kann man die verschneiten, eisigen Berge sehen, die direkt aus dem See herausragen. Der Wind pfeift kalt durch die vollständig offene Heckseite der Fähre. Wir machen uns eilig auf den Weg über die rostigen, steilen Treppen zu den Kabinen zwei Stockwerke höher, dort sollte es wärmer sein. Auf dem großen Schiff sind mit uns insgesamt acht Fährpassagiere. Die Personenhalle ist groß, die mit zerrissenem Kunstleder überzogenen Bänke haben schon bessere Zeiten gesehen. Von den ungefähr 150 Sitzplätzen sind nur zwei belegt. Es riecht modrig und nach kaltem, abgestandenem Rauch.

Trotz des ungemütlichen Ambientes fühlen wir uns sauwohl. Die Einfahrt mit den Fahrzeugen auf den Schienen war sehr aufregend, jetzt ist die Zeit reif für Entspannung und Zurücklehnen.

Ein Mann im Anzug und mit Tickets in der Hand begrüßt uns freundlich, auch er hat jede Menge Zeit, denn in acht Stunden acht Passagieren Tickets zu verkaufen führt wohl nicht gerade zum Burn-out-Syndrom. Er stellt uns Fragen über die Autos, über unsere Reiseroute und über weitere Dinge, bis wir alle mit Löchern in den Bäuchen in der Kabine sitzen. Wir müssen etwas tun. Jetzt gibt es nur noch eine Möglichkeit, wir fragen zurück! So wird die Sache doch noch interessant für uns, wir bekommen Informationen über die weitere Strecke, über den Grenzübergang und erfahren einiges über den Iran. Da dieser Mann nur türkisch spricht, muss Rammi ständig dolmetschen, doch nach einer Weile wird ihm das sichtlich zu anstrengend. Er geht einfach aus dem Raum und kommt nicht wieder. Daniel und ich ziehen es vor, wieder in den offenen Laderaum zu gehen und uns um unsere Fahrzeuge zu kümmern, ein Servicecheck war sowieso schon überfällig. Kleine Reparaturarbeiten, Ölkontrolle, Wasserstand aufbessern, Radio reparieren, Werkzeug aufräumen, Ordnung in die vollgestopften Kofferräume bringen und die kaputten Lichter austauschen – so vertreiben wir uns sinnvoll die Zeit. Als wir wieder in den Passagierraum zurückkehren, ist Rammi immer noch nicht zurück. Wo steckt er? Wir durchforsten die ganze Fähre, Treppe rauf, Treppe runter, raus auf das Außendeck, wieder zurück zu den Autos – er bleibt unauffindbar. Nach einer Weile kommt ein Mann in blauer Uniform auf uns zu und macht uns deutlich, dass wir mitkommen sollen. Er führt uns durch Privaträume und an den Kajüten der Mannschaft vorbei und nun sehen wir in der Kapitänskajüte unseren dritten Mann wieder – bei seinem vierten heißen Kaffee angeregt plaudernd mit fünf oder sechs Mitarbeiter der Fährgesellschaft, darunter auch der Kapitän persönlich und der Buchhalter. Ich frage mich, ob der Kapitän denn nicht auf der Brücke stehen und das Schiff lenken sollte. Jedoch macht dieser nicht gerade den Eindruck, als hätte er es eilig. Seelenruhig schenkt er sich Kaffee nach.

Es wird Schokolade ausgeteilt und emsig diskutiert, doch leider in türkischer Sprache. Daniel und ich verstehen mal wieder gar nichts und konzentrieren uns somit mehr auf den guten Kaffee und die leckere Schokolade. Rammi fungiert unermüdlich und stundenlang als Simultandolmetscher. Dabei muss er, während er für uns auf Deutsch übersetzt, gleichzeitig auf das Gesprochene hören, da unsere Gastgeber keine Lücken lassen.

Langsam wird es dunkel, die Landschaft draußen wechselt von arktisch-blau-freundlich zu tiefblau-gelb-düster bis zum Horizont, ein fantastisches Schau-spiel. Man sieht den Farben des Wassers und des Himmels die eisigen Tempera-turen förmlich an, und mir kommt es immer mehr so vor, als wäre ich am Nord- oder Südpol. Mit der völligen Dunkelheit kommt auch der Nebel zurück, jetzt fühlt man sich eher wie auf einem Geisterschiff. Es ist überhaupt nichts mehr zu erkennen, im Laderaum ist es zunächst nur stockdunkel und nebelig.

Das Personal am Hafen von Van informiert uns, wir müssten noch zusätzlich eine Stunde warten, da die Waggons noch nicht ausgeladen werden könnten. Nachdem die Motoren abgestellt sind, es völlig still ist und der Nebel sehr dicht in den Laderaum drängt, wird Daniel und mir alleine im Laderaum schon ein wenig mulmig, obwohl wir das Personal in diesen paar Stunden kennen und schätzen gelernt haben.

Plötzlich flackern die Scheinwerfer wieder, die Motoren heulen dröhnend auf, das Wasser ist wieder deutlich zu hören, da es durch den Antrieb hohe Wellen schlägt. Kurze Zeit später sind die Lichter von Van sichtbar. Wir sind also da. Die andere Seite des Vansees ist in greifbarer Nähe. Es schneit nur leicht, der Wind ist mäßig, so haben wir schon einen freundlichen Eindruck vom äußersten Osten der Türkei, bevor wir überhaupt ans Festland anlegen. Millimetergenau rangiert der Kapitän die große Fähre rückwärts an die Anlegestelle. Die Schienen in der Fähre, auf denen die Waggons und unsere Autos stehen, treffen genau unter die Schienen am Hafen. Da die Fähre etwas zu tief liegt, wird das Hafenbecken geflutet, und Millimeter für Millimeter gleicht sich die Höhe an. Mittlerweile sind fast alle Fährenmitarbeiter im Laderaum, es wird gescherzt, gelacht, jeder ist sichtlich ausgelassen. Wir, weil wir Van – im Gegensatz zu sämtlichen Prognosen – tatsächlich erreicht haben und die Arbeiter, weil sie sich vermutlich auf ihren Feierabend freuen. Es dauert eine Weile, bis beide Fahrzeuge im Laderaum gewendet werden können. Mit kurzen Holzbrettern kommen wir wieder hoch auf die Schienen. Das erste Fahrzeug kommt ohne Probleme von der Fähre. Der zweite Wagen allerdings ist tiefergelegt, er sollte also nach Möglichkeit nicht abrutschen. Daniel, Rammi und im Grunde das gesamte Personal sind lautstark dabei, geben mir Zeichen, wie ich lenken soll und so langsam wie nur möglich versuche ich, das Auto auf den Schienen zurück aufs Festland zu bringen. Alles passiert wie in Zeitlupe, mehr als ein Dutzend Hände geben Anweisungen, die teilweise sehr unterschiedlich sind. Flutlichter blenden von den oberen Stockwerken der Fähre und von Hütten am Hafen, der Schnee reflektiert. So sitze ich also mit Sonnenbrille im Auto und versuche, es heil aus der Fähre zu rangieren. Auf bestimmter Höhe schlage ich auf das Zeichen von Rammi hin stark ein und drücke auf das Gaspedal, es gibt einen kräftigen Ruck, und trotz leichtem Streifen der Ölwanne an den Schienen stehen nun beide Fahrzeuge ohne Schaden wieder auf dem Festland. Die gesamte Schiffsbesatzung und einige Hafenarbeiter applaudieren, alle sind froh, dass das Spektakel gut zu Ende ging.

Der Abschied von der Crew ist herzlich, es ist, als hätten wir mehrere Tage und nicht nur knappe neun Stunden miteinander verbracht. Nachdem uns der Kapitän persönlich den Weg vom Hafen in die Innenstadt erklärt hat, machen wir uns auf den Weg in das Zentrum von Van. Am ersten Döner-Stand halten wir an.

Nach dem Essen entschließen wir uns, außerhalb der Stadt das Nachtlager aufzuschlagen. Wir fahren mehr als zwanzig Minuten nur bergab. Als wir uns wieder auf gerader Straße befinden, können wir im Scheinwerferlicht neben der Teerstraße Gras erkennen – es gibt also auf dieser Höhe keinen Schnee mehr. Was für eine positive Überraschung! Sollte dies das Ende des Winters sein? Neben einer Militärstellung halten wir an, trinken noch eine Dose Bier, und Rammi erzählt uns noch lange die Geschichten, die ihm der Kapitän und der Buchhalter aufgetischt haben – von ihren glorreichen Heldentaten, die sie vollbracht haben. So manches klingt für mich nicht sehr glaubwürdig, eher nach Stammtischgeschichten. Irgendwie muss ich ständig an Captain Blaubär oder Baron Münchhausen denken.

Gegen Mitternacht siegt dann die Müdigkeit, erschöpft und zufrieden schlafen wir ein. Morgen könnte es vielleicht wärmer sein und die Sonne scheinen, außerdem werden wir morgen Abend vielleicht schon im Iran sein. Schöne Aussichten.

# Tag 10
## 14. Februar

Das Thema schöne Aussichten hat sich erledigt. Zehn Zentimeter Schnee liegt auf den Fahrzeugen, und obwohl es schon acht Uhr morgens ist, ist es noch stockdunkel im Auto. Es hat mal wieder geschneit. Ich liebe es, wenn man dann die Tür aufmacht und eine Ladung Schnee vom Dach genau auf den nackten Oberkörper und in den Schlafsack fällt. Das war schon das dritte Mal während dieser Reise. Die Sonne scheint jedoch recht freundlich, die Straßen sind zwar nicht frei, aber trotzdem gut befahrbar. Das Morgenlicht fällt auf die hohen Berge, die Schneedecke funkelt wie Glitzersteine, dazu gibt es leichten Bodennebel – ein perfektes Landschaftsbild. Ein schönerer Morgen ist kaum vorstellbar.

Wir sind alle ein bisschen gespannt, vielleicht könnte man es auch als „angespannt" bezeichnen, steht doch heute die Einreise in den Iran an. Doch der Blick aus der Windschutzscheibe lässt das fast vergessen. Diesen schönen Moment müssen wir nutzen. Wir wollen auch unsere Leute zu Hause an diesem Anblick teilhaben lassen. Postkarten schreiben sollten wir sowieso irgendwann, also machen wir Fotos von unseren Autos, uns dreien und der wunderbaren Landschaft im Hintergrund. Der Stopp zum Shooting wird auch gleich zum Frühstück genutzt, eiskalte Milch und Müsli aus dem Kochtopf, das ganze als Stehimbiss um den Kofferraum wie jeden Morgen. Dieses Essen in so einer Umgebung stellt jeden Sonntags-Brunch in den Schatten. Als wir wieder in den Autos sitzen und in Richtung Grenze rollen, kommt langsam ein undefinierbares Gefühl auf. Bis in die Türkei zu fahren ist im Grunde nichts Besonderes, manche in Deutschland wohnende Türken machen das jährlich – und das nicht mit zwei Luxusschlitten, wie wir sie haben, sondern mit einem alten Ford Taunus Baujahr ´79, dazu sieben Kinder dabei und zwei Waschmaschinen plus einem Kühlschrank auf dem Autodach.

Der Iran dagegen ist der Anfang des Unbekannten. Obwohl wir den Reiseführer (der übrigens gar nicht so einfach zu bekommen war) schon ein bisschen durchgeblättert haben, bleibt das Gefühl, das Land überhaupt nicht zu kennen und vor allem in keiner Weise einschätzen zu können. Es gibt so viele grundverschiedene Informationen über die Grenze und die Zöllner, Negatives wie Positives. Wir werden sehen, das Tagesziel ist, obwohl es bis zur Grenze nur knapp 240 Kilometer sind, die erfolgreiche Einreise. Wir halten in der Türkei nirgends mehr an – die Tanknadel steht zwar schon auf Reserve, aber hier wird nicht mehr getankt. Der Spritpreis in Persien soll schließlich bei etwa vier Cent liegen. Die Straße ist kurvig und kaum belebt, es geht bergauf, bergab, immer weiter in den Osten. Außer ein paar wenigen Trucks sind nur vereinzelt Fahrzeuge unterwegs. Die meisten Siedlungen und Dörfer, die wir durchfahren, bestehen aus Militärstellungen und Plattenbauten, schätzungsweise für die Soldaten. In Esendere, der letzten größeren Ortschaft, müssen wir dann doch noch tanken. Als wir vor den zwei Tanksäulen stehen, kommt der Tankwart aus seinem warmen Bretterverschlag, lacht und fragt uns, ob wir nicht wissen, dass im Iran der Sprit billiger sei. Das nenne ich mal Ehrlichkeit! Als wir aber pro Auto nur fünf Liter tanken, nickt er anerkennend mit dem Kopf. Diese fünf Liter müssen reichen bis ins Sprit-Traumland.

Gegen Mittag sind wir dann endlich am östlichen Rand der Türkei angelangt, ein großes Stahltor mit Kettenschloss taucht vor uns auf. Die Grenze ist erreicht. Rammi fällt gerade noch ein, dass wir die leeren Bierdosen vor der Einreise in den Iran entsorgen müssen, da in diesem Land Alkohol streng verboten ist. Schon die leeren Dosen könnten Probleme machen.

Es sind keine Fahrzeuge vor uns und wir warten ein paar Minuten vor dem Tor, bis ein schnauzbärtiger Mann mit einem klirrenden Schlüsselbund von der anderen Seite des Zauns auf uns zukommt, aufschließt und uns auffordert, gleich nach dem Zaun rechts stehen zu bleiben. Die türkischen Zöllner mit den überdimensionalen schwarzen Oberlippenbärten sind freundlich, unterhalten sich angeregt und immer wieder laut lachend mit Rammi. Man merkt, dass wohl nicht sehr viele Autos die Grenze passieren. Für einen Grenzbeamten, der seit 2002 hier arbeitet, sind wir die ersten Deutschen, die er in seinem ganzen Leben gesehen hat. Sechs Tage zuvor ist eine Gruppe Niederländer über die Grenze gekommen. Wann die letzten Deutschen hier waren, kann uns der Beamte nicht sagen. Irgendwie haben wir das Gefühl, dass wir sogar herzlich willkommen sind, um die Langeweile zu vertreiben. Die bürokratische Zettelwirtschaft, die bei der Einreise in die Türkei ja relativ kompliziert war, ist bei der Ausreise deutlich einfacher. Vielleicht liegt es auch daran, dass der ranghöchste Zöllner, der unsere Autos und deren Inhalt begutachtet hat, wohl das Werkzeug im Kofferraum entdeckt hat und darauf hofft, dass wir ihm sein eigenes Auto wieder funktionsfähig machen. Denn kurz nachdem wir unsere Carnets de Passage ausgestempelt wieder in den Händen halten, zeigt er uns freundlich sein Privatfahrzeug mit der Bitte, vielleicht mal einen Blick drauf zu werfen, es ließe sich nicht mehr starten. Daniel und Rammi machen sich natürlich sofort an die Problemanalyse und nach kurzer Zeit liegt die Diagnose auch schon vor: Die Elektrik scheint angeschlagen zu sein. Mit Zange, Hammer und Werkzeugkasten ausgerüstet geht nun das Schrauben los. Obwohl an der Grenze das Schießen von Fotos ausdrücklich untersagt ist, bekomme ich die Einwilligung des ranghöchsten Grenzbeamten, die Situation mit der Kamera festzuhalten. Rammi und

Daniel stehen gemeinsam gebeugt unter der Motorhaube, vertieft in die Reparatur des Wagens. Nach geraumer Zeit ist es vollbracht, das Problem an der Zündanlage ist behoben. Doch die Batterie funktioniert wohl auch nicht mehr. Also muss der Wagen angezogen werden. Mittlerweile stehen alle Grenzbeamten im Kreis um das Fahrzeug und beobachten die Reparaturmaßnahmen. Es ist schon ein skurriles Bild, wie Rammi und Daniel in unserem Fahrzeug den Grenzbeamten in seinem hellblauen, mit starken Rostlöchern gespickten Ford Escort mehrere Male im Kreis hinter sich durch den Zollhof ziehen, bis plötzlich eine dicke schwarze Rußwolke entsteht und das Fahrzeug aufheult. Die anderen Beamten lachen und klatschen, sie hatten wohl beim Zuschauen genauso viel Spaß wie ich.

Damit haben wir natürlich die besten Voraussetzungen für eine unkomplizierte Abwicklung der noch verbleibenden Formalitäten. Dennoch, bevor die Türken endgültig unsere Pässe ausstempeln, sollen wir zu der iranischen Grenzstation gehen und im Voraus nachfragen, ob wir auch tatsächlich über die Grenze fahren dürfen. Wir sind zwar etwas verblüfft, als die Türken uns zu den Iranern schicken, folgen jedoch dem Rat und fragen auf iranischer Seite an. Als wir die Carnets, die dort „TripTics" genannt werden, vorlegen, geben die Iraner grünes Licht. Wir gehen also die 100 Meter zurück zur türkischen Grenzstation und holen uns noch die letzten Stempel, verabschieden uns von der Grenzcrew und dem überdimensionalen Wandfresko auf dem östlichsten Gebäude der Türkei, das Atatürk in gewohnt stolzer Pose zeigt. Das war's, wir sind raus.

Kaum sind wir über der Grenze, da sehen wir schon das nächste riesige Portrait: Ein paar Kilometer hinter der Anlage auf einem Hügel starrt uns schon Ayatollah Khomeini ernst und durchdringend an. Ein ständiger Begleiter auf unserem Weg durch das Land – soviel sei vorab erwähnt. An jeder Wand, in jeder Stadt und an jedem Ort im ganzen Iran sind Bilder von Ayatollah mit dem großen grünen Turban zu entdecken.

An den Schaltern des großen iranischen Gebäudes ist mächtig was los. Ein Bus hat am Morgen die Grenze passiert, jeder wird genau kontrolliert. Wir sind die einzigen westlichen Ausländer, was nicht anders zu erwarten war. Zufällig beobachten wir, wie Grenzbeamte eine Kiste auspacken, die mit Reklamepapier umhüllt ist. Uns wird schnell klar, warum das Paket Aufsehen erregt: Nicht der Inhalt ist der Grund, sondern das Packpapier. Auf dem Prospekt sind Frauen „nur" mit langärmeligen Nachthemden bekleidet, das muss natürlich sofort entfernt werden. Uns war schon vorher klar, dass hier ein anderer Wind weht. Jetzt ist es noch klarer.

Die Passbehörde macht uns jedoch keine Probleme. Gewiss, es dauert alles länger, es geht zäher voran, aber das hatten wir erwartet. Rammi legt in seinen Pass etwas Geld, um die Sache zu beschleunigen, doch es dauert genauso lange und der Pass kommt samt dem Geldschein und einem kühlem Blick des Beamten wieder zurück. Die erste Hürde ist also schon genommen, unsere Pässe haben bereits einen Einreisestempel. Als nächstes legen wir bei anderen Personen die Carnets vor. Es ist ungefähr drei Uhr nachmittags, es läuft also alles wie geschmiert, Daniel reibt sich die Hände: „Jungs, wenn wir hier in ein paar Minuten durch sind, dann gönnen wir uns erst mal ein richtig großes iranisches Festmenü zur Feier des Tages. Ist ja echt ein Kinderspiel, wer hätte das gedacht." „Wir sind einfach Profis, was soll denn schon sein", füge ich mit übertrieben kühlem Blick hinzu. „Es ist nichts anderes, als nach Österreich einzureisen". Wir müssen alle drei grinsen. „I-raa-an – ich liebe es", singt Rammi in der Melodie des McDonalds-Werbesongs. Unsere Laune bewegt sich zwischen gespannt auf Neues und der satten Befriedigung, dass alles bestens klappt, da wir alles easy unter Kontrolle haben.

Bei der Durchsicht unserer Carnets fällt dem ranghöchsten, mit Anzug und viel Metall auf der Schulter gekleideten Grenzbeamten auf, dass die türkischen Kollegen noch eine Unterschrift vergessen hatten. Wir verstehen das nicht, es liegen doch sämtliche Unterschriften und Stempel der vorhergehenden Länder vor. Trotzdem – ohne Fleiß kein Preis und ohne diese Unterschrift keine Einreise, diskutiert wird nicht. „Alles kein Problem, ist doch ein Kinderspiel – wir haben schließlich Beziehungen an der türkischen Grenze" bemerkt Daniel und deutet auf seine Hände, die noch schmutzig von der Reparatur des hellblauen Escorts sind. „Wie einfach doch das Reisen ist", antworte ich scherzhaft und setze mich auf die Eingangstreppe, während Rammi und Daniel den Iran zu Fuß verlassen, um in der Türkei nach den Unterschriften zu fragen.

Die türkischen Zöllner erklären, dass sie nicht unterschreiben müssen, dass, was wir auch schon den Iranern erklärt haben, sämtliche Formalitäten erledigt worden sind. Trotzdem kritzeln sie ihre Namen noch einmal auf das Papier. Es macht sich also schon bezahlt, das Auto repariert zu haben.

Nach erneutem Warten legen wir die Carnets vor und sind eigentlich guter Dinge. Mehrere Grenzebeamte beraten sich nun, Rammi versteht es aber nur teilweise, doch bevor er uns erklären kann, was hier gerade vor sich geht, kommt der Chef wieder auf uns zu. Dieses Mal wird beanstandet, dass sämtliche Daten des Carnetbesitzers wie Name, Wohnort und so weiter nicht noch einmal auf der oberen Leiste stehen. Die Daten sind bereits zwei Mal auf dem Umschlag und weitere zwei Mal auf jeder einzelnen Seite aufgeführt. Nach längerem Diskutieren scheint dieses Argument entkräftet und ich glaube, jetzt bekommen wir den Stempel. Langsam wird uns mulmig, die Leute waren zwar anfangs relativ freundlich, jedoch ist es ihnen wirklich völlig egal, dass wir mehr als 5.000 Kilometer gefahren sind, um hier einzureisen. Die nächste Hürde scheint unumgänglich: Es ist Gesetz, dass niemand zwei Autos auf einmal einführen darf. Beide Autos sind auf Daniel angemeldet. „No way" meint der Chef und geht weg. Wir warten. Wir sind nicht sonderlich aufgeregt, diese üblichen Machtspiele kennen wir zur Genüge von unseren Reisen durch Afrika. Am Ende zahlen wir dann eine Packung Kopfschmerztabletten plus einen Taschenrechner und wir sind im Land. Leider falsch. Wir warten. Daniel und Rammi stehen an der Wand, warten, bis der Chef, der auf Nimmerwiedersehen verschwunden ist, wieder vorbeikommt. Ich sitze ein paar Meter weiter und belustige mehrere Beamte, die außer Tee trinken und diskutieren nicht besonders viele Aufgaben zu haben scheinen. Sie versuchen, mir die persische Sprache beizubringen, das so genannte *farsi*. Einige Wörter habe ich schon während der letzten Tage aus unserem Reiseführer gelernt. Mit meinem schwäbisch-deutschen Akzent muss die Aussprache wohl sehr lustig klingen. Meine neuen Bekannten biegen sich vor Lachen, mich beschleicht langsam das Gefühl, dass die Gläser Tee, die ich am laufenden Band serviert bekomme, eine Art Gage für die lustige Unterhaltung sind. Mein Blick gilt immer wieder meinen zwei Reisepartnern, die fortwährend warten. An ihrem Gesichtsausdruck erkenne ich, dass der Stand der Dinge nicht sonderlich gut sein muss. Die Zeit verstreicht. Drei Mal kommt der Leiter der Grenzbehörde an Rammi und Daniel vorbei, drei Mal gibt es kurze Diskussionen, die Stimmen werden lauter und die Gesichter ernster. Nachdem ich meinen „Spielkameraden" durch Sprachübungen, Erzählungen von der Autobahn, dem Oktoberfest und sonstigen deutschen Attraktionen Freude bereitet habe, versuche ich ihre Sympathie zu nutzen. Jeder von ihnen hat wohl bestimmte Funktionen an der Grenzstation, vielleicht kann uns jemand helfen. Ich spreche von unserer Lage, von unserem Vorhaben und unserem Interesse am iranischen Land, an der Kultur und auch am Alltag der Menschen, die hier leben. Diejenigen, die Englisch sprechen, antworten prompt mit Fakten und erzählen freudig von eigenen Reisen. Der Bogen zu unserem Problem ist jetzt schwer zu spannen, immer wieder folgen nette Geschichten über das Land. Als ich endlich zum Thema komme, stellt sich heraus, dass keiner der Anwesenden helfen kann, manche von ihnen stehen selber stramm, wenn der Chef vorbeikommt.

Nach kurzer Beratung stellen wir leider fest, dass wir keine Chance haben, mit beiden Fahrzeugen ins Land einzureisen. Länger zu warten und auf den Verantwortlichen einzureden würde wohl eher das Gegenteil bewirken. Also raus, ab in eines unserer Autos, die verlassen im Zollhof stehen. Was nun? Es gibt mehrere Möglichkeiten, doch keine ist wirklich eine akzeptable Lösung. Wir könnten ein Auto hier stehen lassen, was bedeutet, dass der Besitz an den iranischen Staat übergeht. Wir müssten außerdem alles umladen, in Zukunft zu dritt in einem Auto schlafen, die restlichen 5.000 bis 6.000 Kilometer auf Landstraßen eng bepackt verbringen, würden kein Geld für unser zurückgelassenes

Auto bekommen und könnten das Ganze nur als Erfahrung verbuchen. In Gedanken sehe ich schon jetzt den Zollchef vor mir, wie er ab morgen unser zurückgelassenes Fahrzeug als Dienstwagen benutzt. Diese Vorstellung macht unsere Entscheidung einfach: Auf keinen Fall kommt das in Frage! Die andere Möglichkeit ist, in die Türkei zurückzufahren, 300 Kilometer bis zur nächsten größeren Stadt, nämlich Van, wo wir versuchen könnten, den Wagen illegal zu verkaufen, da in der Türkei der Verkauf von gebrauchten Fahrzeugen so hoch besteuert wird, dass sich ein legaler Verkauf nicht lohnen würde. Dazu müssten wir aber noch einmal die komplizierten Grenzformalitäten erledigen. Das Visum für den Iran ist zudem bereits abgestempelt und da wir ein Single-Entry-Visum haben, bräuchten wir sogar ein neues von der iranischen Botschaft in Ankara. Rammi wühlt aufgeregt in seinen Taschen, zieht seinen Pass hervor und schaut nach: Tatsächlich, „*number of entries: 1*" ist dort deutlich zu lesen. Kurz nachgerechnet sind das hin und zurück über den Daumen gepeilt 4.000 Kilometer, inklusive der Wartezeit für die Formalitäten würde das ungefähr sechs Tage dauern. Die Stimmung im kalten Auto ist auf dem Tiefpunkt der Reise. Was tun? Sollte das schon das Ende unserer Tour sein, auf die wir uns ein Jahr lang gefreut haben? Das Ende einer Reise, die im Grunde ab dieser Grenzüberquerung erst richtig spannend wird?

Daniel hat ein Handy dabei. Für alle Fälle. Er kramt nervös im Handschuhfach, wo sich inzwischen so manches angesammelt hat. Zum Glück finden wir in unserem Reiseführer die Telefonnummer der iranischen Botschaft in Frankfurt. Dort wollen wir nachfragen, ob das Gesetz wirklich existiert oder ob unsere Theorie mit dem neuen Geschäftswagen für den Grenzchef zutrifft. Kaum zu glauben, aber wir haben sogar Empfang. Allein die zwei Striche auf dem Display über dem Antennenzeichen geben uns schon wieder Hoffnung, die Stimmung schlägt von depressiv auf aufgeregt um, Daniel tippt die Nummer ein und wir stecken unsere Köpfe eng zusammen. „Es läutet", verkündet Daniel, mein Herz schlägt schneller. Vielleicht ist das die Lösung.

Es knackt in der Leitung, jemand nimmt den Hörer ab. „Yes", jubelt Rammi leise, eine Stimme erklingt. Doch es ist nur der Anrufbeantworter. Die Botschaft hat geschlossen, morgen wieder. Mittlerweile ist es dunkel. Wir wissen von unseren Erfahrungen aus Bulgarien, dass man an der Grenze normalerweise auf keinen Fall übernachten kann, wir müssen irgendwo einreisen, Iran oder Türkei. Wo auch immer wir heute Nacht schlafen werden, die Reise wird eine unvorhergesehene Wendung genommen haben. Eine unvorhergesehen schlechte Wendung. Was tun? Es muss eine Lösung geben, bis jetzt gab es immer einen Weg, im wahrsten Sinne des Wortes. Wir müssen noch einmal hineingehen, um wirklich alles probiert zu haben. Der Chef sitzt bequem auf seinem Schreibtisch-sessel, als er uns sieht, verdreht er die Augen, atmet gestresst ein und aus. Daniel geht entschlossen auf ihn zu, wir wissen nicht, was er sagen will. Er erklärt ihm, dass wir beim iranischen Konsulat in Deutschland angerufen hätten und ein Mitarbeiter dort gesagt hätte, er wisse nichts von einem solchen Gesetz, man sollte die Einreise überprüfen und ihm den Namen des verantwortlichen Grenzbeamten durchgeben. Überraschend kalt und ungerührt hört er Daniel zu, wir können von weiter hinten nur beobachten, dass er sich ziemlich wortkarg gibt. Er schickt Daniel zwar wieder zu uns zurück, nimmt jedoch den Telefonhörer in die Hand und tippt eine Nummer ein. Der Chef rufe jetzt seinen nächsten Vorgesetzten an und verhandle mit ihm. Wir müssen warten – Geduld erweist sich wieder einmal als die wichtigste Voraussetzung für diese Reise.

Jetzt legt er auf, wir warten gespannt auf seine Ansage: Der Vorgesetzte sei gerade beim Beten. Wir sollten warten. Wie so oft. Das ist nichts Neues. Hoffnung macht sich bei uns breit, der Zollchef scheint verunsichert zu sein. Alle Spekulationen nützen nichts, wir brauchen Fakten. In einem der Zollräume ist eine Tischtennisplatte aufgestellt. Den ganzen Nachmittag über haben wir schon den Ball gehört – ping pong ping pong – viele uniformierte Beamte stehen um die Platte herum. Ein Abzeichenträger in blauer Uniform mit leichtem Bauchansatz muss wohl der Lokalmatador sein, ihm gelten der Applaus und die Aufmerksamkeit. Wir beobachten die Szene. Mehrere Zollbeamte, die uns den Nachmittag über ernst und eher unfreundlich begegnet sind, johlen und haben sichtlich Spaß beim Spielen oder aber auch einfach nur am Zusehen. Das Telefon schweigt. So eine Gebetseinheit dauert ganz schön lange. Muss wohl ziemlich ausgiebig beten, der Boss des Chefs.

Mittlerweile sind wir die einzigen „Kunden" im Gebäude. Die Grenze schließt um 19.00 Uhr, wie wir erfahren haben. Es ist 17.30 Uhr, draußen fängt es leicht zu schneien an, die Temperatur dürfte unter null Grad gesunken sein. Wir warten. Die Grenzformalitäten sind ja soweit eigentlich erledigt, der Papierkram für die Fahrzeuge würde bei grünem Licht höchstens eine Stunde dauern. Daniel gibt gerade eine Runde Zigaretten aus, da klingelt das Telefon. Es klingelt tatsächlich. Endlich. Wie schön so ein metallenes Klingeln sein kann, wenn man darauf wartet. Der Chef hebt ab, Rammi wandert langsam in die Nähe des Schreibtisches, um wenigstens ein paar Brocken zu verstehen. An der Grenze hat das Farsi noch türkischen Einfluss, Rammi übersetzt uns ein paar Worte von dem, was er aufschnappen kann. Er gibt unsere Passdaten durch, erzählt ihm, dass wir nach Indien wollen. Er gibt die Fahrzeugdaten durch, muss die Buchstaben „BMW" zweimal buchstabieren. Auf einmal wird es ruhig, anscheinend gibt der Anrufer Anweisungen, der Zollchef nickt nur mit dem Kopf und murmelt ab und zu ein „bale", was in höflicher Art und Weise „ja" bedeutet. Er legt auf, wir starren ihn an. Ohne das kleinste Lächeln, ohne dass er nur im geringsten sein Gesicht verzieht, stammelt er leise: „You´re allowed". Ein Stein fällt uns vom Herzen, nein, ein Felsbrocken.

Der Grenzchef klärt uns auf, wir hätten sieben Tage Zeit, dann müssten wir in Pakistan sein, dazu müssten wir eine bestimmte Route nehmen und uns pünktlich an der Grenze melden. Das wird natürlich schwierig, aber jetzt ist erst einmal wichtig, dass wir überhaupt ins Land dürfen. Ein unscheinbarer Beamter ohne Uniform nimmt uns mit, wir gehen hinaus, marschieren einige Gebäude weiter und betreten ein kleines Büro. Auf dem Weg dorthin kichern und scherzen wir durchgehend, da wir durch die positive Nachricht total aufgedreht und glücklich sind. Unsere gute Laune ist jedoch schlagartig vorbei: Der Beamte mit der Hornbrille erklärt uns, dass wir pro Fahrzeug 500 US-Dollar zu zahlen hätten. Tourismusgebühr. Zuerst denken wir, das ist ein Scherz und lachen gequält. Doch der Beamte sieht nicht unbedingt aus, als würde er Witze machen. Geschockt von dieser Ansage beginnen wir sofort mit der Verhandlung. Daniel erklärt ihm, dass unsere Reisekasse das nicht hergäbe und dass wir darüber noch nie gelesen hätten. Auch der Zuständige in der iranischen Botschaft in Deutschland habe uns versichert, dass keine weiteren Kosten auf uns zukämen. Tatsächlich würden uns 1.000 US-Dollar zwar nicht das Genick brechen, jedoch müsste zukünftig ein radikaler Sparkurs gefahren werden, was die Reise nicht unbedingt angenehmer machen würde. Nach unserem andauernden Protest scheint dieser Mann ein wenig verunsichert, was uns darin bestärkt, weiter auf ihn pausenlos einzureden und ihn zu überzeugen, dass er noch einmal nachzufragen muss. Er greift tatsächlich zum Telefon. Wir hören ihn leise und ruhig reden, Rammi kann ihn nicht einmal ansatzweise verstehen. Wir warten. Sekunden werden wieder mal zu Stunden. Ohne große Worte macht er uns verständlich, dass wir ihm folgen sollen, es geht wieder zurück in die Halle, aus der wir gekommen sind. Nach kurzer Unterredung mit dem Chef geschieht ein seltsames Wunder: Ohne große Diskussion müssen wir nicht einmal einen kleineren Betrag zahlen, nein, wir zahlen gar nichts. Mürrisch erklärt er uns, dass wir heute noch einreisen können, die Formalitäten sollten jetzt schnell gemacht werden, da das Zollamt bald schließe. Wir nicken dankbar und schauen ihn ernst an, als wir uns jedoch wegdrehen, überkommt uns ein befreiendes Grinsen, das wir für längere Zeit nicht mehr abstellen können. Heimlich klatschen wir uns vor Freude gegenseitig hinter seinem Rücken ab. Wieder wird mir klar, warum Reisen dieser Art so großen Spaß machen. Noch vor ein paar Augenblicken schien die Tour hier schon zu Ende zu sein und jetzt nach kurzer Zeit steht fest, dass es nun richtig losgeht. Übermütig erklärt Rammi dem Beamten, der fast den gesamten Nachmittag vor der Tischtennisplatte verbracht hat, dass ich der deutsche Tischtennismeister sei und fragt ihn, ob er sich traue, gegen mich zu spielen. Noch bevor ich Rammi dafür in den Hintern treten kann, wird die Herausforderung gerne angenommen. Außer Daniel und dem Chef, die jetzt am Schreibtisch die Formalitäten erledigen, stehen alle Anwesenden um die Tischtennisplatte, die Stimmung schaukelt sich schnell hoch und es wird hart gekämpft.

Mittlerweile steht Daniel auch dabei, hat alle Papiere in der Hand und grinst mich an. Der einzige, der alleine und mit ernstem Blick am Schreibtisch sitzt, ist der Chef. Die Stimmung und der Lärmpegel in der Grenzhalle sind unglaublich. Wir wollen gerade zum Entscheidungsspiel die Seiten wechseln, als der Chef den Raum betritt, gewohnt ohne Regung und mit ernster Miene, um uns mitzuteilen, dass wir jetzt fahren sollten, da es sehr spät sei. Schnell wird es still, die Menge löst sich schweigend auf. Ich verabschiede mich von meinem Gegenspieler und von einigen Grenzbeamten mit Handschlag und gehe, immer noch außer Atem, mit Daniel und Rammi zu den Fahrzeugen, die noch kontrolliert werden müssen. Im Gegensatz zu sonstigen Grenzüberfahrten verläuft dies ohne viel Aufwand, zwei Männer leuchten mit ihren Taschenlampen mal hierhin, mal dorthin, wir müssen aber nicht, wie zum Beispiel in Serbien, die ganzen Autos ausräumen, sondern nur ab und zu ein paar Gegenstände hochheben. Das war alles, wir sind drin. Wer hätte das gedacht: Bei dieser Kontrolle hätte man locker zwei Maschinengewehre oder eine Kiste Bier einführen können!

Rammi fährt alleine voraus, Daniel und ich hinter ihm her, in Schrittgeschwindigkeit geht es durch die Grenzanlage bis zu den Soldaten vor dem Gitter. Wir wollen gerade aussteigen, da wird das Tor in den Osten schon geöffnet, wir haben es also doch geschafft. Was für ein Tag. Jetzt müssen wir tanken. Die Tanknadeln beider Autos sind schon so weit unten, dass sie sich erst gar nicht mehr bewegen. Gleich nach der Grenze erscheint eine kleine Tankstelle, wir biegen ein und Rammi rechnet die Währung um: „Es ist also gar nicht wahr, dass der Liter Sprit hier *vier* Cent kostet, er ist viel teurer" hören wir von ihm. „Nein? Scheiße, teurer? Wieviel denn dann?" reagiert Daniel. „Ein Liter Benzin kostet 40 Rial, das sind umgerechnet *fünf* Cent." Wir grinsen. Da macht das Tanken noch Spaß!

Wir befüllen also unsere zwei Tanks mit je 50 Liter für umgerechnet fünf Euro. Daniel legt einen Film in seine Kamera ein und will diesen Moment festhalten. Plötzlich läuft der Tankwart aggressiv auf ihn zu, unter lautstarkem Geschrei wird er handgreiflich und packt ihn am Kragen seines T-Shirts. Wir sind alle geschockt von der Aktion und total überwältigt, wissen nicht was vor sich geht. Ebenfalls unerwartet steigen zwei Personen aus dem Wagen, den Rammi gefahren hat. Wir haben gar nicht bemerkt, dass Rammi zwei Grenzbeamte nach Orumiyeh, dem heutigen Tagesziel, mitgenommen hat. Es entsteht ein regelrechtes Chaos. Die beiden Beamten versuchen, den aufgebrachten Tankwart zu beruhigen, den offensichtlich stört, dass Daniel ein Foto von seiner Tankstelle geschossen hat. Wir haben zum Glück bereits getankt, einer der beiden Grenzer hat uns fünf Euro zu einem mittelmäßigen Kurs gewechselt und somit können wir schnell das Geld auf den Tisch legen. Der Mann von der Tankstation hat mittlerweile seinen lautstarken Protest eingestellt und rennt in sein kleines Büro. Wir sehen durch die Scheibe, wie er den Telefonhörer in die Hand nimmt und eine Nummer wählt. Er will die Sittenpolizei anrufen, die im Iran nicht gerade zimperlich mit Fremden umgeht, die gegen die strengen Regeln verstoßen. Ein Grenzer versucht ihn zu beruhigen, Daniel folgt ihm und will sich entschuldigen, da bricht der Wart wieder aus wie ein Vulkan und will auf ihn losgehen. Daniel hat den Film schon aus der Kamera genommen, legt ihn schnell auf den Tisch in dem kleinen Büro und auf Anweisung eines Beamten setzen wir schnell unsere getankten Fahrzeuge in Bewegung. Ich habe keine Ahnung, was ich denken soll, ich will nur weg von dem hysterischen Typen. Daniel neben mir im Auto kann, genauso wie ich, die Lage nicht einschätzen. Der Tag brachte eindeutig zu viele Überraschungen. So viel Nervenkitzel am Stück ist kaum zu verarbeiten, unsere Stimmung ist nicht zu beschreiben. In minimalen Abständen durchleben wir Höhen und Tiefen, die bis zu der Frage gehen, warum wir das überhaupt alles machen. Nach ein paar Kilometern Fahrt ordnen sich unsere Gedanken langsam, es kehrt Stille ein im Auto. Wir genießen es einfach, hier zu sein, wenigstens ein Stück Iran erfahren zu haben, was auch immer passieren mag.

Rammi fährt zügig voraus, es regnet und schneit zugleich, die Sicht ist mehr als schlecht. Wir geben uns Lichtsignale, oft ist Rammi auf weiten Strecken überhaupt nicht mehr zu sehen. Kleinere Ortschaften haben überhaupt keine Straßenbeleuchtung. Die dunklen Häuser am Rand, die hin und wieder im Scheinwerferlicht erkennbar sind, machen keinen sehr einladenden Eindruck. Nach ein paar niedrigen Pässen sehen wir Rammi wieder und schon bald taucht vor uns das Leuchten einer Großstadt auf: Orumiyeh, die westlichste Stadt Irans, mit knapp 400.000 Einwohnern. Das Lichtermeer ist beeindruckend. Ich schalte meine Sitzheizung noch einmal auf Stufe vier, Daniel legt eine neue Musikkassette ein und beide genießen wir die restliche Fahrt bis zu den Lichtern der Stadt. Wir fahren kreuz und quer, von Hauptstraßen in Seitenstraßen und wieder zurück auf Hauptstraßen, Berge hoch und wieder hinunter. Endlich sehe ich die Bremslichter von Rammis Fahrzeug aufleuchten, die erste Person steigt aus, bedankt sich und winkt uns freundlich nach. Erst jetzt fällt mir auf, dass das der Mann ist, der unsere Autos an der Grenze durchsucht hat. Rammi hält kurze Zeit später wieder an, kommt auf uns zu: „Der Typ hat uns eingeladen, heute Nacht bei ihm zu bleiben."

Das wäre das erste Mal auf dieser Reise, dass wir privat bei jemandem übernachten. Die Entscheidung fällt nicht schwer. Wir halten an einem öffentlichen Telefon, denn der Mann möchte seine Frau vorwarnen, dass Fremde ins Haus kommen, natürlich verbunden mit einem Kochauftrag. So schleichen wir also durch immer enger werdende Gassen, teilweise unbeleuchtet und nicht geteert, bis wir von ihm angewiesen werden zu parken und unsere Schlafsäcke mitzunehmen. Beim Betreten seiner Wohnung verschlägt es uns die Sprache. Ein riesiges Wohnzimmer, innen verziert mit großen Bögen an den Wänden und an der Decke, ein gigantischer Teppich, edel aussehende Stühle und ein passender Tisch, ein Ölofen, der auf Hochtouren zu laufen scheint, daneben ein rot überzogenes Sofas und eine Theke zwischen Küche und Wohnzimmer, wie man sie in amerikanischen Soaps oft sieht. Seine Frau, wie erwartet bis auf die Augen verhüllt, steht in der Küche, begrüßt uns aber erwartungsgemäß nicht. Ein kleines süßes Mädchen, vielleicht sechs Jahre alt, hüpft aufgeregt in der Wohnung umher, sichtlich erfreut über unseren Besuch. Bei einem Tee plaudern wir mit dem Grenzer, wobei die Unterhaltung etwas schleppend läuft, irgendwie ist die ganze Situation sehr komisch. Erst jetzt fällt mir auf, dass dies der Mann ist, der uns an der Grenze in das kleine Büro mitgenommen hat, um die 500 US-Dollar zu kassieren. Daniel fragt ihn, ob wir hier fotografieren dürfen, er willigt sofort ein. Doch schon nach der ersten Aufnahme von seiner Wohnung wird die Stimmung noch seltsamer. Wir bekommen das Gefühl, dass es ihm doch nicht so passt, in seiner Wohnung mit uns zusammen abgelichtet zu werden.

Wir müssen ihm versprechen, dass wir die Fotos auf keinen Fall im Iran entwickeln lassen und dass wir niemandem von unserem Besuch erzählen. Er sei Beamter und könne dadurch seinen Job verlieren. Auf weitere Nachfragen, warum das so ist, verweist er uns auf sein schlechtes Englisch und meint, er könne das in dieser Sprache nicht ausdrücken. Wir sind etwas ratlos, wissen nicht, was vor sich geht. Seine Frau bringt uns das Essen, Reisknödel mit Soße, gewürzt mit Safran und Kardamondie und natürlich Sangak, das ovale Brot, das auf kleinen heißen Steinen gebacken wird. Rammi hat uns während der Reise darüber aufgeklärt, dass nur mit der rechten und nie mit der linken Hand gegessen werden darf, da die linke als unrein gilt. Es dauert zwar etwas länger, nur mit einer Hand zu essen, aber trotzdem lassen wir uns die großen Portionen schmecken. Als wir uns bei der Frau für das leckere Essen bedanken wollen, fällt mir auf, dass sie gleich nach dem Servieren verschwunden ist. Während unseres ganzen Aufenthaltes sehen wir sie nicht wieder. Nach dem Essen möchten wir gerne auf eine „Gute-Nacht-Zigarette" zu unseren Autos nach draußen gehen, doch unser Gastgeber winkt sofort ab, seine Nachbarn sollen uns auf keinen Fall sehen. Er schickt uns zum Rauchen in seine Garage. Wir verstehen das Ganze nicht: Zwei fremde, für den Iran ungewöhnliche Autos mit deutschem Kennzeichen stehen direkt vor der Tür, das fällt doch viel mehr auf als drei rauchende Jungs. Das ist alles sehr seltsam.

Fragen über die Politik und die Mentalität der Iraner blockt er kategorisch ab, meist mit dem Hinweis auf seine Sprachkenntnisse, die aber relativ gut sind, solange wir über andere Themen reden. Als ich mein Tagebuch aufschlage, fragt er auffallend interessiert nach, was ich dort aufschreibe. Wir erklären ihm, dass wir keine Namen notieren und nur die Hauptereignisse des Tages festhalten. Anscheinend beruhigt ihn das. Bald gehen uns die Themen aus, der Fernseher ist die Rettung. Das iranische Programm bietet Soaps wie Sand am Meer, doch auch die Frauen im Fernsehen tragen Kopftücher. Weibliche Haarpracht sieht man nur auf ausländischen, meist türkischen Kanälen. Obwohl wir natürlich kein Wort verstehen, schauen wir begeistert die Serien an, die ohne großen Aufwand gemacht zu sein scheinen. Sämtliche Szenen laufen in geschlossenen Räumen ab, die Bild- und Tonqualität ist nicht besser als bei Amateurvideos. Bei den Nachrichten besteht, im Gegensatz zu der deutschen Tagesschau, wohl keine Zensur von brutalen Szenen. Von Unfällen oder Anschlägen werden sehr eindrucksvolle, teilweise erschütternd harte und gewalttätige Aufnahmen gezeigt. Die Kameras der Reporter scheinen die blutigen Szenen wahrlich aufzusaugen.

Plötzlich beschließt der Beamte, dessen Name wir nie erfahren, dass wir müde seien. Ein paar Sekunden, nachdem er den Fernseher ausgeschaltet hat, knipst er auch schon das Licht aus, ohne zu beachten, dass wir die Schlafsäcke noch nicht einmal ausgerollt haben.

Wir positionieren uns am Boden um den warmen Herd, es ist eine wahre Wohltat, auf dem weichen Teppich zu schlafen. Unser Gastgeber legt sich nicht in sein Schlafzimmer, sondern holt sich ein Kopfkissen und eine Decke, um bei uns im Wohnzimmer auf der Couch zu übernachten. Eine seltsame Einladung.

Unterm Strich ein erfolgreicher Tag: Die Einreise ist nach vielem Zittern geglückt, wir sind in der ersten iranischen Stadt und haben ein Dach über dem Kopf und einen warmen Ofen an unserer Seite. Wir stellen einstimmig fest: Uns geht es im Grunde bestens! Der Tag war so anstrengend, dass wir im Handumdrehen einschlafen.

Als ich in der Nacht aufwache, weil ich von den mindestens fünfzehn Gläsern Tee des Tages einen mächtigen Druck verspüre, sehe ich unseren Gastgeber wach auf dem Sofa sitzen. Auf ein freundlich gemeintes „must go to toilet" von mir kommt keine Antwort, auch kein Nicken oder ein Lächeln. Beim Zurückkommen sitzt er immer noch aufrecht auf der Couch, die Augen hinter seiner riesigen braunen Hornbrille weit geöffnet. Irgendwie ist das wie im Psychofilm. Was geht in diesem mysteriösen Typen nur vor? Als ich nach einigen Minuten höre, wie er sich wieder hinlegt, ist mir schon etwas wohler.

# Tag 11
## 15. Februar

Am nächsten Morgen werden wir um kurz nach fünf Uhr geweckt. Ohne Frühstück, sogar ohne den obligatorischen Tee, an den wir uns schon gewöhnt haben, werden wir mit wenigen Worten aus dem Haus befördert. Wir haben keine Ahnung, was wir sagen oder denken sollen und sind absolut verwundert. Dieses Land kommt uns nun noch fremder vor als gestern. Unsere Worte des Dankes werden nickend zur Kenntnis genommen, dann wird die Türe von innen hastig wieder geschlossen. Es ist noch zu früh, um darüber zu sprechen. Jeder steigt kommentarlos ins Auto. Schlaftrunken fahren wir durch die schnee- und eisbedeckten Gassen, es herrscht kaum Verkehr, wir wollen nur eins: Einen Parkplatz, um im Auto weiterzuschlafen.

Auf einer spiegelglatten, gut ausgebauten Straße, vielleicht zwei oder gar dreispurig, überholt uns ein Pick-up auf der rechten Fahrspur. Viel zu schnell weicht er einem parkenden Bus links aus und gerät heftig ins Schleudern. Blitzartig und viel zu stark lenkt er in die Gegenrichtung, sein Wagen bricht in die andere Richtung aus, der Fahrer lenkt erneut dagegen. Das Ganze wiederholt sich wie in Actionfilmen zwei bis drei Mal, dann kommt er endlich entgegen der Fahrtrichtung zum Stehen. Wir hatten bereits hinter dem tanzenden Pick-up stark gebremst und als er zum Stehen kommt, fahren wir mit knappem Abstand vorbei. Wie in Trance schaut uns der Fahrer an. Nach diesem Adrenalinkick sind wir hellwach, wir haben blitzartig reagiert und – Gott sei Dank – einen Unfall vermieden. Auch Rammi, der hinter mir gefahren ist, konnte heil an dem Pick-up vorbeiziehen. Nach ein paar Minuten zielloser Fahrt beruhigen wir uns jedoch und bleiben am Straßenrand auf ein kleines Nickerchen stehen.

Zwei Stunden später weckt uns Rammi mit dem üblichen kräftigen Ruck von hinten, er ist schon wieder quicklebendig und wendet, wie so oft, seine rabiate Auffahrunfall-Weckmethode an. Beim Blick aus dem Fenster können wir unseren Augen kaum trauen: Es herrscht dichter Verkehr, Auto um Auto flitzt an uns vorbei, Lastwagen, Lieferwagen, Eselskarren und motorisierte Dreiräder, alle scheinen auf den Beinen bzw. Rädern zu sein. Wir brauchen dringend etwas zu essen, müssen jedoch davor Geld wechseln und noch ein paar Briefe zur Post bringen. Großflächige Kreisverkehre, die stark an Paris erinnern und vollge-stopft sind mit Fahrzeugen, die scheinbar richtungslos stehen und fahren, tauchen immer wieder vor uns auf. Es gilt das Prinzip von Darwin: Der Stärkere hat Vorfahrt. Rote Ampeln halten scheinbar niemanden davon ab, die Kreuzung zu überqueren, viele Autos haben ihre Spiegel eingeklappt oder gar abgeschraubt, um dichter neben anderen Fahrzeugen fahren zu können. So etwas habe ich bisher nur in Indonesien erlebt! Wir stehen eine ganze Weile im Stau, eines unserer Autos wird wie immer in solchen fahrtwindarmen Situationen heiß, wir müssen im Gewühl aussteigen und Wasser nachfüllen. Als Daniel wieder einsteigt, sind wir immer noch keinen Millimeter weiter. Zum Glück hat Rammi gestern Abend unseren Gastgeber nach einer guten Geldwechselmöglichkeit gefragt, denn wir hatten schon im Vorfeld gelesen, dass der Schwarzmarktkurs mehr als doppelt so günstig sein soll wie der offizielle. Trotzdem haben wir nur die Möglichkeit, in einer Bank offiziell zu wechseln, da wir nicht wissen, wie man an den Schwarzmarkt kommt. Der Beamte hat uns eine bestimmte Bank empfohlen. Wir wissen zwar nicht, warum gerade diese, aber er meinte, wir sollten dort nachfragen. Mit arabischen Straßenschildern gestaltet sich die Suche nach einem bestimmten Gebäude allerdings etwas schwierig, selbst beim Nachfragen können wir den Straßennamen nicht aussprechen.

Gedrängt vom dichten Verkehr fahren wir tatsächlich an der besagten Bank mehr oder weniger zufällig vorbei. Rammi und ich gehen in die Bank, während Daniel im Wagen wartet, da man dort offensichtlich nicht parken darf. In der Bank fragen wir nach dem Wechselkurs. Man verweist uns an einen bestimmten Herrn, der jeden Moment erscheinen soll. Das erklärt uns jedenfalls die Bankangestellte in bestem Englisch. Alle Frauen, auch die Bankangestellten, sind in schwarze, lange Kleider gehüllt. Das ist der sogenannte *Tschador*, was übersetzt „Zelt" bedeutet. Er bedeckt den gesamten Körper, so dass nur das Gesicht sichtbar ist.

Nach wenigen Minuten Wartezeit erscheint ein freundlicher Herr im Nadelstreifenanzug. Sein Englisch ist zwar nicht mit dem seiner Kollegin vergleichbar, doch er kann sich ausdrücken. Er nimmt uns mit und wir verlassen das Bankgebäude. Er erzählt uns etwas vom Schwarzmarkt. Wir verstehen nicht – ein Bankangestellter, bei dem wir zum offiziellen Kurs wechseln wollten, tauscht unsere Euros nicht in seiner Bank, sondern schleppt uns zum Schwarzmarkt?

Wir betreten einen nahe gelegenen Blumenladen, der auch als Wechselstube zu dienen scheint. Der Bankangestellte unterhält sich leise und ruhig mit dem Mann hinter der Theke, der sich, während er die Stiele von einem Blumenstrauß kürzt, den Telefonhörer zwischen Schulter und Backe klemmt. Das Gespräch dauert höchstens fünfzehn Sekunden. Wir sollten warten, es komme gleich jemand, der wechsle. Na gut, wir warten. Darin sind wir mittlerweile Meister! Er schneidet an seinen Blumen weiter und beachtet uns nicht mehr.

Kurz darauf bringt uns ein anderer Herr aus der Hinterstube des Blumenladens zwei Gläschen Tee, die wir dankbar annehmen. Der Mann aus der Bank ist mittlerweile verschwunden. Anscheinend spricht der Blumenhändler kein Englisch, er nickt uns hin und wieder freundlich zu, wohl um uns zu zeigen, dass alles in Ordnung ist, lächelt und konzentriert sich dann wieder voll und ganz auf seine Pflanzen. Wir fühlen uns sicher, haben beide kein schlechtes Gefühl. Kunden gehen ein und aus, die Leute strömen emsig den Gehsteig vor dem Schaufenster auf und ab, es herrscht reges Treiben. Zwei in Tschadors gehüllte junge Mädchen betreten den Laden, schauen scheu auf Rammi und mich, wie wir auf niedrigen, kleinen Holzstühlen sitzen und kichern schüchtern. Mir fällt zum ersten Mal auf, dass manche Frauen hier unter ihren schwarzen Hüllen und Kopftüchern moderne Kleidung sowie Accessoires tragen und dazu auch kräftig geschminkt sind. Unter den schwarzen Umhängen kann man am Knöchel die Naht von schwarzen Jeans erkennen. Die Gesichter der beiden Frauen sind sehr schön anzuschauen. Rammi gibt mir einen unauffälligen Schubs und deutet auf die beiden. Nach dem Blumenkauf gehen die Mädchen fröhlich aus dem Laden und schauen uns durch das Schaufenster von draußen noch ein letztes Mal kurz an. Nachdem sie sehen, dass wir ihnen nachschauen, blicken sie schnell schüchtern weg. Auch auf den Straßen werden wir manchmal angestarrt – leider nur von Männern, aber dennoch meist eher verwundert als feindlich. Somit gewöhnen wir uns daran, dass wir hier die „Exoten" sind.

Wir warten immer noch. Auch Daniel sitzt ein paar Straßen weiter im Auto und wartet, ich hoffe, es ist alles in Ordnung bei ihm, schließlich stehen wir mit beiden Fahrzeugen im Parkverbot.

Unsere beiden Gläschen Tee sind leer und wir warten immer noch. Ich schlage gerade Rammi vor, dass wir gehen sollten, als der Bankmanager von vorhin den Laden betritt und uns auffordert, ihm zu folgen. Wir bedanken uns und grüßen den freundlichen Ladenbesitzer, bevor die Ladentür zufällt und wir in den Lärm der Straße tauchen. Der Bankangestellte faselt etwas von „no problem" und von einem „friend", den wir gleich treffen werden. Mitten auf dem Gehsteig, der überaus belebt ist, kommt uns ein schnauzbärtiger Mann entgegen, begrüßt zuerst den Bänker mit Handschlag und dann uns, ist freundlich – ich nehme es zumindest aufgrund seiner Gesten an, denn was er uns sagt, können wir ja leider nicht verstehen. Er packt lässig ein großes Bündel Geldscheine aus und fängt an, fünfundachtzig Scheine abzuzählen. Wir bekommen also 85.000 Tuman für 100 Euro. Nach dem offiziellen Kurs, so haben wir gerechnet, würden wir 38.000 minus Gebühr bekommen. Wir sind also doch auf dem berühmten Schwarz-markt gelandet. Was für ein Glück! Wir beeilen uns mit dem Tausch, ich zähle die fünfundachtzig Geldscheine nach, Rammi zählt noch einmal und wir verabschieden uns wieder per Handschlag. Der Bänker war, wie auch vorher im

Blumenladen, unbemerkt wieder verschwunden. Schnell zurück zu den Autos. Daniel hat sich mittlerweile schon Sorgen gemacht, er musste fast eineinhalb Stunden warten. Wir erzählen aber keine lange Geschichten, sondern steigen sofort ein und haben nur noch ein Ziel: Raus aus dem Verkehrschaos, raus aus dieser Stadt.

Nach einer 180-Grad-Wendung unter Hupen und Protest vieler einheimischer Autofahrer versuchen wir, Richtung Kaspisches Meer aus der Innenstadt zu kommen. An jedem Kreisverkehr steht ein Verkehrspolizist, doch die Anweisungen werden so gut wie gar nicht befolgt. Ein unglaubliches Chaos an Blechkarren vor uns, Hupen, Abgase – zwischen die Fahrzeuge würde nicht einmal eine Zigarettenschachtel passen. Vollbeladene Taxen, die mit sechs, sieben, manchmal acht Fahrgästen besetzt sind, dazu Fahrradfahrer und Fußgänger mit Schubkarren. Man braucht wirklich starke Nerven, um hier voran zu kommen. Ein großer Bagger fährt durch die Innenstadt, seine riesige Schaufel auf Windschutzscheibenhöhe sieht wirklich gefährlich aus, doch die Autofahrer lassen sich nicht beeindrucken. Sämtliche Fahrzeuge steuern im Millimeter-abstand zielgenau an der Schaufel vorbei. Das Szenario lässt uns nur staunen. Nachdem wir endlich eine weniger befahrene Ausfallstraße in nördlicher Richtung erreicht haben, halten wir zum Frühstück. Endlich erzählen wir Daniel von der Geldtauschaktion beim Blumenhändler und zeigen ihm das dicke Bündel Scheine, das wir in der Tasche haben. Beim Anblick der fünfundachtzig Scheine, jeder 1.000 Tuman wert, zusammengeschnürt mit einem Gummiband, wird die Stimmung dann schon deutlich lockerer. Wir sind froh, aus der Verkehrshölle heraus zu sein und beschließen spontan, auf keinen Fall nach Teheran zu fahren. Wenn der Verkehr in dieser Stadt mit knapp 400.000 Einwohnern so verrückt ist, wie muss es dann in der Hauptstadt mit mehr als zehn Millionen sein?
Wir zählen noch einmal das Geld. Fünfundachtzig dicke Scheine, die gut in der Hand liegen. Natürlich, es sind zwar umgerechnet nur einhundert Euro, aber hier, im Paradies für alle, die durstige Autos fahren, kann man mit dem Bündel schon einiges anfangen, z.B. 2.000 Liter Benzin kaufen. Wenn man das so sieht, dann sind wir die nächsten Tage äußerst reiche Männer. Ebenfalls spontan wird entschieden, ans Kaspische Meer zu fahren. Der Umweg von ungefähr 330 Kilometern macht vielleicht einen Tag aus und über das Benzingeld nach-zudenken wäre unter diesen Umständen sowieso Gedankenverschwendung.

Nach dem Frühstück, um die Mittagszeit, geht die Fahrt auf Überlandstraßen endlich los. Zum ersten Mal sind wir auf iranischen Landstraßen bei Tageslicht unterwegs. Daniel, der Autofreak, hat natürlich sofort gemerkt, dass es hier eine lokale Autoindustrie geben muss, denn es fahren fast nur gleich aussehende Modelle, na ja, nennen wir es motorisierte, mit Blech umhüllte, selbstfahrende Geräte auf den Straßen: der *Pekan*. Er erinnert stark an den Trabbi! Es gibt nur diese eine Marke und davon auch nur ein einziges Modell. An den Fahrzeugen hat sich seit den 70er Jahren nichts mehr verändert. Alternativ gibt es noch eine Version des Nissan Micra, ein Kleinwagen, der im Iran als Billigversion zusammengebaut und vertrieben wird. Das ist also die Auswahl, die man hier beim Autokauf hat.

Auffällig ist auch, dass Schutzfolien, wie sie manche Autos bei der Auslieferung verpasst bekommen, um die Stoßstange oder die Sitze zu schützen, auch oft nach Jahren noch vorzufinden sind, um zu zeigen, dass das Auto neu ist, obwohl es schon mehrere 10.000 Kilometer gefahren wurde. Auch bei technischen Geräten findet man dieses Phänomen vor. Aufkleber auf kleinen CD-Anlagen wie „200 Watt" oder „double tape deck", die eigentlich im Kaufhaus auf die tolle Leistung aufmerksam machen sollen, sind sogar noch auf uralten Geräten zu finden, oft sogar auf den Lautsprechern – was die Klangqualität nicht gerade verbessert. Aber so ist das wohl üblich hier. Ab und zu sehen wir Fahrzeuge mit iranischem Kennzeichen, hinter dem noch das „M" für München oder das „F" für Frankfurt zu erkennen ist. Wir wundern uns immer mehr, wie viele Autos hier aus Deutschland importiert worden sein müssen, denn häufig findet man sogar ein deutsches Nummernschild hinter dem arabischen. Erst nach ein paar Tagen geht uns ein Licht auf: Alte deutsche Kennzeichen werden sogar in Tante-Emma-Läden verkauft. Offensichtlich sind diese Nummernschilder ein Statussymbol. Anders können wir uns das nicht erklären. Mich beschleicht die leise Vorahnung, dass noch so manch Eigenartiges auf uns wartet.

Wir umfahren den See *Dàryace-ye Orumiyeh*, um dann in nördliche Richtung zum Kaspischen Meer zu gelangen. Die Strecke zieht sich unerwartet lange. Dass der Oruniyeh-See ungefähr zehn Mal so groß ist wie der Bodensee, glauben wir gerne. Durch einen fehlenden Abfluss soll dieses Gewässer so salzig sein, dass nur eine einzige Fischart dort leben kann. Auch bei tiefster Kälte friert dieser See niemals zu. Die Behauptung mit der Fischart haben wir zwar nicht getestet, aber dass trotz Temperaturen unter null Grad kein Eis zu sehen ist, können wir bestätigen.

In der Nähe der Städte sind die Strecken zu unserer Überraschung sehr gut ausgebaut. Als wir uns den Bergen nähern, nimmt die Qualität der Straße jedoch stetig ab. Die höheren Regionen erreichen wir nach gut zwei Stunden Fahrt, die momentan nichts Spektakuläres bietet. Die weiten, eingezäunten Felder und auch die Städte, die wir durchqueren, haben große Ähnlichkeit mit dem äußeren Osten der Türkei.

Schon länger hängt der Auspuff eines unserer Autos nach unten. Bei Schlaglöchern oder Hügeln auf der Straße, die mittlerweile gar nicht mehr so selten sind, schleift das Rohr am Boden, so dass es hinten ab und an gewaltig funkt. Bei einem kurzen Stopp in einem kleinen Ort entschließen wir uns, irgendwo ein Stück Drahtzaun am Wegrand mitzunehmen, um so den Auspuff wieder festzubinden, was natürlich nur eine temporäre Lösung darstellt. Jedoch erscheint sie uns besser als den Auspuff in den Bergen im Schnee auf Nimmerwiedersehen zu verlieren und mit dem Lärmpegel eines Panzers das ganze Land zu durchqueren. Doch wir wissen immer noch nicht, wie die Polizei hier einzuschätzen ist und so wird auch der Plan mit dem Stück Zaun nichts. Um ehrlich zu sein, keiner von uns traut sich. Bis jetzt waren die Iraner zwar nicht beängstigend, aber die Erfahrung mit dem Tankwart und dem Grenzbeamten, der uns eingeladen und wieder rausgeschmissen hat, macht uns vorsichtig.

Während wir durch die nächste Kleinstadt fahren, sehen wir eine kleine Garage, vor der ein paar junge Leute mit einem Schweißgerät stehen. Das kommt wie gerufen! Wir halten an, die Jungs sprechen so viel Englisch wie wir Persisch, aber das Problem ist mit Händen und Füßen schnell erklärt. Bevor wir einen Preis dafür aushandeln, sind schon zwei „Mechaniker" damit beschäftigt, das Schweißgerät anzuschmeißen, das mit Löschkalk funktioniert – eine seltene, aber durchaus brauchbare Maschine. Einen Wagenheber gibt es in der Autowerkstatt nicht, aber wir haben ja einen dabei. Also wird der Kofferraum ausgeräumt und ehe wir uns versehen ist der Wagenheber schon in den Händen der Jungs. Als sie das obere Ende des Wagenhebers jedoch am Tank ansetzen wollen, übernehmen doch lieber Rammi und Daniel das Aufbocken des Fahrzeugs. Ein Loch im Tank mit einem Durchmesser von mindestens fünf Zentimetern zu flicken wäre in dieser Werkstatt wohl etwas zu viel verlangt. Wir stellen fest, dass am Fahrzeug die Halterung für den Gummi, der den Auspuff festhält, abgebrochen ist. Zuerst muss also die Halterung an die Karosserie angeschweißt und danach der harte Gummi wieder eingehängt werden. Im Grunde ist das kein problematisches Unterfangen. Als unsere Werkstattleute aber die Metallhalterung am vollen Tank anschweißen wollen, wird uns die Sache langsam zu heiß. Daniel hat zum Glück aufgepasst und stoppt das Schweißgerät, bevor uns die Autos samt der Werkstatt um die Ohren fliegen. Er erklärt noch mal, was zu tun ist, wo sich der Tank befindet und wo demnach auch unbedingt Abstand gehalten werden muss. Aufgrund der Sprachbarrieren und der Wichtigkeit seiner Erklärung spricht Daniel im wahrsten Sinne des Wortes mit Händen und Füßen. Es sieht schon sehr lustig aus, Rammi und ich können das Lachen nicht verbergen. Alle nicken, ich denke, jeder weiß jetzt Bescheid. Einer der Jungs liegt blitzschnell unter dem Wagen, das Schweißgerät ist bereits an. Geschweißt wird ohne Schutz – eine Schweißbrille oder Ähnliches gibt es nicht.

Es dauert eine ganze Weile. Ich merke schon, dass Rammi und Daniel, die beiden Profis in Sachen Autoreparaturen, langsam unruhig werden. Als der Haken beim ersten Versuch, den Gummiring einzuführen, wieder abbricht, geht Daniel selbst ans Werk. Den Werkstatt-Jungs ist das gar nicht recht, ich merke, dass wir uns durch die Selbstbedienung nicht sehr beliebt machen. Leider gibt es aber keine Alternative. Wir stehen jetzt schon über eine halbe Stunde neben der Straße und immer mehr Zuschauer versammeln sich um uns. Als der Haken nach Daniels Schweißaktion auch noch hält, ist die Stimmung nicht gerade augelassen.

Die zweite Aufgabe, nämlich den Gummi einzuhängen, entpuppt sich als relativ schwierig, da das Material schon spröde und steinhart ist. Alle drei Mechaniker aus der Werkstatt probieren es, erfolgreich ist jedoch nur Daniel. Mit großer Wahrscheinlichkeit haben die drei jungen Mechaniker noch nie an einem BMW gebastelt, vielleicht sogar noch nie an einem anderen Auto als an einem Pekan. Wir schauen freundlich, haben ein konsequentes Lächeln auf den Lippen, um die Situation etwas zu entspannen, aber die Stimmung ist jetzt eindeutig unter dem Gefrierpunkt und alles andere als locker – so wie der Auspuff, der jetzt auch nicht mehr locker, sondern bombenfest an der Halterung hängt und wohl für die nächsten 5.000 Kilometer bereit ist. In dieser Hoffnung räumen wir alles wieder ein und wollen die drei Jungs bezahlen, doch zu unserer großen Verwunderung lehnen sie die Bezahlung ab. Sie wollen das Geld nicht. Wir hatten eher eine überdimensionale Rechnung erwartet, aber dass sie keine Entlohnung annehmen, überrascht uns völlig. Zugegeben, die wirkliche Arbeit haben auch Daniel und Rammi gemacht, aber immerhin haben sie es versucht, wir haben das Schweißgerät benutzt und vor allem haben sie Zeit in die Sache investiert – eine knappe Stunde hat es gedauert. Doch keine Chance, als Rammi einem der Jungs das Geld in die Hemdtasche schiebt und wir uns auf persisch höflich bedanken, fliegt der Geldschein postwendend wieder zurück auf unseren Kofferraumdeckel.

Wir verabschieden uns noch einmal dankend und winken ihnen zu. Die Hände der Mechaniker bleiben starr in ihren Hosentaschen, ein kurzes Kopfnicken á la „Touris, habt ihr genervt" ersetzt den üblichen Handschlag. Hätte diese Situation in Saharaländern in Afrika stattgefunden, dann wäre mit Sicherheit das Geld zu wenig gewesen, egal, wie viel wir angeboten hätten. Hier wollen die Jungs das Geld erst gar nicht, obwohl sie es verdient haben.

Es geht zurück auf die Landstraße, die Berge werden immer steiler, das Alborzgebirge ist zu überqueren. Mehrere Hochplateaus liegen auf über 4.000

Metern. Mittlerweile liegt die gesamte Landschaft unter einer geschlossenen Schneedecke. Die Serpentinen, die beim Entlangschlängeln einen sagenhaften Nervenkitzel hervorrufen, sind anfangs teilweise, dann immer häufiger nur einspurig geräumt. Der Gegenverkehr ist heftig, durch den Schnee hat der Weg gerade noch die Breite unserer Fahrzeuge. In Deutschland wären solche Pässe sicher schon für 7,5-Tonnen-Lastwagen gesperrt, doch hier kommen uns riesige Trucks entgegen, dazu viele Busse und große Transporter mit Anhänger. Zwei Mal kommt nach einer 180-Grad-Kurve ein Lastwagen entgegen, so dass uns nichts anderes übrig bleibt als in die Schneeberge am Straßenrand auszuweichen. Diese sind jedoch teilweise gefroren, so dass die Ausweichmanöver zu gefährlichen Aktionen werden. Doch immerhin ist es besser im Schnee zu stecken als im Kühler eines 40-Tonners!

Busse und Transporter fahren in Schrittgeschwindigkeit die Serpentinen hoch und mit dem gleichen Schneckentempo auch wieder bergab. Gerade an den Steigungen kann man kaum mehr etwas erkennen, die pechschwarzen Abgase steigen zu dicken Rauchwolken auf, bei denen wohl jeder deutsche TÜV-Beamte bei der Abgasuntersuchung einen Kollaps bekommen würde. Obwohl die Sonne strahlt, befinden wir uns oft in „mobilem Schwarznebelgebiet". Wir überholen immer öfter mit großem Risiko, da der Ausstoß von den gnadenlos untermotorisierten Fahrzeugen teilweise nicht zu ertragen ist. Ich bin mir sicher, dass sogar jeder „Sonntagsfahrer", der längere Zeit in Schrittgeschwindigkeit hinter so einer Nebelmaschine herfährt, wohl genauso wie wir das Risiko in Kauf nehmen würde. Nicht die Krise im Irak, nicht der bevorstehende Krieg, nicht die militanten Gruppen, die etwas gegen westliche Ausländer haben, sind auf dieser Reise die größten Gefahrenquellen, sondern allem voran der Verkehr, das wird uns schnell klar. Sollten wir alle drei heil in Indien ankommen, so haben unsere Schutzengel wohl den Job ihres Lebens vollbracht und mehrere Wochen im Akkord gearbeitet. Der Verkehr ist zudem mittlerweile sehr dicht. Da es keine Autobahn gibt, ist diese einspurige Fahrbahn die Hauptverkehrsverbindung über das Alborzgebirge in Richtung Kaspisches Meer. Im Laufe des Nachmittags überholen wir unzählige Fahrzeuge, Lastwagen, Busse und vor allem Pekans. Das Fahren verlangt volle Konzentration, Fehler könnten hier unangenehme Auswirkungen haben.

Es ist wieder kalt geworden, der Wind ist sehr erfrischend und der Schnee, mit dem wir bis auf einen Tag in der Türkei bisher jeden Tag zu kämpfen hatten, ist langsam zur Gewohnheit geworden. Wir hoffen zwar jeden Abend, dass es am nächsten Tag dann endlich T-Shirt-Wetter gibt, aber wo wir auch hinfahren, es scheint immer kalt und nass zu sein.

Als die Dämmerung hereinbricht, schalten wir das Abblendlicht ein, doch sämtlicher Gegenverkehr weist uns mit teils freundlicher, teils energischer

Lichthupe und oft mit eindeutigen Gesten darauf hin, dass wir mit Licht fahren. Natürlich fahren wir mit Licht, man sieht ja auch noch kaum etwas, es wird schnell dunkel und dazu zieht auch noch Nebel auf. Nichtsdestotrotz ernten wir Lichthupen von jedem einzelnen Fahrzeug. Wir halten an und testen unsere Lichter. Blenden wir die Fahrzeuge? Stimmt etwas anderes nicht? Nein, wir fahren mit gewohntem Abblendlicht. In meinem Kopf sind nur noch Fragezeichen. Warum? Würde man in Deutschland bei diesem Wetter und dieser Dunkelheit *nicht* mit Licht fahren, müsste man Bußgeld bezahlen und würde wohl ebenfalls Lichthupen am laufenden Band ernten. Eine verkehrte Welt. Erst als es komplett finster ist, als man überhaupt nichts mehr sehen kann ohne Licht, schalten die einheimischen Fahrer nach und nach auch ihre Scheinwerfer ein. Dieses Phänomen verfolgt uns während der gesamten 3.200 Kilometer durch das ganze Land. Erklären kann es uns jedoch niemand. Einmal fragen wir einen iranischen Studenten nach dem Grund. Seine Erklärung ist, dass die Leute wohl Strom sparen wollen und deshalb die Lichter nur bei größter Notwendigkeit anschalten würden. Allerdings hatte er selbst keinen Führerschein, es war nur eine Vermutung. Wir drei an Sicherheit gewohnten Deutschen schalten bei starkem Nebel oder Dunkelheit das Licht auch weiterhin ein – dafür ist es im Grunde da – und an die ständigen Lichthupen gewöhnt man sich schneller als an das Fahren in der Dunkelheit.

Anstatt Berge überqueren wir jetzt in der Dunkelheit nur noch Hügel, was die Fahrt um einiges einfacher macht. Wir befinden uns jedoch immer noch auf ungefähr 1.800 Metern über dem Meeresspiegel und müssen immer öfter anhalten. Wir sind ganz schön geschafft. Dass der Tag heute Morgen mehr oder weniger freiwillig schon um kurz nach fünf Uhr angefangen hat, macht sich langsam bemerkbar. Wir wollen aber noch Zanjān erreichen, eine größere Stadt, von der es dann noch ungefähr 150 Kilometer Luftlinie bis zum Kaspischen Meer sind. Als wir von oben das Lichtermeer sehen, können wir kaum glauben, dass diese Stadt nur eine viertel Million Einwohner hat – ich würde bestimmt das Vierfache schätzen. Eine unbeschreiblich große grelle Fläche, die den Eindruck erweckt, die City wäre nur aus orangefarbenen Straßenlaternen gebaut. Um das Lichtermeer funkelt der Schnee, den man am Rand deutlich erkennen kann, und darüber steht der Vollmond am Himmel, der mit voller Kraft die Nachtszene heller erscheinen lässt.

Schon in den Straßen der Vororte ist ganz schön viel los! Viele Menschen sind auf den Gehsteigen unterwegs, dick eingepackt laufen sie durch die Stadt. Bushaltestellen erkennt man daran, dass wahre Menschentrauben am Straßenrand stehen. Auf einem Parkplatz an einer Einfallstraße kurz vor dem Zentrum halten wir jedoch endgültig an – der Hunger siegt. Ohne lange zu diskutieren entschließen wir uns einstimmig, einfach hier, fünf Meter neben der Straße, endlich den Gaskocher anzuschmeißen und das allabendliche Fertiggericht zuzubereiten. Während wir in der Hocke um den Kocher sitzen, lese ich ein bisschen über die Stadt aus dem Reiseführer vor: „...*Zanjãn ist bekannt für ihre typisch persischen Sandalen, die 'give'...*" Das klingt doch sympathisch. Ich lese weiter vor: „...*sowie für ihre scharfen Messer. Auffällig sind auch die vielen Messergeschäfte...*" Oha, das klingt jetzt aber nicht mehr so positiv. Wir schauen uns kurz um und obwohl jede Menge Leute unterwegs sind, scheint sich keiner für uns zu interessieren. Weiter im Text: „...*trotzdem sollen die Einwohner wegen der Seltenheit von Touristen relativ freundlich gegenüber Fremden sein. Da es so gut wie keine Touristen gibt, stehen die wenigen, die doch kommen, im Mittelpunkt freundlichen Interesses.*" Na also, das klingt doch gleich wieder viel besser. Hans Berger, der Autor des Reiseführers, ist Deutscher, der, so steht es in der Einführung, acht Jahre durch den Iran gereist ist. Er wird hoffentlich wissen, was er schreibt. Wir sprechen also Hans unser vollstes Vertrauen aus, obwohl wir bis jetzt sehr seltsame Erfahrungen mit den Leuten gemacht haben, fühlen wir uns im Grunde sicher. Hans leistet dazu mit seinem Reiseführer einen großen Beitrag. Es gibt zwar keine Anhaltspunkte, die das Gefühl von Sicherheit begründen, aber irgendwie ist es einfach so.

Die Krise im Irak ist hier viel seltener Thema als bei uns in Deutschland, obwohl der Iran mit dem Irak eine 1.500 Kilometer lange Grenze teilt. Hier scheint die Situation bei weitem nicht so in den Gesprächen und in den Köpfen der Leute zu sein wie in unserem Lande. Wenn wir hin und wieder mit Einheimischen über dieses Thema diskutieren, dann nur, weil *wir* damit beginnen. Uns verwundert diese Ruhe anfangs, aber Leute, die wir hier kennen gelernt haben, klären uns auf: In den achtziger Jahren wurde der Iran vom Irak überfallen, es herrschte ein sehr grausamer Krieg mit vielen Opfern auf beiden Seiten. Saddam Hussein wird sogar der Einsatz von chemischen Waffen vorgeworfen. Die Ausrüstung wie auch militärisches Gerät der irakischen Seite wurden von den Amerikanern geliefert. So hat also keine Partei des aktuellen Konflikts die Sympathie der Iraner. Gewiss sind diese Leute durch den Islam mehr den Irakern verbunden, doch aufgrund des Angriffs vor knapp zwanzig Jahren kann man keinen großartigen Beistand für die Glaubensbrüder aus dem Nachbarland erwarten. Die Äußerungen, die wir von Iranern gehört haben, lassen sich ungefähr so zusammenfassen: Sollen sie sich doch die Köpfe einschlagen, wir halten uns raus!

In der Türkei haben wir regelmäßig eine Tageszeitung gelesen, in der ebenfalls erstaunlich wenig über den brodelnden Konflikt zu finden war. Zwei Tage vor der Einreise in den Iran war ein Bericht über die offizielle Erklärung von

Mohammed Chatami, dem iranischen Staatschef, in der türkischen Tageszeitung Hürriyet zu finden. Diese Erklärung ging genau in die „Macht-was-ihr-wollt-Richtung", wie sie auch der Großteil des Volkes vertritt. Amerika hat in gewissen Gebieten Überflugsrechte, andererseits nimmt die iranische Staatsregierung irakische Kriegsflüchtlinge auf. Die restliche Stellungnahme bestand im Grunde aus Worten der Zurückhaltung.

Als wir im Oktober 2002 unseren Familien und Freunden eröffneten, dass wir mit dem Auto durch den Nahen Osten fahren wollten, war der anstehende Krieg wohl das häufigste Argument, das gegen die Reise vorgebracht wurde. Andreas, unser vierter Reisepartner, der bereits wie wir alle in Besitz sämtlicher Visa war und auch in die Reisekasse kräftig mit einbezahlt hatte, sagte auch aus diesem Grund kurzfristig ab. Heute Mittag sind wir knappe 200 Kilometer Luftlinie von Bagdad entfernt und keiner erwähnt den Konflikt nur im Geringsten. Auch wir unterhalten uns während der Reise viel weniger darüber als vorher. Es sieht so aus, als würde die politische Lage unsere Tour – zumindest bis jetzt – nicht beeinflussen. Was für ein Glück.


Die Bewohner von Zanjān scheinen sich nicht für uns zu interessieren. Zwar werden wir von den vielen vorbeischlendernden Menschen kurzzeitig ins Visier genommen, aber schnell drehen sich die Köpfe wieder weg. *„Im Mittelpunkt freundlichen Interesses"*, wie Hans schreibt, kann man das wohl nicht nennen, aber uns soll es recht sein. Wir wären alle drei viel zu müde, um mit Händen und Füßen zu kommunizieren, wie es oft der Fall ist. Der Verkehr ist für diese Zeit noch ziemlich stark. Es ist fast zehn Uhr abends, dem Hupen und den Motorengeräuschen nach könnte Rushhour sein. Aber sogar das stört uns jetzt nicht sonderlich, wir starren auf den überschäumenden Topf mit Nudeln.

Das Abendessen ist endlich fertig, schnell ist es verschlungen, jeder will eigentlich nur noch schlafen. Wir lassen sogar unseren einzigen Koch- und Esstopf auf der Motorhaube stehen, keiner hat Lust, ihn heute noch zu spülen. Kaum sind die Sitze nach hinten geklappt, erklingt schon das Sägegeräusch des schnarchenden Daniels. Aber sogar daran habe ich mich mittlerweile gewöhnt.

# Tag 12
## 16. Februar

Der Topf auf der Motorhaube ist noch da! Zwar hat ihn auch keiner gespült, aber das erledigen wir dann am frühen Morgen, bevor er wieder mit fast gefrorener Milch und Müsli aufgefüllt wird. Nach dem Frühstück im Nieselregen geht es dann auf zum Kaspischen Meer. Die Straßen sehen jetzt im Tageslicht ganz anders aus, als ich sie mir gestern Abend in der Dunkelheit vorgestellt habe. Es ist unglaublich ruhig, weit und breit sind keine Lastwagen auf der Straße, die normalerweise so allgegenwärtig sind, dass es sofort auffällt, wenn man für eine kurze Weile keinen sieht. Menschen sind ebenfalls kaum unterwegs, ein paar Pekans, eine handvoll Fahrräder und Esel, das ist alles. Sind wohl keine Frühaufsteher hier. Während die anderen beiden an den Autos werkeln und Routinechecks durchführen, lese ich im Reiseführer, was Hans zum Thema Kaspisches Meer zu berichten hat. Er erzählt von „ *... Fischern, die noch wie in biblischen Zeiten ihre Netze ausbreiten ...* " und „*... das größte Binnenmeer der Erde dient als Erholungsort mit vielen Badesträanden, die aber restlos nach Frau/Mann getrennt sind ....*" Na, „Badestrände", immerhin. Ich kann mir das, hier im Schneeregen stehend, zwar nicht besonders gut vorstellen, aber es klingt auf jeden Fall wunderbar.

Also auf geht's, wir wollen baden und die biblischen Fischer am Abend bei ihrer Arbeit beobachten. Es sind zwar nur ungefähr 150 Kilometer Luftlinie bis zum Meer, doch wenn wir auf gut befahrbaren Straßen dorthin gelangen wollen, dann müssen wir eine unglaublich große Schleife über die Stadt Quazvin fahren, was eine Gesamtstrecke von 348 Kilometern bis Rasht ausmacht. Rasht ist die Stadt am Meer, die wir heute auf jeden Fall erreichen wollen. Im Grunde bleibt uns keine Wahl, wir befinden uns momentan auf 1.663 Metern über dem Meeresspiegel, und die Gebiete am Kaspischen Meer, die wir erreichen wollen, liegen teilweise 28 Meter *unter* dem Meeresspiegel. Es wird also hin und wieder bergab gehen, so viel steht fest, da sollten wir auf jeden Fall die Hauptstraße nehmen.

Langsam geht es also durch die Innenstadt von Zanjān. Von den überdurchschnittlich vielen Messergeschäften, die uns Hans in seinem Reiseführer versprochen hat, ist übrigens nicht viel zu sehen. Obwohl die Stadt relativ leer erscheint, stehen an jedem Kreisverkehr Polizisten, die jedoch völlig überflüssig wirken, da der schwache Verkehr hier beim besten Willen keine Regelung benötigt. Doch sie sind trotzdem anwesend, rauchen, schauen wichtig und winken den weiterfahrenden Autos mit hastigen Gesten zu, dass sie doch weiterfahren sollen. Also fahren auch wir weiter. Die Minarette der *Emāmzāde*

*Sāid Ebrāhim,* einer gewaltigen Moschee, ragen beeindruckend aus der Mitte des alten Bāzārs hervor. Doch bei diesen Witterungsverhältnissen verspürt keiner von uns Lust, anzuhalten und auszusteigen, um das Bauwerk aus der Nähe zu begutachten. Wir verfransen uns kurzzeitig, drei Männer, die wir nacheinander fragen, schicken uns in drei verschiedene Richtungen. Aber nach einer Weile Fahrt durch enge Gassen kommen wir zurück zur Hauptstraße und verlassen die Stadt.

Der Schnee geht in Regen über, die Scheibenwischer sind schon seit Tagen ununterbrochen im Einsatz. Die Landschaft, anfangs noch bergig, wird nun nach langer Fahrt bergab immer flacher und grüner, das Wetter jedoch bleibt kalt und frisch. Die satten Wiesen und Reisfelder sind schön anzuschauen, spektakulär allerdings ist die Gegend keineswegs. Für die endlos weiten Reisanbaugebiete mag der Regen ein Segen sein, für uns bedeutet er nur schlechte Sicht. Oft haben Lastwagen keine ausreichenden Kotflügel oder Schmutzlappen, so dass das Wasser meterhoch spritzt, man muss also mit großem Abstand fahren. Im Norden Irans, gerade in der Region um Rasht, sollen Jahresniederschläge um 2.000 Millimeter pro Quadratmeter normal sein. Das glauben wir sofort. Wir fahren die gut ausgebauten Straßen entlang und hoffen, dass das Wetter am Meer doch noch umschlägt, wir ein bisschen Sonne abbekommen und irgendwo Liegestühle mieten können. Heute ist schließlich Sonntag. In dem Land, aus dem wir kommen, wird nicht gearbeitet, sondern geruht und genau das wollen wir auch – vorausgesetzt, die Umgebung lädt dazu ein.

Nach wenigen Kilometern Fahrt kommen wir an eine Mautstation, was uns sehr überrascht, denn Hans hat dies in seinem Reiseführer gar nicht erwähnt. Hier hätten wir niemals eine nagelneue Autobahn erwartet. Warum gerade hier? Daniel und Rammi schauen nur verwundert, ich krame bereits nach Kleingeld. Wir zahlen also die Gebühr von ungefähr zwölf Cent und fahren die dreispurige, bestens ausgebaute Rennstrecke mit dem Pedal am Anschlag. Seit dem Passieren der Mautstation hat es schlagartig aufgehört zu regnen, nach ein paar Kilometern ist sogar die Straße komplett trocken. Dazu ist die Fahrbahn leer, wir sind allein auf weiter Flur. Jetzt wird Stoff gegeben. Daniel überholt uns, als unser Tacho 240 anzeigt. Rammi lässt sich den Gegenangriff natürlich nicht nehmen und zieht aus dem Windschatten. Mir ist etwas flau im Magen, ich muss ständig an den Dübel denken, der jetzt seit Istanbul im Reifen steckt. Das Motorengeräusch ist momentan so laut, wie ich es auf der gesamten Reise noch nie vernommen habe. Der Lärm erinnert mich ein wenig an ein Scooter-Konzert, das ich leider in meiner Jugendphase besucht habe. Der Tanknadel kann man förmlich dabei zusehen, wie sie von rechts nach links wandert.

Wir sind jetzt wieder vorn, haben Daniel gerade erneut überholt. Die Landschaft rast unglaublich schnell vorbei. Draußen liegt noch stellenweise etwas

Restschnee. Das muss man dem Iran und der Türkei wirklich lassen: Auch wenn es sehr wenige Autobahnen gibt, so sind diese dennoch bestens ausgebaut, kaum befahren und in ausgezeichnetem Zustand. Da man für die Benutzung bezahlen muss (und wahrscheinlich auch deshalb, weil man Fahrzeuge braucht, die mehr als sechzig Kilometer pro Stunde auf den Tacho bringen müssen), werden diese Strecken von den meisten Einheimischen kaum benutzt. Als Daniel mal wieder zum Überholmanöver ansetzt, rasen wir an einem Schild vorbei, das eine kommende Raststätte anzeigt, wenn ich die Zeichen bei dieser Hetzerei richtig gedeutet habe. Auf der ganzen Strecke ist das die erste Raststätte mit Tankmöglichkeit, was sich im Grunde sehr gut trifft. Die Tankanzeige steht nämlich schon in Reservenähe, ich müsste dringend mal etwas erledigen, kurzum, ich brauche also unbedingt eine Pause von diesem sinnlosen Hobby-Raser-Grand-Prix. Aber jetzt hätten wir gerade noch die Chance, noch einmal an Daniel vorbeizuziehen! „Los, Rammi, gib noch mal maximal Stoff, jetzt haben wir ihn gleich wieder!"

Als wir die Fahrzeuge betankt haben, bleibt die Anzeige bei rund 6.000 Tuman stehen, umgerechnet ungefähr acht Euro (für 180 Liter Benzin, ich kann es gar nicht oft genug betonen). Doch als wir zahlen wollen, will der Tankwart Geld für 250 Liter. Aus welchem Grund wir diese Extrakosten bezahlen sollen, ist uns unverständlich. Sprachprobleme und Missverständnisse machen den Tankwart nicht unbedingt freundlicher, er wird sehr ungemütlich. Es geht um zwei Euro. Wir haben solche Summen schon oft freundlichen Tankwarten als Trinkgeld gegeben, aber aufs Kreuz legen lassen wollen wir uns nicht. Das lautstarke Gestreite verdirbt uns die wundervolle Stimmung am Morgen, also steigen wir einfach ein und fahren los. Beim Blick in den Rückspiegel sehen wir, dass sich der Tankwart anscheinend nicht sonderlich aufregt, er schlendert lässig zurück in sein Büro. Jetzt hat jeder wieder seine Ruhe. Innerhalb Sekunden ist der Vorfall vergessen, die Sonne kommt langsam hinter den Wolken hervor, Nässe auf den Feldern lässt das Gras glitzern.

Die Autobahn wird praktisch nur von uns benutzt, was Daniel wieder als Herausforderung sieht. Aber nicht mit mir. Beim Tanken haben Rammi und ich die Plätze getauscht, ich wollte die Fahrt schließlich etwas ruhiger angehen. Als mich Daniel überholt, fühle ich mich – obwohl ich mit knapp 190 Kilometern pro Stunde unterwegs bin – wie ein 75jähriger Mercedes-190-Diesel-Fahrer mit selbstgehäkeltem Klorollenüberzug auf der Ablage, der am Sonntagnachmittag durch oberbayerische Landstraßen schleicht. Das geht auf keinen Fall, ein bisschen mehr Gas muss sein, so lassen wir die knapp 170 Kilometer inklusive Tankstopp in etwas mehr als einer Stunde hinter uns. Dass das keine gute Idee ist, ahnen wir zwar schon, die Bestätigung kommt aber erst am Ende der Rennstrecke: Beide Fahrzeuge riechen, als würde etwas brennen. Rammi und Daniel führen dies nach einer kleinen Inspektion aber nur auf den Verschleiß an Reifen, Öl und Bremsklötzen zurück. Mal wieder ist auf Holz klopfen angesagt.

Mit verbranntem Geruch in der Nase beschließen wir, solche Aktionen, die die Materialermüdung fördern, in Zukunft sein zu lassen. Irgendwie habe ich aber das Gefühl, dass sich an diesen Vorsatz beim nächsten Autobahnstück keiner mehr erinnern wird.

Die Reise geht an diesem Vormittag um einiges gemütlicher weiter. Wir befinden uns in der fruchtbarsten Provinz Irans, in Gilan. Die Gegend ist nun richtig flach, die Straße zwar in gutem Zustand und wenig befahren, aber durch den starken Regen, der jetzt wieder eingesetzt hat, bilden sich riesige Wasserpfützen auf der Fahrbahn, die bei zu schneller Fahrt sofort zu Aquaplaning führen, was uns zu gemächlichem Schleichen zwingt. Die riesigen Reisanbaugebiete werden stark bewässert. Die Vegetation ist sehr üppig hier, es sollen laut Hans neben den ausgiebigen Reisfeldern auch große Teeanbaugebiete zu sehen sein. Wir entdecken nichts. Wahrscheinlich liegt das daran, dass wir überhaupt nicht wissen, wie Teepflanzen aussehen. Alles ist grün, dichte Wälder, Farne und endlos viele Hecken säumen den Wegrand. Die Ortschaften sind klein, jedoch belebt. Wir haben das Gefühl, dass ein Kreisverkehr pro Ortschaft, sei sie auch noch so klein, in dieser Region Pflicht ist. Die Häuser sind fast ausnahmslos einstöckig. Hans und sein Reiseführer klären uns auf: Wegen der vielen Erdbeben baut man in diesem Gebiet nur flache Gebäude.

In einer kleinen Stadt halten wir an, um uns etwas zu essen zu kaufen. Zum ersten Mal entdecken wir ein richtiges Autohaus. Der Ausstellungsraum ist hellblau gefliest, zur Zierde sind rosa und orange Streifen auf Augenhöhe angebracht. Die anderen zwei Seiten des Gebäudes bestehen aus Glas, so dass man von außen jederzeit die Autos begutachten kann. An der Farbkombination erkennt man, dass das Farbverständnis dort komplett anders als bei uns sein muss. Das Werbeschild zeigt ein Bild eines Mercedes Geländewagens. Im Ausstellungsraum allerdings finden wir natürlich nur Pekans. Der Händler beobachtet uns vom ersten Stock, wo sich das Büro befindet, und lädt uns sofort zu einem Tee ein. Das Büro ist gut ausgestattet: Telefone, Fax, Handy, E-Mail, alles vorhanden. Vier Männer sitzen in diesem Raum, zu tun scheint es allerdings nicht viel zu geben. In der Werkstatt arbeitet ein Jungendlicher, wohl der Azubi, die vier Älteren sitzen mit uns im ersten Stock, rauchen und trinken Tee. Das Gespräch ist nett, wir erzählen auf Nachfrage von unserer Reise, von unserem Ziel und vor allem: von unseren Autos. Probesitzen wollen alle vier, klar, der Motor wird akribisch betrachtet, Daniel tischt ihnen die technischen Details auf, die ich übrigens auch zum ersten Mal höre. Die gesamte Nachbarschaft ist mittlerweile um uns herum versammelt, wir kommen uns vor wie Autofreaks auf dem VW-Treffen am Wörthersee, die auch ständig mit offener

Motorhaube ihre heißen Schlitten präsentieren – es fehlt nur noch das Unterhemd und das goldene Halskettchen.

Wir bedanken uns für den Tee und die fürchterlich stinkenden Zigaretten, verabschieden uns und fahren die letzten Kilometer nach Rasht. Jetzt wird es echt Zeit für das Meer. Ohne anzuhalten durchqueren wir die Hauptstadt der Provinz Gilan, verfransen uns endlos in den kleinen Straßen zur Küste und fragen immer wieder die Leute, wo es denn zum Kaspischen Meer gehe. Dabei werden wir ständig in verschiedene, oft gegensätzliche Richtungen geschickt. Nach einer Weile kommen wir wieder genau an *der* Straße an, auf der wir die Ortschaft vor einer halben Stunde verlassen haben. Es sollten eigentlich gut 20 Kilometer vom Ortsrand zum Meer sein. Wir haben jetzt bestimmt das Dreifache zurückgelegt.

Der Regen hält sich hartnäckig, es scheint, als wäre endlos viel Wasser in den Wolken, als höre es niemals auf. In jeder Himmelsrichtung ziehen die gleichen grau-schwarzen Wolken vorbei, ein Wetterumschwung ist nicht in Sicht. Nicht heute. Als wir auf einer kleinen Straße um eine Kurve fahren, ist es endlich zu sehen: das Kaspische Meer! Doch sehr spektakulär ist es nicht. Das Wasser ist etwas bräunlich, der Sandstrand vermischt mit Steinen und Ästen, der Wellengang mäßig. Wir sind so weit gefahren, um das größte Binnenmeer der Welt zu sehen. Ich ziehe die Wollmütze in Kombination mit meiner dicksten Jacke an und laufe ein Stück am Wasser entlang. Badesaison ist von Juni bis Oktober. Leider haben wir Februar. Es gibt mehrere Badestrände am Kaspischen Meer. Natürlich sind diese strikt getrennt in Männer- und Frauenstrände, so viel wissen wir ja schon. Darüber hinaus sind bei den Frauenstränden durchwegs Planen gespannt, die vom Strand bis ins Meer hinein reichen. Bikini oder Badeanzug in der uns bekannten Form sind – wie zu erwarten – hier nicht geduldet. Auch im Wasser ist ein Tuch zu tragen, das fast den ganzen Körper verhüllt. Ob es den Frauen Spaß macht, so zu baden? Bei so viel Aufwand bleibt man doch lieber gleich zu Hause in der Badewanne. Ich versuche mir auszumalen, wie es hier wohl im Sommer aussieht – auch wenn es schwer fällt bei dieser Kälte.

Es zieht mich schneller zu den Autos zurück als geplant. Bei dem Wetter macht das Spazierengehen am Strand auch keinen Spaß. Wir beschließen, an der Küste in Richtung Westen weiterzufahren. Vielleicht haben wir morgen schönes Wetter. Außer uns weiter auf den Weg zu machen, gibt es für heute nicht besonders viel zu tun. Um ehrlich zu sein, es gibt rein gar nichts zu tun. Also fahren wir weiter. Die Tour entlang der Küste ist im Grunde schön, aber langweilig. Ich war den halben Vormittag alleine in diesem Auto. Zum Glück sitzt seit dem Wechsel am Mittag Daniel neben mir und wir plaudern pausenlos miteinander. So wird der Sonntagnachmittag doch noch gemütlich. Die Malediven sind, wie so oft, das Thema. Wir malen uns aus, dass uns tatsächlich

Zeit und Geld übrig bleiben und wir noch dorthin fliegen könnten. Der Sand weiß wie Schnee, das Wasser so klar wie Glas, Buchten so blau und grün wie auf kitschigen Werbefotos, Palmen mit einer Hängematte dazwischen, leckeres Essen und abends ein kühles Bierchen. Gerade jetzt, bei diesem Wetter, ist allein die Vorstellung schon eine Wohltat.

Als es kurz aufhört zu regnen, machen wir Halt. Wir sind am Meer, verdammt, das muss man doch genießen, bis zum nächsten Ozean sind es dann wieder mehrere tausend Kilometer, also raus aus den Autos und ab an den Strand. Dichter Nebel hängt über dem Wasser, die Sicht beträgt vielleicht hundert Meter, vielleicht auch nur fünfzig. Der Wind weht uns kalte, schneidende Luft ins Gesicht, die Bäume und Büsche biegen sich allesamt in eine vom Sturm vorgegebene Richtung und so dauert auch beim zweiten Versuch der Aufenthalt direkt am Wasser nicht mal eine Zigarettenlänge. Als wir zu den Autos zurück-laufen, stehen plötzlich drei Männer vor uns. „Sag mal, wo kommen die jetzt denn her? Wir befinden uns doch mitten in der Pampa! Sind das die biblischen Fischer?" fragt Daniel. „So alt sehen die gar nicht aus." Außer Schulterzucken kann ich Daniel keine Antwort geben, ich bin ebenso erstaunt wie er. Wir waren uns so sicher, dass wir fernab jeglicher Zivilisation seien, so dass wir nicht mal die Autos abgeschlossen haben. Die Männer sind freundlich, wahrscheinlich mindestens genauso überrascht wie wir, hier draußen jemanden zu treffen. Trotz der üblichen Verständigungsprobleme machen sie uns klar, dass wir sie doch ein Stück mitnehmen sollen, sie wollen uns etwas zeigen. Da die Rücksitzbänke voll beladen sind, wird das ein bisschen eng. Ich sitze also nun, einen dieser drei Fischer auf meinem Schoß, auf dem Beifahrersitz und versuche, der Konver-sation zu folgen und herauszufinden, wohin uns die Männer lotsen. Wir wissen, dass wir eigentlich nicht einfach so mit drei Fremden mitkommen sollten, aber irgendwie verlassen wir uns auf unser Bauchgefühl und das sagt uns, dass diese Typen absolut harmlos sind. Daniel und ich vereinbaren trotzdem, dass wir die Hauptstraße nicht verlassen werden.

Kurz darauf macht unser Gast im Auto Zeichen, dass wir von der Hauptstraße nach rechts abbiegen sollen. „Der Sonntagnachmittag ist todlangweilig, lass uns doch mal sehen, was die so mit uns vorhaben", sagt Daniel. Bevor wir überlegen können, biegt Rammi vor uns schon in die Einfahrt. Ein paar versteckte Häuser tauchen auf. Vielleicht etwa fünfzig Meter von der Straße entfernt hinter Bäumen und Büschen sieht man eine alte Veranda und komplett beschlagene Fenster. Ein paar Pekans stehen vor einem Haus, vor dem jetzt auch wir parken. Als wir durch die Tür kommen, haften durchdringende Blicke an uns. Wir sind in einer Teestube, voll mit schnauzbärtigen, meist freundlich schauenden Männern. Es ist warm, ein Ofen steht mitten im Raum, die Wände sind im gleichen Hellblau gehalten wie die Fliesen des Autohauses, in dem wir heute

Morgen eingeladen waren. Ein paar Männer machen Platz für uns, wir sitzen in einer Reihe an der Wand, links und rechts zwei unserer Gastgeber, der dritte kommt mit einem Tablett, beladen mit Teegläsern und Zuckerstücken, auf uns zu.

Noch immer starren uns mehrere Männer an, bestimmt wundern sie sich, wo die Gastgeber uns drei Aliens aufgelesen haben. Viele der Gesichter sind von tiefen Furchen gezeichnet, die Arbeit im Freien bei Wind und Wetter ist ihnen anzusehen. Sie sind wohl alle Fischer. Die meisten Männer haben Gummistiefel und grüne Regenjacken an, die teilweise schon ganz schön alt sein müssen. Der Wirt der Gaststube hat hinter seinem kleinen Tresen viel zu tun, er kocht unermüdlich Tee. Eine ganze Gruppe von Männern steht vor einem Silbertablett mit leeren Teegläsern, einer von ihnen bezahlt, zusammen gehen sie zur Tür. Ich kann kaum meinen Augen trauen: Dort, wo die Truppe stand, klebt ein großes Poster. Darauf ist eine Fußballmannschaft zu sehen, die keine geringere ist als, wer hätte es gedacht: Schalke 04! Das finden wir bemerkenswert. Wie kommt dieses Poster in diese Teestube der heimischen Fischer? Wir fragen nach, weder unsere Gastgeber noch der Wirt können es uns sagen. Im gesamten Raum hängen ansonsten keine Bilder.

Die Zuckerstücke sind hier teilweise so groß wie Walnüsse. Dieser Zucker wird allerdings nicht im Tee verrührt, sondern in den Mund gesteckt, worauf dann der ungesüßte Tee getrunken wird. Was auf der Zunge übrig bleibt, wird dann zerkaut und geschluckt. Sie müssen hier gute Zahnärzte haben. Wir tauschen Zigaretten mit den Gästen aus, versuchen Wörter auf farsi auszusprechen, was ein Garant für die Belustigung der Gastgeber ist. Das funktioniert wirklich immer.

Die Zeit geht schnell vorbei, wir sind jetzt schon über eine Stunde hier und draußen ist es schon fast völlig dunkel. Als uns der Wirt unseren sechsten Tee bringt, winken wir ab, erklären, dass wir noch weiter wollen. Sie verstehen das. Auf die Frage nach der Rechnung reagieren unsere drei Gastgeber fast beleidigt. Sie wollen das für uns übernehmen. Mittlerweile sind noch zehn oder elf Fischer in der Stube. Wir verabschieden uns bei jedem Einzelnen, alle kommen noch mit raus zu unseren Wagen. Es wird uns noch warmes, frisches Brot, das direkt aus dem Keller der Teestube kommt, in dem sich eine Bäckerei befindet, durch das Fenster gereicht. Als wir die Motoren anlassen, winkt uns die ganze Gruppe nach, es kommt mir vor, als würden wir uns nach einem dreiwöchigen Aufenthalt verabschieden. Der Abstecher in die Stube hat sich wirklich gelohnt, er hat den Nachmittag gerettet!

Als wir auf der Hauptstraße sind, ist die Frontscheibe schon stark beschlagen – das Brot ist so frisch, dass es noch dampft. Doch schon nach wenigen Kilometern sind die Scheiben wieder frei. Jetzt dampft es höchstens noch in

unseren Bäuchen. Wir beschließen, noch bis nach Rudshar zu fahren. Rudshar, *der* Urlaubsort für die Iraner. Dort angekommen sind wir sehr überrascht: Die Stadt mit ungefähr 200.000 Einwohnern sieht so ganz anders aus als die Orte, die wir bisher kennen gelernt haben. Bunte Reklameschilder an der Hauptstraße, reges Treiben, viele Geschäfte und Hotels lassen keinen Zweifel daran, dass es sich hier um einen Touristenort handelt. Zwar ist derzeit nicht Hochsaison, doch hier herrscht eine andere Stimmung, ein anderes Flair. Einheimische Musik ertönt aus einigen Restaurants, die Schaufenster sind hell beleuchtet und zum ersten Mal grüßen uns Fremde auf der Straße. Vor einem Restaurant spricht uns der Besitzer in englischer Sprache an. Hunger haben wir sowieso, also folgen wir dem Schnauzbart in sein kleines Stübchen. Außer uns sitzt im Moment niemand an den Tischen. Trotzdem wird gekocht und gebacken, als wäre eine ganze Fußballmannschaft inklusive Fangemeinde zu Besuch. Ich frage mich, wer das wohl essen soll. Nach einer Weile ist jedoch klar, für wen hier so viel gekocht wird: Immer wieder kommen Männer in den Raum, die ihr Essen einpacken lassen und mitnehmen. Der erste Take-away-Laden, den wir im Iran sehen. Ein Fernseher steht auf dem Tresen. Wir erkennen die Serie wieder, die wir schon am Einreisetag in der Wohnung des Grenzers gesehen haben, der uns zu sich eingeladen hatte. Das muss wohl die iranische Lindenstraße sein. Es gibt keinen Schauspieler in dieser Serie, der nicht einen dicken Schnauzbart trägt. Der Besitzer des kleinen Restaurants ist leider die meiste Zeit mit Kochen beschäftigt. Während der kurzen Pausen kommt er zu uns an den Tisch, um zu rauchen. Er erzählt uns, dass dieser Ort ein sehr beliebter Badeort sei, besonders für die Einwohner Teherans, die im Sommer vor der großen Hitze fliehen. In den heißen Monaten soll dieser Ort – und auch sein Restaurant – permanent überfüllt sein. Als ich die fünf winzigen Tische betrachte, glaube ich das sofort. Das Essen ist hier auch wirklich vorzüglich, da kann man nicht meckern. Ausländische, besonders europäische Touristen, sieht er allerdings selten. Das Essen für uns alle kostet inklusive üppigem Trinkgeld sieben Euro. Als Daniel einen Scherz macht und zur Nachspeise drei Bier bestellt, findet der Restaurantbesitzer das gar nicht so lustig. Bevor wir gehen, müssen wir, wie immer, über Bayer Leverkusen und über den FC Bayern München diskutieren, welche wohl die bessere Mannschaft ist und den besseren Torwart hat. Einige Iraner wissen bei weitem mehr über den deutschen Fußball als wir drei zusammen. Der FC Bayern kommt, nebenbei bemerkt, meistens besser weg als Leverkusen.
Wir verlassen das Restaurant und schlendern die Hauptstraße entlang, um ein Internetcafé zu suchen. Davon gibt es einige. Meistens sind die Computer durch Trennwände abgetrennt, was ein wenig an die typischen Großraumbüros aus den 70ern erinnert.

Nachdem wir ein paar Nachrichten an Freunde und Familie gesendet haben, machen wir uns auf den Weg zurück zum Auto. Es riecht plötzlich verdammt gut. Als wir ein paar Schritte weitergehen, stehen wir vor der offenen Tür eines Restaurants. Daniel und Rammi bekommen schon wieder Hunger, so gehen wir also, nachdem wir gerade Essen waren, noch einmal Essen. Wieder gibt es den *Celo kabâb-e barg,* den flachen Fleischspieß mit Zwiebeln und frischem Brot. Es schmeckt hervorragend. Wir bezahlen für drei Menüs inklusive Trinkgeld drei Euro. Mit prallen Bäuchen kommen wir zu den Autos zurück. Ich suche noch kurz einen Fotoladen, denn wir haben ja in der Türkei Bilder geschossen, die wir als Postkarten nach Hause schicken wollen.

Ich werde schnell fündig. Das gesamte Geschäft ist kleiner als die große und grell leuchtende Kodak-Werbereklame über der Tür. Bevor ich den Laden verlassen kann, wird noch über Oliver Kahn und den FC Bayern München diskutiert. Mein Nichtwissen über den deutschen Fußball wird mir langsam peinlich. Aus Spaß erwähne ich Boris Becker. Der Ladenbesitzer fragt mich, in welcher Bundesliga-Mannschaft er denn spiele.

# Tag 13
## 17. Februar

Ein großer Laster stellt sich vor uns auf die Hauptstraße und lässt den Motor laufen. Es ist so gegen 7.00 Uhr, eine Zeit, in der wir normalerweise alle noch tief schlafen, doch heute Morgen haben wir keine Chance. Nach einer gewissen Zeit überlege ich, selbst zum Fahrerhaus vorzulaufen und das Geräusch abzustellen. Mehr als dreißig Minuten dösen wir jetzt vor uns hin, aber der Motor vor uns läuft und läuft. Da es hier keine ASU-Untersuchung zu geben scheint, wird die Luft langsam sehr dick und immer dunkler. Wir müssen weg von hier. Das hält keiner mehr aus. So sind wir mal wieder früh unterwegs. Punkt acht Uhr stehe ich beim Fotohändler, wo unsere Bilder tatsächlich schon auf uns warten.

Wir fahren weiter am Kaspischen Meer entlang. Es regnet kontinuierlich, doch die grüne Landschaft und das Meer in greifbarer Nähe verschönern uns die Fahrt. Die Häuser sind teilweise richtige Villen. Auf der bisherigen Reise durch den Iran haben wir so etwas noch nie gesehen.

Als wir uns mitten auf einer langen, zweispurigen Brücke befinden, schert plötzlich ein entgegenkommender Pekan aus und überholt den Laster vor ihm. Daniel reißt das Steuer nach rechts. Das Fahrzeug überholt genau auf unserer Höhe. Nur Millimeter trennen das Holzgeländer und den Wahnsinnigen im Pekan. Ich sehe uns bereits kollidieren, warte nur noch auf den großen Knall, doch was für ein Glück – nichts passiert. Nach der Brücke halten wir kurz an, ich muss mein Herz wieder aus der Hose holen. Spätestens jetzt sind wir hellwach!

Die Straßen sind gerade und relativ flach, dazu hat es aufgehört zu regnen, die Fahrbahn ist mittlerweile trocken. Rammi fährt vor uns auf der gut ausgebauten Straße mit insgesamt drei Fahrspuren, wobei die mittlere Spur die Überholspur für beide Richtungen darstellt. Als Rammi vor uns einen Laster überholt, sehen wir Polizisten am Straßenrand, die ihn anhalten wollen. Leider sieht er die beiden Ordnungshüter nicht und rast unbekümmert weiter. Außer sich steigen die zwei in ihren Jeep und wollen los. Daniel und ich halten ersatzweise an. Au Backe, jetzt sitzen wir gewaltig in der Tinte!

Sichtlich aufgebracht kommt ein kleiner, untersetzter Polizist auf uns zu, will Papiere sehen, Ausweis, Visa – das volle Programm. Wir sind besonders freundlich. Er erzählt uns in stockendem Englisch die Situation aus seiner Sicht, wonach natürlich Rammi ihn genau gesehen und sich absichtlich mit Vollgas aus dem Staub gemacht hätte. Wir versuchen, ihn zu beruhigen. Als er sieht, dass wir Deutsche sind, wird er schon mindestens drei Stufen freundlicher. „Wenn wir hier mit einem Strafzettel davonkommen, dann können wir uns glücklich schätzen", meint Daniel. Ich gebe ihm Recht, das könnte in der Tat ins Auge gehen.

Wir hören uns den Vorfall aus der Sicht des Polizisten immer wieder an, nicken, können das verstehen und versuchen immer wieder aufs Neue zu erklären, dass das natürlich auf keinen Fall Absicht war. Rammi bleibt ganz schön lange weg. Wenn man beim Blick in den Rückspiegel feststellt, dass das andere Fahrzeug nicht mehr da ist, wartet man normalerweise eine Weile. Ist das Fahrzeug nach einiger Wartezeit immer noch nicht in Sicht, dreht man um und fährt in die Gegenrichtung. Rammi war schnell unterwegs. Es kann schon dauern, bis er merkt, dass wir nicht mehr da sind. Es bleibt uns nur eine Möglichkeit: Wir müssen warten.

Der Polizist – mittlerweile sprechen wir schon über das schöne Deutschland – wird langsam unruhig. Vom Thema Berlin-wo-sein-Schwager-wohnt wechselt er wieder zum Thema Der-böse-Rammi-muss-bestraft-werden. Es dauert wirklich verdammt lange, bis er kommt. Endlich hören wir ihn, er ist ganz schön flott unterwegs, er weiß ja nicht, dass wir hier mit zwei Verkehrspolizisten warten. Als er um die Ecke kommt, bremst er erschrocken ab und parkt vor uns an der Einbuchtung. Das Ganze erinnert an den Fahrstil der Blues Brothers, was zwar von exzellenten Fahrkünsten zeugt, jedoch bei der Polizei nicht besonders gut ankommt.

Unser Freund, der Polizist, geht mit autoritärer Miene auf Rammi zu und verlangt streng seine Papiere. Er sucht eine Weile, doch er findet seinen Pass nicht. Dann suchen auch wir, sogar die Essenskiste wird durchwühlt. Langsam kommen wir ins Schwitzen. Wo ist der Pass? So ein Chaos im Auto, da müssen wir mal Ordnung machen. Ohne den Pass wären wir schlecht dran. Nachdem wir das gesamte Auto durchsuchen, finden wir endlich den Pass – im Handschuhfach.

Als er sich zum dreizehnten Mal entschuldigt, wird der Polizist etwas relaxter. Er läuft zu seinem Kollegen. Dieser sitzt schon die ganze Zeit wie eine Statue im Polizeiwagen, von ihm hören uns sehen wir nichts. Als unser Freund wieder zurückkommt, hat er einen Block in der Hand, wir vermuten, dass das Strafzettel sind. Immer wieder schreibt er kurz, fragt dann wieder etwas über Deutschland, schreibt dann weiter. Wir haben das Gefühl, dass er sich nicht sicher ist, ob wir nun bestraft werden sollen oder nicht. Er grübelt auf jeden Fall über etwas nach. Die Zeit vergeht. Wir haben mittlerweile zwei Zigaretten mit ihm geraucht, da macht er einen Vorschlag: Er möchte in den nächsten Jahren seinen Schwager in Berlin besuchen. Da wäre es ihm sehr gelegen, wenn er in Deutschland ein paar Freunde hätte, bei denen er dann vorbeischauen könnte. Aha, so sieht das also aus. Klar, wir geben ihm unsere Adressen. Irgendwie ist uns die Sache jedoch nicht geheuer. Wir schreiben ihm Anschriften auf die Rückseite des Strafzettels, den er schon halb ausgefüllt hat. Allerdings nicht unsere eigenen – wir lassen unserer Kreativität freien Lauf. Der Abschied ist plötzlich sehr herzlich. Wir hatten wirklich Glück, das hätte auch ins Auge gehen können.

Nachdem wir ein paar Kilometer extrem langsam zurückgelegt haben, befinden wir uns auf steilen, unglaublich kurvigen Passstraßen, ein extrem abenteuerlicher Fahrtabschnitt beginnt. Die Serpentinen führen endlos auf und ab. Der Ausblick dabei ist atemberaubend. Allerdings kann man das als Fahrer kaum genießen, da man sich voll auf die Straße konzentrieren muss. Zerklüftete Formationen ragen in die Höhe, oft kann man bei Kurven Hunderte von Metern nach unten blicken. Immer wieder durchfahren wir stockdunkle, enge Tunnels. Es dauert relativ lange, bis sich die Augen an die Dunkelheit gewöhnt haben. Zum Glück kommen uns die Laster meist außerhalb der Tunnels entgegen. Wir müssen Pause machen. Frühstücken können wir gegen Mittag nur zu zweit, denn Daniel ist bereits übel von der kurvigen Fahrt. Dies ist mit Abstand die längste Serpentinenstrecke, die wir jemals gefahren sind, doch vielleicht auch die schönste. Der höchste Berg der Kette, der *takt-e Soleyman* ragt 4.820 Meter in die Höhe, heute Morgen waren wir noch 14 Meter *unterhalb* des Meeresspiegels. An der höchsten Stelle befindet sich die Serpentinenstraße auf 2.500 Metern.

An dieser Stelle ist ein Lob an die Fahrzeuge angebracht. Die Kühlwassertemperatur von Rammis Wagen ist zwar sehr hoch, aber dennoch immer knapp unter der Grenze, bei der wir stehen bleiben müssten. Nur in Situationen, in denen wir anderen Fahrzeugen hinterher fahren, wird es aufgrund des fehlenden Fahrtwindes kritisch. Wir können öfter beobachten, wie Rammi sämtliche Fenster bis zum Anschlag herunter lässt. Das bedeutet dann, dass in diesem Moment die Heizung auf Höchststufe arbeitet, um dem Motor so viel Hitze wie möglich abzunehmen. Im Auto fühlt man sich dann wie in der Sauna, nur dass der Eukalyptusaufguss fehlt.

Wir fahren trotzdem ohne Zwangspause mehr als eine weitere Stunde am Stück die Serpentinen entlang. Langsam schmerzen uns die Arme vom permanenten Lenken. Es ist eine Wohltat, als die Berge langsam im Rückspiegel verschwinden und 50 Kilometer vor Teheran ein gut ausgebautes, relativ flaches Straßenstück beginnt. Der Plan hat sich geändert: Wir wollen doch in die Hauptstadt, um in der deutschen Botschaft die Autos abzumelden, für die wir immer noch Versicherung und Steuer bezahlen. Überhaupt interessiert uns Teheran, und wenn wir schon mal in der Nähe sind, dann sollten wir die Möglichkeit nutzen, so oft ist man schließlich auch nicht in der Gegend.

Es ist mittlerweile drei Uhr nachmittags. In einem Vorort der Hauptstadt hält Rammi an, er vernimmt komische Geräusche aus Richtung Vorderachse. Um ehrlich zu sein: Seltsame Geräusche geben beide Autos immer wieder mal von sich, aber im Moment muss es wohl besonders seltsam sein. Bei der Inspektion stellt sich heraus, dass nur noch wenig Luft im Hinterreifen ist, doch wir wollen noch bis zur nächsten Tankstelle fahren. Das war schon das ganze Geheimnis des Geräuschs. Rammi fährt mit einem Reifendruck von etwa 0,4 Bar, also nicht einmal ein Fünftel des normalen Drucks. Als wir auf die Stadtautobahn kommen, trifft uns der Schlag.

Ohne Vorwarnung stehen wir innerhalb kurzer Zeit in einem Blechchaos ohnegleichen, es scheint wohl Rushhour zu sein. Fahrzeuge jeglicher Art befinden sich in diesem Gewirr, die Straßenspuren werden nicht mehr eingehalten: aus zwei werden vier. Die Spiegel sind oft eingeklappt, um noch näher an anderen Fahrzeugen vorbeifahren zu können – der Stadtverkehr hat uns wieder. Seiten- und Rettungsstreifen werden von den vielen Autos und Lastwagen einfach mitbenutzt. Wir geraten von einem Hupkonzert in das nächste. Es gilt, sich durch ständigen Spurwechsel durchzuschlängeln – wer weiß, wie lange der Reifen noch hält. Rammi macht dies zwar sehr geschickt und erfolgreich, doch bei diesen engen Abständen ist es unmöglich, ihm zu folgen. Daniel kocht vor Wut: „Weiß der nicht, dass wir mit zwei Autos unterwegs sind? Will der abhauen oder was?" Ich versuche, Rammi nicht aus den Augen zu verlieren, während Daniel sich mit endlos vielen anderen Fahrern anlegt, um ihm zu folgen. Doch alle Anstrengungen helfen nichts – schon nach wenigen Minuten ist Rammi nicht mehr vor uns. Verdammt, wir haben keinen Treffpunkt vereinbart. Es wäre nicht gut, sich hier zu verlieren. Natürlich würden wir uns wiederfinden, Internetcafés gibt es wohl auf der ganzen Welt, aber trotzdem wäre das relativ kompliziert und wer weiß, wie lange Rammis Auto noch durchhält! Ich versuche, Daniel zu beruhigen und habe das Gefühl, dass es ein Donnerwetter geben wird, wenn wir uns wieder finden werden. Als wir einen großen Fässertransporter auf der Standspur rechts überholen, entdecken wir Rammi, der im Stau steht. Daniel reißt ohne Vorwarnung die Tür auf und springt aus dem Auto, bevor ich etwas sagen kann. Jetzt kracht es gleich, die Gemüter sind auf 180! Ich warte eine Weile, Daniel kommt nicht zurück. Mit einem Ruck bewegt sich die Blechlawine weiter nach vorne, ich klettere hinter das Lenkrad. Doch ich sehe die beiden nicht mehr. Klasse, jetzt sitze ich alleine da. Beim nächsten Stillstand dieser Kolonnen aus stinkendem Blech werde ich aufs Autodach steigen. Der nächste Stopp lässt nicht lange auf sich warten. Als ich die Tür aufmache, höre ich einen dumpfen Schlag. Ein Pekan hat sich so dicht neben mich gestellt, dass ich mein Auto – zumindest durch die Fahrertür – nicht verlassen kann. Dass ich mit meiner Tür gegen den Pekan geschlagen habe, scheint den Fahrer nicht groß zu stören, er schaut mich nur kurz an. Auch die Beifahrertür ist durch einen Transporter verstellt. Links und rechts kein Ausweg – da wäre noch das Schiebedach. Ich stecke meinen

Kopf durch die Öffnung des Daches. Lieber Himmel, die Luft ist grauenhaft. So muss es sich anfühlen, wenn man die Nase direkt in den Auspuff eines 8-Zylinders steckt! Als ich auf den Sitzen stehe, bin ich auf gleicher Höhe mit dem Fahrer des Transporters, der rechts von mir steht. Er schaut mich verdutzt an. Ich schaue verdutzt zurück. Ein paar Autos vor mir sehe ich zum Glück meine beiden Reisekollegen. Daniel bekommt jetzt gleich von mir was zu hören, er ist einfach durchgeknallt, haut einfach ab.

Mittlerweile ist er auf dem Rückweg, sein Blick ist nicht gerade einladend. Ohne zu zögern, als wäre es das normalste der Welt, steigt er auf die Motorhaube und kommt durch das offene Schiebedach ins Auto. „Alles in Ordnung oder was? Was soll denn diese dämliche Aktion? Willst Du den Rest nach Indien laufen?" „Der tickt doch nicht richtig! Jetzt fahren wir raus aus dem Scheiß-Stau und lassen ein Auto stehen." Weitere Diskussionen würden die Lage wohl nicht verbessern. Ich halte besser meinen Mund, wir klären das heute Abend. Jetzt ist es erst mal wichtig, aus diesem mobilen Schrottplatz rauszukommen, bloß weg hier. Die nächste Abfahrt wird genommen, wir sind wieder hinter Rammi, der plattfüßig eine Tankstelle ansteuert.

Das Beste, was wir jetzt tun können, ist ein großes Bauwerk zu suchen und in dessen Nähe ein Auto stehen zu lassen, so finden wir immer wieder zurück. Vor uns taucht ein gigantisches umgekehrtes Ypsilon auf, das muss der Freiheitsturm sein, der *borj-e Azadi*. Den Weg zu diesem Riesenbetonklotz werden wir auf jeden Fall wieder finden. An der Tankstelle erkundigt sich Daniel, wo und für wie viel Geld man den Reifen flicken kann. Wir haben zwar Ersatzreifen dabei, aber wer weiß, wie die Straßen sind, die noch vor uns liegen. Wir werden auf eine Werkstatt irgendwo im Wohngebiet hinter der Tankstelle verwiesen. Die Gassen sind, verglichen mit den breiten Straßen, die wir in den letzten Tagen befahren haben, richtig schmal. Die Häuser stehen eng aneinander und sind fast alle in der gleichen Farbe gestrichen. Die Schilder sind natürlich alle auf arabisch, was die Suche nicht unbedingt leichter macht. Die Werkstatt ist schwer zu finden, aber irgendwo hier muss sie sein. Zwei Männer stehen an der Straße, wir fragen sie nach der Werkstatt. Wir stehen direkt davor. Einer der zwei Männer spricht fließend türkisch – was für ein Zufall! Octay ist zwar Iraner, hat aber eine Weile in der Türkei gelebt. Rammi unterhält sich angeregt mit ihm. Er interessiert sich sogar für die Autos. Sein Bruder habe einen Autohandel, er ruft ihn an. 5.000 US-Dollar will er zahlen, ohne die Wagen gesehen zu haben? Das klingt wirklich gut, wir sind aber skeptisch. Ob der uns morgen auch noch kennt? Als Rammi mit Daniel spricht, bietet mir Octay Haschisch zum Kauf an, das er locker aus seiner Brusttasche zieht. Mensch, verdammt, Haschisch hier im Iran? Ist der wahnsinnig? Die Gesetze sind um einiges härter als bei uns, die stecken dich in den Knast mit dem Zeug. Ich lehne es erschrocken ab. Er reagiert gefasst, nach einem ruhigen „ok, no problem" steckt er es wieder ein. Rammi kommt bestens mit ihm klar, Octay schreibt seine Handynummer auf, gibt den Zettel Daniel, erklärt uns den Weg in die Innenstadt und verdrückt sich. Wir wissen nichts über Autohandel im Iran. Ob dem Angebot zu trauen ist? In der Werkstatt hinter der Tankstelle repariert ein Mechaniker den Reifen und präsentiert die Rechnung: ein Euro. Das kann die Reisekasse noch verkraften. Nachdem der Reifen wieder verstaut ist, geht es los. Wir wollen zur deutschen Botschaft, um die Autos abzumelden. Das erste Mal auf dieser Reise sind wir zu dritt in einem Auto unterwegs. Das Rammi-haut-auf-der-Autobahn-ab-Thema ist schon vergessen, keiner denkt mehr daran. Es ist ziemlich eng auf der Rücksitzbank, ich teile mir den Platz mit zwei Reifen, einem großen Wasser- kanister, der sogar angeschnallt ist, und allerlei anderen Dingen, die da hinten so rumliegen. Die einzige Straßenkarte von Teheran ist in unserem Reiseführer, Hans hat dort allerdings nur die größeren Straßen eingezeichnet. Trotzdem finden wir ohne Probleme den Weg durch die restlichen Vororte. „*Der Charme der iranischen Hauptstadt offenbart sich erst beim zweiten Blick*", schreibt Hans. Wir beschließen, gleich die Stadt mit dem zweiten Blick zu sehen – für den ersten bleibt keine Zeit.

Der Verkehr läuft tausend Mal besser als auf der Stadtautobahn vor zwei Stunden. Es gibt zwar jede Menge Ampeln, aber da wir uns meistens auf den Vorfahrtsstraßen befinden, ist das kein Problem, da der Verkehr auch bei Dunkelorange noch weiterfließt. Doch wehe, ein Auto hält wirklich bei Rot an, dann dauert es ewig, bis der Verkehr der Querstraße stoppt. Auch bei grünem Licht reißt der Seitenverkehr nicht ab, wir können einfach nicht losfahren, bis unsere Ampel wieder rot anzeigt. Nicht in die Kreuzung zu fahren, auch wenn der Verkehr der Querstraße nicht abreißt, ist unser Anfängerfehler. Bluff ist alles! Wir haben wieder Grün, fahren los. Wir sind keinen halben Meter von den Fahrzeugen entfernt, die noch bei Rot die Straße überqueren und siehe da – ein Auto hält an, die Bahn ist frei. So geht es von Kreuzung zu Kreuzung. Hier wird definitiv das Gesetz des Stärkeren gelebt. War Darwin eigentlich Iraner? Auf zweispurigen Straßen stehen mindestens drei, manchmal auch vier Fahrzeuge nebeneinander. Rammi fährt in diesem Verkehrssalat wie ein einheimischer Taxifahrer. Es ist schon ein Abenteuer, an diesem abendlichen Stadtverkehr teilzunehmen. Teheran ist riesig! Hans schätzt die Einwohner auf neun bis vierzehn Millionen. Ich glaube es sofort. Straßenschilder sind höchst selten und durch die mehrmalige Umbenennung vieler wichtiger Straßen während der Revolution kennen die Einheimischen sich meist selbst nicht aus. Auch Taxi- fahrer sind laut Hans oft überfordert. Überraschenderweise können wir uns trotzdem ganz gut orientieren. Die Geschäftsstraßen sind nach Produkten eingeteilt. So gibt es zum Beispiel die Schuhstraße, in der links und rechts nur Schuhe in den Schaufenstern ausgestellt sind. Ein Wahnsinn. Im Gegensatz zur sonstigen Bekleidung scheint es bei den Schuhen wohl keine Einheitsvorschriften für die Frauen zu geben. Wir biegen kurz ab und fahren jetzt die Autoteilestraße entlang. Vom Auspuff bis zu den Sitzbezügen, vom Zündkerzengeschäft bis zum Motorhauben-Shop, hier scheint es alles zu geben, was der Autofreak braucht. Autofreaks, gibt's die eigentlich hier? Zum ersten Mal sehen wir hier neben japanischen Kleinwagen andere Autos als die einheimischen Pekans: Ein weißer S-Klasse-Mercedes überholt uns. Der erste deutsche Luxuswagen, den wir nach mehreren Tausend Kilometern zu Gesicht bekommen. Das gleiche werden sich die drei Insassen mit ihren Turbanen auf dem Kopf wohl auch denken! Der Mercedes hat ein kuwaitisches Kennzeichen. Genau so habe ich mir Ölscheichs vorgestellt.

Durch die vielen Eindrücke vergessen wir fast unser Ziel, die deutsche Botschaft. Man muss sich nach der Straße nicht erkundigen, das Konsulat liegt an der *xiaban-e Ferdosi*, einer der größten und bekanntesten Meilen der Teheraner Innenstadt. Wir parken direkt davor. Die Kennzeichen des Autos sind schnell abgeschraubt, die des anderen BMWs haben wir dabei. Daniel steht eine ganze Weile vor dem großen Tor und unterhält sich durch den Lautsprecher an der Klingel. Dabei schreit er so laut, dass wir es sogar im geschlossenen Auto hören. Das große Tor am Konsulat geht jetzt auf, ein offensichtlich einheimischer Mitarbeiter begrüßt Daniel und lässt ihn hinein. Rammi zündet sich eine Zigarette an, ich wühle im Kofferraum nach Schokolade, wir bereiten uns auf eine längere Wartezeit vor. Man weiß ja, wie das so ist auf Ämtern. Und bei deutschen Ämtern im Ausland dauert es sicher noch länger. Aber wir haben ja Zeit.

Als ich den Kofferraumdeckel zuknalle, steht Daniel überraschend vor mir. Sie haben geschlossen. Die Botschaft macht um halb vier Uhr zu, morgen wieder. Na gut. Was tun? Wir brauchen einen Fotoladen, der uns im Stundenservice ein paar weitere Abzüge entwickelt, die wir von Teheran aus als Postkarten nach Hause schicken wollen. Und wir brauchen etwas zu essen. Doch vor allem brauchen wir eine Toilette. Hier gibt es kein McDonalds oder Ähnliches, bei dem man mal kurz kann. Als ich in einem Hotel danach frage, wird mir entgegnet, dass die Benutzung nur für Gäste erlaubt ist. Soll ich jetzt für eine Nacht einchecken, nur um mal die Toilette benutzen zu dürfen? So werden die kleinen Bedürfnisse schnell zu einer Herausforderung. Daniel hat eine Idee. Wir fahren mit unserem Auto direkt vor die Eingangstür eines großen Hotels mit gläsernem Eingang. Schon an der Einfahrt werden wir vom Rezeptionisten beobachtet. Daniel gibt sich als unser Chauffeur, hält uns die Türen auf, so macht es den Eindruck, als wären wir wichtig. Ich kann mir das Lachen kaum verkneifen. Der Rezeptionist ist äußerst freundlich, spricht gutes Englisch. Wir fragen, ob ein Mister Smith schon angekommen sei und nach uns gefragt hat. Leider nein. Er meint, wir sollten doch in der Lobby warten. Ob wir uns kurz frisch machen könnten, wollen wir wissen. „Of course", meint der nette junge Mann mit den gewachsten Haaren und begleitet Rammi und mich persönlich zur Toilette, die üppig ausgestattet ist. Als wir direkt zur automatischen Glastüre am Ausgang stolzieren, bekommen wir sogar noch ein freundliches „Good bye, Sir" nachgerufen. Da sollte sich mal der Rezeptionist, der uns im ersten Hotel rausgeschmissen hat, eine Scheibe abschneiden.

Das mit dem Fotoladen allerdings gestaltet sich etwas schwieriger. Wir müssen uns bei drei Läden durchfragen, bis jemand die Bestellung heute Abend noch erledigen kann. Ein ungefähr zwanzigjähriges Mädchen, das gebrochen Deutsch spricht, fragt, wo ich herkomme, was wir hier machen und so weiter. Sie ist sehr nett, trotzdem fühle ich mich nicht besonders wohl dabei, hier im Iran mit einer Frau zu reden. Die Frau-mit-Mann-Regeln in diesem Land sind ja etwas kompliziert. Schon für eine Unterhaltung kann man eins auf den Deckel bekommen. *Pishi* heißt sie. Wie nett. Klingt irgendwie nach Teletubbies oder Sesamstraße. Ich soll in einer Stunde wieder zurück sein. Wir reden noch eine Weile miteinander. Sie hat wirklich wunderschöne Augen! Als ich die Tür des Agfa-Fotoshops schließe, entdecke ich einen Aufkleber an der Tür. Es ist ein weißes Dreieck mit rotem Rand, so ähnlich wie ein Verkehrsschild. In der Mitte ist ein schwarzer Tschador abgebildet. Darunter steht in englischer Sprache „Women operating". Wenn in öffentlichen Geschäften Frauen arbeiten, dann muss das von außen also gekennzeichnet sein, das hatte ich nicht gewusst. Der Aufkleber ist über dem Türgriff angebracht, in Deutschland findet man dort oft den Hinweis für Hundebesitzer „Wir müssen draußen bleiben". Aber das brauchen sie hier wohl nicht, ich habe bis jetzt keinen einzigen Hund an der Leine gesehen. Stattdessen wird man hier an der Tür vor Frauen gewarnt. Was soll man dazu sagen?

Nach 19 Uhr ist zwar der Verkehr noch heftig, aber die Bürgersteige sind wie ausgestorben. Es spazieren kaum Leute auf der Straße. Es gibt keine einzige Kneipe, keine Bar, nicht einmal ein Café. Sogar die Restaurants sind kaum besucht. Außer den Teestuben, in denen sich meist ältere Männer treffen, gibt es keine öffentlichen Gaststätten. Das ist für uns nur sehr schwer vorstellbar. Was machen die jungen Leute abends? Leider können wir niemanden fragen – wir treffen schließlich niemanden.

Einfach durch die Stadt zu streunen ist hier überaus unterhaltsam. Schon allein der Straßenverkehr ist sehr spannend, nur für das Beobachten der überfüllten Straßen könnte man ein paar Euro Eintritt verlangen – wir würden sofort bezahlen. Die konsequente Missachtung von Ampeln und Vorfahrtsregeln ergibt immer wieder kuriose Situationen, wobei aber auffällt, dass es kaum kracht. Auffahrunfälle, die keine größeren Schäden verursachen, werden wohl nicht als solche registriert. Direkt vor unserer Nase schlittert ein Wagen schräg gegen einen anderen, der eigentlich (zumindest nach unserem Verständnis) Vorfahrt hatte. Beide steigen aus, betrachten ihre eingebeulten Wagen, steigen wieder ein und fahren weiter. Die Fahrzeuge hinter ihnen benutzen in der Zwischenzeit den Gehsteig, um die Stelle zu umfahren. Wir stehen nur da und schauen erschrocken und fasziniert zugleich auf die Straße. Was für ein Verkehr!

So ist die Stunde unglaublich schnell um. Zurück bei der süßen Pishi im Fotoshop empfängt mich ein Kollege, der weitaus weniger freundlich ist. Pishi musste leider schnell weg. Was für ein Zufall, echt schade. Die Fotos sind gut geworden, 60 Postkarten, die wir heute Abend noch schreiben wollen, um sie morgen im Hauptpostamt abgeben zu können. Ich schreibe meine E-Mail-Adresse auf eine Karte und erkläre dem Verkäufer, er solle sie Pishi geben. Ich will wissen, ob sie mich nicht mehr bedienen darf, weil wir vorher kurz miteinander gelacht haben. Der Verkäufer sagt, er werde ihr die Karte sicher geben. Ich bin mir da allerdings nicht so sicher wie er.

Rammi steuert den Wagen zurück zur Tankstelle, wo sich (hoffentlich) unser zweites Fahrzeug befindet. Die Fahrt durch die Stadt macht einfach Riesenspaß. Rammi ist wohl einer der besten Fahrer, den ich auf dieser Welt getroffen habe. Als Taxifahrer würde er wirklich sehr gut nach Teheran passen. Man muss sich hier dem allgemeinen Verkehr anpassen, sprich keine Ampeln beachten, grundsätzlich die Vorfahrt für sich beanspruchen und, egal wie viele Reihen vor der Ampel stehen, es ist immer möglich, sich daneben zu quetschen. All dies kann Rammi hervorragend. Vor ein paar Jahren haben wir in Neuseeland Kim Austin kennen gelernt, einer der Größen im internationalen Rallyesport in den Achtzigern. Ich kann mich noch gut erinnern, wie Rammi sich von ihm nächtelang über das Rallye fahren aufklären lies. Wäre Kim mit im Wagen, würde er heute bestimmt den Hut vor Rammis Fahrkünsten ziehen.

Wir hatten uns eigentlich überhaupt keine Sorgen gemacht, dass das andere Fahrzeug nicht mehr da sein könnte. Als wir langsam in den Stadtteil kommen, in dem unser zweiter Wagen stehen soll, kommt uns dieser Gedanke zum ersten Mal. Die restlichen fünf Minuten, die wir bis zur Tankstelle brauchen, werden spannend. Ist er noch da?

Er ist da, und wie. Alles bestens. Wir biegen um die Ecke in eine Wohngegend. Auf einem Parkplatz wird Halt gemacht, das Nachtlager ist somit ausgewählt. Hier ist es angenehm ruhig. Jetzt ist Kartenschreiben angesagt. Sechzig Stück wollen wir schreiben – ein gutes Stück Arbeit liegt heute noch vor uns. Ich beginne gerade mit der zweiten Karte, als eine Gruppe Jugendlicher auf uns zukommt und an die Scheibe klopft. Der Anlass ihres Besuches ist schnell ergründet: die Autos. Wir unterhalten uns mit Händen und Füßen, die Jungs sind witzig. Wir lassen sie ins Auto sitzen, das Lenkrad in die Hand nehmen, was sie uns mit einem breiten Grinsen danken. Rammi und ich beobachten unsere Utensilien, die überall im Fahrzeug verteilt sind. Daniel macht es sichtlich Spaß, die Jugend zu begeistern. Die Türen fallen zu, der Motor wird angelassen, mit einem Satz parkt Daniel mit drei Jugendlichen auf dem Beifahrersitz aus, sie drehen eine rasante Runde um den Block. Noch von weitem hört man den Motor aufheulen. Wenn das mal gut geht. Als sie wieder zurück sind, steigen die drei Fahrgäste mit weit aufgerissenen und leuchtenden Augen aus.

Eine halbe Postkarte später klopfen die nächsten Jungs an die Scheibe, dieses Mal sieben oder acht, die Neuigkeit von der Testfahrt hat sich im Viertel verbreitet wie ein Lauffeuer. Daniel macht mir klar, dass ich aussteigen soll. Die nächsten Drei sind an der Reihe. Ich sitze auf der Motorhaube des anderen Fahrzeugs und warte also, bis Daniel die mittlerweile elf Jugendlichen um den Block kutschiert. Den Insassen wird jetzt wohl ganz schön heiß sein, so wie Daniel das Auto steuert. Mir allerdings ist nach der dritten Runde Warten ganz schön kalt, ich setze mich zu Rammi, der geduldig schreibt und schreibt. Mittlerweile stehen bestimmt weitere zehn Jungs Schlange.

Irgendwann wird klar, dass nicht alle eine Runde drehen können, zum Glück sieht das Daniel genauso. Nach einer ganzen Weile verabschiedet sich die Meute. Das war im Grunde eine ganz nette Begegnung. Doch jetzt zurück zu den Postkarten. Nur noch siebzehn Stück pro Mann. Puh, das wird noch eine Weile dauern. Aber da jetzt schon nach elf Uhr nachts ist, stört uns wohl keiner mehr.

Es klopft erneut ans Fenster. Es ist die Polizei. Verdammt, was ist los? Haben die Daniel beobachtet, wie er mit den Jungs durch die Siedlung gebraust ist? Bekommen wir jetzt Probleme, weil an einem der Autos keine Nummernschilder angebracht sind? Mist, da hätten wir echt dran denken können. Anfängerfehler! „Hello", tönt es von außen. Daniel und ich sind superfreundlich, begrüßen die zwei Gesetzeshüter und wollen schon eine englische Erklärung abgeben, warum die Schilder nicht angebracht sind. Die Polizisten sind, zu unserer Überraschung, äußerst nett. Aber was ist los? Es dauert eine Weile, bis wir verstehen, dass uns die Polizisten warnen wollen, wir sollten und dürften hier nicht übernachten, es sei zu gefährlich. Die Gegend soll voller Banden sein. Stimmt, die erste hatten wir schon getroffen, das war aber eine ziemlich niedliche Bande. Die beiden Polizisten machen einen sympathischen und lustigen Eindruck, beide sind eher klein und gut genährt. Sie erklären uns mit Händen und Füßen, was sie eigentlich wollen, was aussieht wie Stewardessen bei den Sicherheitshinweisen vor dem Abflug.

Wir müssen mitkommen, ihnen folgen. Rammi schläft bereits auf dem Beifahrersitz im anderen Auto, er bekommt nichts von unserem Besuch mit. Ich setze mich auf seinen Fahrersitz und lasse den Motor an. Rammi gibt nur ein fragendes Geräusch von sich, ansonsten bleibt er regungslos. „Die Bullen sind da, wir müssen ihnen folgen." „Jaja", seine Antwort. „Ehrlich, kein Witz." Stille, keine Antwort. Wäre *ich* an seiner Stelle, würde ich es wahrscheinlich auch nicht glauben.

Wir fahren also dem Pekan der zwei Polizisten nach. Sie haben ihr Gelblicht eingeschaltet, das jetzt vor uns wild blinkt und an ein Winterdienstfahrzeug bei Schneesturm in den Alpen erinnert. Es sei bemerkt, dass unsere Autos die einzigen auf der schmalen Straße sind. Es ist trotzdem schön, mal eskortiert zu werden. Mir gefällt es. So muss sich das wohl für Staatsgäste oder berühmte Schauspieler auf dem Weg zur Oscarverleihung anfühlen.

Die beiden halten plötzlich an, ihr Auto steht mitten in einer Kreuzung, die Lichter gehen aus und wieder an, flackern ein wenig. Was ist da los? Der Pekan der Polizei wurde wohl abgewürgt, jetzt springt er nicht mehr an. Ich sehe durch Daniels Wagen hindurch, wie sich die beiden aufgeregt unterhalten und immer wieder am Schlüssel drehen. Daniels Wagen steht vor mir, er steigt aus, einer der Polizisten macht hastige Bewegungen, dass Daniel im Wagen bleiben soll, es sei alles in Ordnung. Ein Bild für Götter. Die Startgeräusche des Anlassers werden immer langsamer. Bald ist die Batterie leer, dann schieben wir eben die Polizei an – oder schleppen sie ab. Eine lustige Vorstellung. Irgendwie haben wir uns die Polizei im Iran anders vorgestellt. Natürlich gibt es auch andere Gesetzeshüter, das wissen wir. Aber diese beiden sind echt witzig.

Eine dicke weißgraue Rauchwolke steigt auf, die Polizisten haben den Motor ihres Pekans wieder zum Laufen gebracht und es geht weiter. Hastig winkt der Beifahrer aus dem Fenster, es soll wohl so etwas bedeuten wie „alle mir nach". Das Gelblicht ist wieder in vollem Einsatz und wir tuckern die Gassen entlang bis in den Polizeihof. Dort sollen wir parken und die Nacht sicher hinter uns bringen. Wir bedanken uns bei den beiden, müssen uns dabei das Lachen aber mit viel Mühe verdrücken. Die Situation gerade eben, als die Polizei mit abgewürgtem Motor und fuchtelnden Armbewegungen mitten in der Kreuzung stand, werde ich wohl nie vergessen. Daniel erklärt es so: „Sollte Bin Laden jemals gefasst werden, dann sicher nicht von diesen beiden Polizisten."

Es bleiben jetzt noch ungefähr fünfzehn Karten pro Mann zu schreiben. Rammi hat seine Postkarten anscheinend schon fertig, er schnarcht noch immer. Ob er von der ganzen Aktion überhaupt etwas mitbekommen hat?

Um 3.15 Uhr legen wir endlich den Stift weg. Was für ein Tag! Wir genießen eine letzte Gute-Nacht-Zigarette und reden noch einmal über die Reise. Das Fazit ist eindeutig: Wir sind bis jetzt voll zufrieden, uns geht es bestens.

# Tag 14
## 18. Februar

Rammi fährt uns sogar mitten im Polizeihof mal wieder mit Schwung an den Karren. Er ist schon wach und fit – im Gegensatz zu Daniel und mir. Durch den kräftigen Ruck geweckt, steigen wir schlaftrunken aus unseren warmen Schlafsäcken. Rammi hat ja Recht, wir wollten schon früh morgens zur deutschen Botschaft, aber 7.15 Uhr ist wirklich übertrieben. Ohne lange zu fackeln geht es gleich los. Wir lassen eines der Autos vor der Polizeistation auf der Straße stehen und maximal drei Minuten nach der sanften Weckaktion sitzen wir schon bei Rammi im Auto, der in Richtung Innenstadt steuert.

Das gleiche Schauspiel wie gestern beginnt, nur heute bei Tageslicht. Wir betrachten Teheran jetzt mit dem zweiten Blick, für den ersten ist schließlich keine Zeit. Der Verkehr staut sich wieder mal an allen Ecken und Enden, Ampeln stehen offensichtlich nur zur Zierde da und ein Hupkonzert löst das nächste ab. Es muss wohl schon wieder Rushhour sein. Wir haben zum Glück keinen großen Zeitdruck. So stehen oder fahren wir durch die Vorstädte in die Innenstadt, wie immer gibt es jede Menge Kuriositäten: extrem überladene Fahrzeuge und Eselskarren sowie einen Massenverkehr, der scheinbar nur die Regel kennt, dass alle Regeln außer Acht gelassen werden. Rammi hat ja gestern schon herausgefunden, dass man am schnellsten vorankommt, wenn man sich dem Mir-egal-ich-habe-immer-Vorfahrt-Fahrstil anpasst. Mein Herz rutscht hin und wieder in die Hose. Wir überholen andere Fahrzeuge oder werden so knapp überholt, dass keine Hand mehr dazwischen passen würde. Bis jetzt ist unser Spiegel unbeschadet. Ein kleines Wunder – Rammi der Teufelsfahrer macht es möglich.

Direkt vor der Botschaft herrscht zwar Parkverbot, das wissen wir ja schon, aber in den kleinen Gassen würden wir uns bestimmt verheddern, also bleiben wir lieber hier. Rammi wartet im Wagen, Daniel geht in die Botschaft und ich nehme den Linienbus, um zum Hauptpostamt zu kommen. Weit kann es nicht sein. Ein paar Schritte von unserem Auto entfernt ist eine Busstation, an der die Busse im Minutentakt halten. Im vorderen Teil halten sich die Männer auf. Ich quetsche mich in den überfüllten Gang. Hinter der Abtrennung in der Mitte sitzen die Frauen, einheitlich in ihren Tschadors versteckt, so dass es von außen aussieht, als wäre im hinteren Teil des Busses der Pinguintransport. Mindestens zwanzig Sitzplätze und der gesamte Gang sind dort frei, doch vorne herrscht akuter Platzmangel, die Männer pressen ihre Körper eng aneinander. Es sind nur zwei Stationen. Ich will beim Fahrer zahlen. Er nimmt jedoch mein Geld nicht an, er spricht nicht einmal mit mir. Er muss sich wohl auf den Verkehr konzentrieren – na, das kann ich nur zu gut verstehen. Die zwei Stationen fahre ich eben schwarz.

Prompt spricht mich ein Mann auf meinen Fahrschein an. Verdammt, das erste Mal im Bus und schon beim Schwarzfahren erwischt. Ich ziehe meine Scheine aus der Hosentasche und strecke ihm das Geld entgegen. Er lehnt ab und erklärt mir hastig in seiner Sprache, was zu tun ist, ich verstehe jedoch nur Bahnhof und nicht mal das. Der Bus hält das zweite Mal, ich muss, glaube ich, jetzt aussteigen. Ich versuche, ihm das klarzumachen. Der Mann nickt und dreht sich um. War das wirklich ein Kontrolleur? Oder wollte er mir nur helfen? Ich weiß es nicht. Auf jeden Fall habe ich Glück gehabt – bei der Rückfahrt werde ich ein Ticket lösen oder einfach zu Fuß gehen.

Das Postamt ist riesig, es gibt 28 Schalter. Ich stelle mich gemäß Murphys Law natürlich an genau dem Schalter an, an dem es am längsten dauert. In den Warteschlangen schauen die meisten sehr ernst, vordrängeln werde ich mich lieber nicht. Bei der letzten Afrikareise habe ich erlebt, dass in vielen Postämtern die Briefe und Postkarten einfach abgegeben und bezahlt werden können, die Beamten kümmern sich angeblich um alles. Doch anstatt im Briefkasten landet die Post im Mülleimer und die bezahlten Marken in der Tasche der Mitarbeiter. Also werde ich die Briefmarken selbst draufkleben und dann die Karten auch eigenhändig einschmeißen.

Als ich endlich an der Reihe bin, kaufe ich die Marken und bezahle. Der Beamte reißt jede der sechzig Marken einzeln ab, was endlos lange dauert. Im Akkord arbeitet er garantiert nicht. Natürlich ist Khomeini auf den Briefmarken abgebildet, das war nicht anders zu erwarten. Nachdem alle Postkarten mit Marken beklebt sind und meine Zunge ausgetrocknet ist, stehe ich noch einmal an, um die Dinger endlich loszuwerden. Der Beamte nimmt sie entgegen und schmeißt sie in eine große rote Box, die eindeutig nicht nach Mülleimer aussieht. Das ist gut, der Job wäre erledigt.

Der Rückweg gestaltet sich länger als ich dachte. Ich bin jetzt schon mindestens zwei Stunden weg, die beiden werden sich Sorgen machen. Ich nehme doch den Bus. Dieses Mal spricht mich keiner auf meinen nicht vorhandenen Fahrschein an. Als ich an Rammi vorbeifahre, merke ich, dass ich vor lauter Schauen jetzt auch noch die Haltestelle verpasst habe – also beim nächsten Halt aussteigen und wieder zurücklaufen. Ich werde nicht gerade mit einem roten Teppich empfangen. „Mensch, hast du die Karten selbst nach Hause getragen oder was?" „Jetzt mach mal halblang, gut Ding braucht eben Weile". „Das war keine Weile, sondern eine Ewigkeit, was hast Du denn gemacht, sag mal?" Die Gemüter sind mal wieder erhitzt, und das schon am Morgen. Die stressige Millionenmetropole steckt an. Es wird Zeit, rauszukommen aus diesem immerwährenden Lärmpegel der endlos vielen Motoren und permanenten Hupgeräusche, weg von den vielen

Menschen, die sich auf den Bürgersteigen tummeln, weg von der Smogglocke, die schon morgens über Teheran hängt.

Im Auto wird noch ein bisschen weiterdiskutiert, ob ich noch gemütlich einkaufen war und ob die zwei vielleicht dann das nächste Mal bitte einfach selber gehen können, ich hab schließlich auch *ihre* Karten im Postamt versorgt. Als wir wieder zurück sind bei unserem zweiten Auto, ist die Sache – und dann auch das allmorgendliche Müsli – schnell gegessen. Eigentlich wollen wir jetzt raus aus dieser Stadt. Aber Rammi hat noch die Visitenkarte von diesem seltsamen Octay, dessen Bruder eines unserer Autos kaufen wollte. Sollen wir es versuchen? Einer der BMWs macht uns sowieso zunehmend Sorgen, die vordere Radaufhängung ist total ausgeschlagen und das rechte Rad flattert schon in den Kurven, es hält wohl nicht mehr sehr lange durch. Dazu stimmt etwas mit der Elektronik nicht, vor dem Start muss immer die Anti-Schlupf-Regelung ausgeschaltet werden, damit das Gaspedal funktioniert. Wenn wir noch ein bisschen Geld für die Blechmühle bekommen würden, wären wir eine Sorge los und der Malediven-Idee finanziell ein Stück näher. Es wird zwar etwas eng werden, zu dritt in einem Auto zu übernachten, aber wenn wir gutes Geld bekämen, könnten wir auch in Guesthouses bleiben. Wir sollten also den Deal durchziehen und das Auto gegen Bares eintauschen. So rufen wir diesen Octay an.

Es tutet, er nimmt ab. Daniel und ich beobachten gespannt Rammis Mimik, von der wir immerhin noch mehr erfahren als aus seinem Gespräch in türkischer Sprache. Irgendwie klingt das Ganze spannend. Rammi scheint voll konzentriert zu sein und versucht, Nägel mit Köpfen zu machen, das merkt man. Da höre ich das Wort besh, das übersetzt „fünf" bedeutet. 5.000 Dollar will er zahlen? Das wäre genügend Kleingeld, um wirklich zum Abschluss der gesamten Tour auf die Malediven zu fliegen.

Rammi flucht. Das Geld im Münztelefon ist alle. Wir brauchen eine Münze, schnell! Alle drei durchsuchen hektisch ihre Hosentaschen. Unglaublich, wo man heutzutage überall Taschen an der Hose hat, an den unmöglichsten Stellen. Trotzdem finden wir kein Kleingeld – wir schütteln alle die Köpfe. Also schnell irgendeine Möglichkeit zum Wechseln finden. Wir laufen zum nächsten Laden, es dauert eine Weile, bis der Besitzer versteht, was wir von ihm wollen. Der Verkäufer steckt das Geld ein und wartet, bis wir Ware aussuchen. Nein, wechseln, nicht einkaufen, oh man! Endlich öffnet er wieder die Schublade, in die er schon unseren Schein verstaut hat und greift zum Kleingeld. Zurück zur Telefonzelle, besetzt, Mist, jemand anders telefoniert. Wir warten. „Für 5.000 Dollar machen wir es, aber nur auf legalem Weg", meint Daniel. Da bin ich auch dafür. In diesem Land möchte ich nicht in die Mühlen der Justiz geraten. So kulant wie die Polizei die letzten Tage mit uns war, so groß sind auch die Freiheiten der Polizisten im negativen Sinne. „Lasst uns das also als Grundsatz nehmen. Wenn, dann legal. Falls nicht, dann platzt die Sache und wir fliegen eben nicht auf die Malediven." Kurze Pause. „Oder eben nur für kürzere Zeit." Wir müssen grinsen. Die Malediven-Variante wird langsam immer realer.

Endlich räumt der Typ vor uns die Telefonzelle. Rammi tippt hastig die Nummer ein, die auf dem total zerknitterten Zettel steht. Ein Freizeichen ist zu hören. „Ok, wir treffen uns um 13 Uhr hier an der Telefonzelle. Ich werde kommen, euch abholen und dann machen wir das im Beisein der Behörden. Die 5.000 Dollar werde ich dabei haben", übersetzt uns Rammi die Anweisungen. Na also. Wir sind ja so gespannt. Jetzt muss allerdings das ganze Auto ausgeräumt werden. Außerdem wollen wir noch ein paar Dinge umbauen, um das Fahrzeug, mit dem wir die Reise fortsetzen, ideal auszustatten. Auch das Radio nehmen wir heraus – davon war schließlich keine Rede – das können wir separat verscherbeln. Das Thermostat muss getauscht werden und sogar der Ersatzreifen. „Eineinhalb Stunden Zeit, an die Arbeit, Männer", ruft uns Rammi voller Tatendrang zu.

Während der Umpackaktion kommt unendlich viel Kram hervor: im Kofferraum, unter den Sitzen, auf der Rücksitzbank. Das Armaturenbrett, das Handschuhfach, die Ablagefächer in den Türen und die Mittelkonsole, alles ist vollgestopft. Es besteht nicht die geringste Chance, alles in einem Auto zu transportieren, zumal wir in Zukunft zu dritt fahren werden. Wir müssen also kräftig aussortieren. Wie aus dem Nichts erscheinen mehrere Männer, die an allem Interesse haben zu scheinen, was wir so aussondern, vom leeren Karton bis zur Videokamera, die wir vom einen ins andere Auto legen. Decken, Ersatzteile und große Werkzeuge, Kanister, Jacken, Hosen, Lebensmittel und alle anderen Dinge, die wir nicht mehr transportieren können, sind im Handumdrehen weg. Ein Mann kommt sogar mit einem leeren Schubkarren angelaufen, um möglichst viele Dinge abstauben zu können. Wir freuen uns, dass die Sachen, die wir nicht mehr mitnehmen können, noch Verwendung finden.

Mittlerweile sind es allerdings ziemlich viele Leute, die um unsere Autos herumstehen. Jetzt warten schon zwei Schubkarren darauf, Geschenke entgegenzunehmen. Ein älterer Gast mit langem, grauem Bart, wie man ihn bei Khomeini sieht, deutet ständig auf unsere Schlafsäcke. Nein, tut mir leid, aber die brauchen wir noch. Immer wieder macht er mich darauf aufmerksam, dass er sie gerne haben möchte. Langsam wird die Sache echt stressig. Aber die Umbau- und Umräumaktion kommt voran, das Thermostat ist ausgetauscht, das Radio ausgebaut, alles umgeladen, unser Auto für die weitere Reise präpariert, beladen und startklar. Es ist kurz vor ein Uhr nachmittags. Eines der Autos ist komplett leer und somit verkaufsfertig. Das war echte Teamarbeit.

Wir warten am Telefon. Es ist mittlerweile 13.30 Uhr. Pünktlichkeit ist ja nicht gerade eine Stärke des Händlers. Einige Leute gehen langsam vorbei oder bleiben stehen. Ich mag es nicht, immer im Mittelpunkt eines Kreises zu stehen. Diese Leute wissen natürlich nicht, dass die Autos in Deutschland sehr billig waren, dass ich Student bin, der gerade genug verdient, um sich über Wasser zu halten. Für die Leute sind wir drei weiße Europäer und somit reiche Leute, die mit großen Luxusschlitten mal kurz die Welt anschauen. Wer kann ihnen den Gedanken auch verübeln? Mir ist aber trotzdem nicht wohl dabei.

Eine Stunde später, es ist 14.30 Uhr. „Rammi, ruf noch mal an, was da los ist." Daniel ist unruhig. Rammi kommt vom Telefon zurück: „Er kommt schon, es dauert noch." Jede Minute kommt mir wie eine Stunde vor. Wir unterhalten uns ab und zu mit den Passanten, die uns auf Farsi ansprechen, aber meistens gestalten sich die Gespräche sehr schwierig.

Oft deuten Leute auf unsere Fahrzeuge, zeigen uns ihr zahnloses Lachen und heben den Daumen nach oben. Das ist wohl eine globale Geste. Würde mich interessieren, ob abgeschiedene Völker in Papua Neuguinea oder in Swasiland auch den Daumen nach oben halten und grinsen, wenn ihnen etwas gefällt. Bei den Römern war das ja richtig amtlich: Zeigte der Finger nach oben, dann durfte der Gladiator selbst oder mit Hilfe Anderer die Arena verlassen. Zeigte der Finger jedoch nach unten, so wurde er auf der Holzbahre aus der Arena getragen – denn tot kann man ja nicht mehr so gut laufen. Das dürfte wohl der Ursprung dieser Geste sein. Ach, egal. Über welchen Blödsinn man so nachdenkt, wenn es langweilig ist, unglaublich.

Mittlerweile ist es 15.15 Uhr. Wir wollten um diese Zeit mit der Knete schon lange aus Teheran verschwunden sein und zur Feier des Tages einen riesigen *Celo kabāb-e maxsus*, einen Lamm- oder Hammelspieß, verschlingen. Stattdessen sitzen wir jetzt seit Stunden mitten in der Stadt in oder auf unseren Autos herum und warten auf das Ungewisse. „Jungs, was ist der Plan?" Daniel wird die Sache zu langweilig. Mir auch: „Ich habe auch keinen Bock mehr, hier tagelang rumzuhängen, ich will jetzt raus hier. Das wird heute nichts mehr. Das Einzige, was wir davon haben, ist ein todlangweiliger Nachmittag und eine Staublunge." Rammi ist sich auch nicht mehr sicher, ob Octay kommen wird. Aber warum sollte er uns hinhalten? „Wir warten jetzt bis 15.45 Uhr. Tut sich bis dahin nichts, dann machen wir die Biege." Rammis Ansage klingt vernünftig.

Es ist 15.40 Uhr. Wir können den Deal also vergessen. Da kommt plötzlich ein fremder Typ auf uns zu, mager, etwa zwanzig, maximal zweiundzwanzig Jahre alt. Er begrüßt uns freundlich und stellt sich vor. Er sei ein Freund des Autohändlers. Sein Englisch ist holprig, aber er kann das Wichtigste ausdrücken. Wir sollen hinter seinem Pekan herfahren, er bringe uns zu Octay.

Warum kommt der nicht selbst? Plötzlich hat der Gesandte sein Englisch komplett verlernt, er kann uns nicht antworten. Ich bin etwas verärgert. Daniel ist sogar ziemlich sauer, das war zu erwarten. Wir lassen ihn das auch spüren, dennoch folgen wir ihm. Angeblich ist es nicht weit, das ist gut. Wir biegen auf die Stadtautobahn ab. Der Verkehr ist zwar nicht so dicht wie gestern, als wir in Teheran angekommen sind, doch die Straße ist voll ausgelastet. Man muss sich sehr konzentrieren, um zusammenzubleiben.

Dem Pekan unseres Lotsen zu folgen ist zwar bezüglich der Motorleistung keine große Heldentat – ich denke, jedes unserer Autos hat die vierfache Leistung wie seins – aber er wechselt oft die Spur und fährt geschickt. Plötzlich taucht er direkt neben uns auf, die Scheibe ist offen, er streckt uns sein Handy entgegen. Für uns? Er nickt. Ich lasse ebenfalls die Scheibe herunter und nehme das Ding während der Fahrt aus seinen Händen in Empfang. „Hello? Ramazan?" und ein paar für mich unverständliche Worte klingen aus dem Telefon. Es ist Octay. „Do you speak English?" frage ich. „No, no, turkiye." Na super, weltklasse, Rammi sitzt im anderen Auto, zwei Spuren links und drei Autos vor uns. „Just a moment."

Wir geben Lichthupe, doch es dauert eine Weile bis er es bemerkt. Jetzt fährt er langsamer. Daniel gibt ihm Zeichen, er ist der Fahrer, er sieht ihn besser, ich halte nur das Handy aus dem Fenster. Rammi versteht, er kann aber sein Fenster auf der Fahrerseite nicht öffnen, denn es ist kaputt. Also müssen wir eben zum Fenster an der Beifahrerseite gelangen. Rammi lenkt sein Fahrzeug ganz nahe an das unsere, die Spiegel sind jetzt nur noch wenige Millimeter voneinander entfernt. Daniel wirft das Handy durch das Fenster in das andere Auto, es landet in Rammis Fußraum. Volltreffer.

Er unterhält sich angeregt mit Octay. Um was es dabei nur geht? Die nächste Abfahrt wird genommen, wir kommen auf die langgezogene Hauptstraße eines Vorortes. Hier sieht es komplett anders aus als in der City, die Häuser sind niedriger und kleiner, doch trotzdem hat der Ort Stadtcharakter. Wir bleiben immer auf dieser Straße. Sehr gut, so kommen wir im Notfall auch wieder weg. Plötzlich stehen links von uns auf dem Seitenstreifen direkt an der Hauptstraße mehrere Männer. Nach einem flotten U-Turn fahren wir in die Bucht ein, Octay empfängt uns überschwänglich. Wir schütteln brav allerlei Hände, Rammi bekommt sogar Umarmungen und eine typische Backe-an-Backe-Begrüßung. Bevor wir den Papierkram beginnen oder Verhandlungen über Kleinigkeiten führen, wollen wir erst sehen, wie seriös das Ganze ist und ob er die 5.000 Dollar wirklich hat. Octay, ständig dieses Joker-Face auf seinem Hals, versucht uns erst einmal zu beruhigen. „No problem, no problem", immer wieder die gleiche Leier. „Rammi, sag ihm, wir wollen die Kohle sehen oder wir fahren sofort wieder, auf der Stelle!" Daniel ist total unruhig, ich traue dem Typen

genauso wenig wie er. Rammi unterhält sich angeregt mit ihm. Über was, das wissen wir nicht. „Rammi, verdammt, was ist jetzt mit dem Geld, wir wollen sehen, ob er es ernst meint oder uns nur so lange hinhalten will, bis wir die Mühle genervt für 500 Dollar stehen lassen." Daniels Stimme klingt laut und energisch, das bekommen die anderen natürlich mit. Zwei der Männer wollen den BMW begutachten. Daniel stellt sich davor: „Nein, erst das Geld sehen lassen, los, Rammi, übersetz das genau so, wie ich es sage!" Rammi ist etwas peinlich berührt und redet in freundlichem Ton mit Octay. Dieser bleibt auch auffallend ruhig. „Ok, das Geld scheint nicht da zu sein, lass uns fahren", rufe ich Daniel zu, der sofort mit mir in das Auto einsteigt. Rammi unterhält sich weiter. Er kommt schließlich zu uns: „Der Bruder kann es nicht kaufen. Aber er hat hier einen Polizisten mitgebracht, der möchte das Auto haben. Wir sollen jetzt zur Botschaft fahren, um den Papierkram zu erledigen." „DAS IST DER GRÖSSTE BLÖDSINN, DEN ICH JEMALS GEHÖRT HABE!" Daniel flippt aus. „Wir waren gestern um 15.30 Uhr an der Botschaft, da war geschlossen!" „Warum fahren wir erst meilenweit aus der Stadt, um dann gemeinsam wieder zur Botschaft zu tuckern? Und das um diese Uhrzeit, die Rushhour ist jetzt bald in vollem Gange, da brauchen wir zwei Stunden und sämtliche Nerven." Rammi teilt meine Meinung, er weiß so gut wie ich, dass das wahr ist. Aber irgendwie glaubt er immer noch an den Deal. Die Sache stinkt, irgendwas ist da gewaltig faul. Ich spüre das dringende Bedürfnis, so schnell wie möglich von hier abzuhauen. Daniel geht es haargenau gleich. Der Polizist telefoniert seit einiger Zeit, er versucht laut Octay, die Zollbehörde zu erreichen, um abzuklären, wie der Deal schnell und legal gemacht werden kann. „Der hat doch auch keine Kohle dabei, Mensch, also weg jetzt. Hier ist was faul." Rammi ist schon wieder zu weit weg, um uns zu hören. „RAMMI, KOMM JETZT ENDLICH, LASS UNS ABHAUEN. WAS SOLL DER SCHEISS?" „Jaja, gleich." Octay redet ständig auf Rammi ein. Seine Nerven möchte ich haben, wir schreien ihn an und auch der Typ hängt die ganze Zeit an seinem Ohr, Rammi ist hin- und hergerissen. „RAAAMMMIIIII!"
Daniel schreit seine Wut raus. Jetzt wird auch Rammi lauter: „Jetzt warte doch mal." Nein, nicht warten, zwei wollen weg, einer ist hin- und hergerissen. Ganz klar, demokratische Entscheidung, und zwar Rückzug. Ich haste zu Rammi, der immer noch neben Octay und dem telefonierenden Polizisten steht. Als ich ankomme, legt der Polizist auf und schüttelt den Kopf. Rammi dreht sich zu mir: „Ok, lass uns verschwinden, schnell" Octay läuft uns nach, hält uns am Arm fest. Der wird jetzt richtig impulsiv. Rammi redet endlich mal Klartext und erklärt ihm in energischem Ton, dass er seinen Teil nicht eingehalten hat und wir uns jetzt verdrücken, und zwar sofort. Na endlich. Wir steigen ein und geben Stoff, fahren mit Vollgas auf die Straße.

Plötzlich überholt uns ein relativ neuer, grüner Pick-up, streckt uns während der Fahrt einen Ausweis entgegen und fordert uns auf, sofort anzuhalten. Jetzt überschlagen sich die Ereignisse. Verdutzt treten wir auf die Bremse und kommen zum Stehen. Sofort hält der grüne Wagen vor uns, so dass wir nicht wegfahren können. Auf dem Fahrzeug ist das Wappen des iranischen Zolls abgebildet. Das behauptet zumindest Daniel, als vier Männer aussteigen und auf uns zukommen. Ihr Ton ist sehr barsch und streng. Die Männer sind uniformiert, einer der vier trägt Anzug und Hemd. Er spricht gutes Englisch, ist aber alles andere als freundlich. Ausweis, Führerscheine, Fahrzeugscheine, er will das volle Programm und zwar sofort. Die anderen drei Männer laufen um unsere Autos, einer ist am Fenster und redet mit Rammi. Was geht hier vor sich? Was haben wir getan? Warum kommen die so zielstrebig auf uns zu? Irgendwas ist hier am Laufen und wir haben keine Ahnung, was.

Wir sollen rechts ran fahren, es folgt eine Fahrzeugdurchsuchung. Warum? Keiner von uns weiß es. Mit zitternden Händen und schlotternden Knien steigen wir aus und öffnen den Kofferraum. Wie ein Blitzschlag trifft mich der Gedanke, dass Octay Haschisch in eines unserer Autos gelegt haben könnte. Wenn die Zollfandung das findet, dann Gnade uns Gott. Mir bricht der Schweiß aus, Daniel schaut mich an und flüstert: „Octay, dieser Gauner, ich reiß ihm den Kopf ab!" Als wir den Kofferraum öffnen, stehen drei Männer hinter uns. Der englischsprechende Mann greift zielstrebig unter den Schlafsack, der über den anderen Sachen liegt. Das war's wohl, jetzt ist die Reise vorbei. Ich warte auf den Moment, in dem die Hand wieder aus dem Kofferraum zurückkommt und uns vorwurfsvoll ein kleines Päckchen unter die Nase hält. Mir wird heiß, dann wieder kalt, auch Daniel atmet ganz schwer, ich spüre es, er denkt das Gleiche wie ich. Drogenbesitz ist eines der schlimmsten Delikte, die im Iran schnell und gnadenlos verurteilt werden.


Der Zollfahnder zieht seine Arme aus unserem Kofferraum zurück, wie gebannt schauen wir auf seine Hände. Sie sind leer! „Was zum Teufel geht hier vor, ich verstehe überhaupt nichts mehr." Daniel ist blass, er schaut mich an. „Ich weiß es auch nicht, das hier ist echt abgefahren, das kann alles nicht wahr sein."
Es gibt keine weitere Durchsuchung, keinen Befehl zum Ausräumen der vielen Kisten und Utensilien, die sich im fast schon überladenen Kofferraum befinden. Die Zöllner gehen weiter nach hinten, fordern Rammi auf, seinen Kofferraum ebenfalls zu öffnen. Verdammt, ist *da* etwa was drin? Hat Octay vorher den Kofferraum aufgemacht, als er das Auto begutachtete? Oder doch nicht? Ich weiß es jetzt nicht mehr, das Ganze kommt mir vor wie in einem schlechten Hollywoodstreifen. Alles, was der Zollfahnder nach der Öffnung des Koffer-

raums sieht, ist gähnende Leere. Klar, wir hatten das Auto ausgeräumt. Aber ist irgendwo doch ein Päckchen versteckt, das er jetzt gleich finden wird?

Ein kurzer Blick reicht ihm. Er greift weder in die Seitenablagen noch fordert er uns auf, den Boden zum Ersatzrad zu öffnen. Wir verstehen die Welt nicht mehr. Die drei Uniformierten stehen alle zusammen, der Anzugträger kommt dazu. Einen Augenblick später taucht Octay auf, wir trauen unseren Augen nicht. „Octay, diese Ratte", höre ich Daniel flüstern. Ich lege lieber meinen Arm auf Daniels Schultern und halte ihn fest, bevor er wirklich auf ihn losstürmt. Octay begrüßt die Zollleute mit Handschlag und hält ein nettes Plauderstündchen, es sieht so aus, als kenne er diese Fahnder, besonders den Anzugträger. Was zum Teufel macht bloß der Gauner hier?

Wir stehen nur da und schauen, uns fällt nichts anderes ein. Im Moment sind wir so verdutzt, dass wir nicht einmal miteinander reden. Octay neigt seinen Kopf in unsere Richtung und ruft uns zu: „No problem, no problem." Das kennen wir ja schon. Wir ignorieren ihn.

Die drei Beamten steigen nach einer kurzen Unterhaltung in den Pick-up, der englischsprechende Zollmensch kommt auf uns zu, gibt uns unsere Papiere zurück und schreibt demonstrativ und breitbeinig vor unserem Auto stehend die Nummern auf einen kleinen weißen Notizblock, den er aus seiner Brusttasche gezogen hat. Was soll das denn jetzt wieder?

Nach dieser Aktion rauschen die vier Zöllner in ihrem Pick-up mit einem flotten U-Turn in die gleiche Richtung ab, aus der sie gekommen sind. Octay kommt mit einem Grinsen noch einmal auf Rammi zu. Wir geben jedoch auch sofort Gas, ziehen an ihm mit durchdrehenden Reifen vorbei. Am liebsten würde ich noch anhalten und ihm einen kräftigen Tritt verpassen. Er hat uns die ganze Sache eingebrockt. Zwei Kreuzungen weiter halten wir wieder an. Panikartig beschnüffeln und durchsuchen wir beide Autos nach jeglicher Art von Drogen. Wir räumen den Kofferraum komplett aus, um wirklich sicher zu sein, dass dort nichts versteckt ist, von dem wir nichts wissen. Der Griff des Zöllners war so bestimmt und zielgenau, dass ich meinen Hintern darauf verwettet hätte, dass uns etwas untergeschoben wurde. Jetzt gehen wir auf Nummer sicher. Alles wird abgeschnüffelt. Gott, die Aldi-Salami riecht echt komisch, wenn man mal ganz nahe mit der Nase rangeht. Das Zeug essen wir seit Wochen fast täglich.

Drogen oder andere im Iran verbotene Dinge finden wir zum Glück nicht. Wir werden langsam wieder etwas entspannter. Ich zünde mir eine Beruhigungszigarette an, obwohl ich eigentlich tagsüber Tabakgeruch nicht mag. Doch das tut jetzt verdammt gut. Die letzten zwei Stunden zu verarbeiten dauert wohl noch eine ganze Weile. Was gerade passiert ist, lässt uns beim besten Willen keinen Sinn erkennen. Jeder von uns will sofort raus aus Teheran, nichts kann uns jetzt mehr in dieser Stadt halten.

Während des langen Wartens heute Mittag haben wir schon mal die Route nach Süden auf der Karte ausfindig gemacht, es soll sogar eine Autobahn geben, die bis nach Qom führt. „Haben wir sie nicht sogar überquert, als wir hinter dem Pekan über eine Brücke gefahren sind?" Rammi ist das Wunderkind der Orientierung. Ohne Karte glaubt er zu wissen, dass wir auf jeden Fall im Süden der Metropole Teheran sind – und er hat Recht. Kaum fahren wir los, stehen wir schon auf dem Autobahnzubringer. An der Mautstation berappen wir ungefähr 40 Cent – natürlich für alle zwei Fahrzeuge. Die Straße ist wie erwartet relativ neu und gut ausgebaut. 140 Kilometer bis nach Qom liegen vor uns. Aber Lust zum Rasen hat keiner so richtig. Wir fahren mit ungefähr 130 Stundenkilometern auf der dreispurigen Autobahn, es herrscht reger Verkehr. Plötzlich sehen wir vor uns eine Kelle im Sonnenlicht blitzen. „Sag mal, meint der uns oder was?" „Zum Teufel, ja, der fuchtelt ja wie wild. Halt an!" Rammi zieht vor uns über die mittlere und rechte Spur auf den Seitenstreifen, auch er hat es bemerkt. Was ist jetzt schon wieder? Das muss doch mit der Aktion des Nachmittags zu tun haben, warum zieht uns der Polizist von der linken Spur quer über die Autobahn zum Seitenstreifen?

Wir stehen beide abseits der Straße, es hat eine Weile gedauert, bis unsere Fahrzeuge zum Stehen gekommen sind, der Polizist ist mindestens 200 Meter hinter uns. Er winkt uns zu sich. „Der will, dass wir auf dem Seitenstreifen rückwärts in die Gegenrichtung fahren, während auf der Autobahn die Brummis vorbeidonnern und der Berufsverkehr voll im Gange ist. Der hat doch einen an der Klatsche!" Wir müssen trotz der erneuten Anspannung schon fast lachen. Aber klar, warum nicht. Der Seitenstreifen ist sehr schmal, der Abstand zu den entgegenkommenden Autos ist klein, zu den Lastwagen sogar sehr klein. Unsere Fahrzeuge wippen im Fahrtwind der vorbeidonnernden Trucks.

Endlich und zum Glück heil bei der Einbuchtung angekommen, empfängt uns der Polizist relativ freundlich. Wir wären geblitzt worden. Puh, nur das, wir dachten schon, das hat jetzt wieder mit heute Nachmittag zu tun. „Nur geblitzt worden, das ist alles", jauchzt Daniel erfreut. Wir lachen alle. Unsere positive Reaktion auf die Ansage scheint den Polizisten sehr zu verwirren. Wir seien 150 gefahren, es sind nur 130 erlaubt. Wir müssen zahlen, das erklärt er uns in netter Art und Weise. Wer von uns beiden war es denn? Er kann es nicht genau sagen. Eins von unseren Autos wäre zu schnell gewesen. „It was not me", entgegne ich ihm. Wir diskutieren vor dem Polizisten in Englisch, so dass er etwas verstehen kann. „I was driving exactly 130", kontert Rammi. „I know the speed limit here is 130, *I* did not drive faster. Maybe it was my friend, it was not me for sure!" Ich kann mir das Lachen nicht verkneifen, Rammi setzt schon wieder zum Kontern an und schiebt es gnadenlos auf mich. „I am sorry for my friend, officer", sage ich, "he will promise to drive slowly in the future". Rammis Blick durchdringt mich, er reagiert sofort und dreht den Spieß wieder um.

Der Polizist scheint etwas überfordert mit der Situation. „No matter which person was driving too fast", klärt er uns mit starkem Akzent auf, „next time you will get a ticket, so do not drive over limit". Wir versprechen es ehrfürchtig. Der Strafzettelblock verschwindet nicht nur wieder, wie beim letzten Polizisten, sondern wird überhaupt nicht aus der Tasche gezogen. Junge, haben wir mal wieder Dusel!

Ich klopfe auf Rammis Kopf, denn auf Holz klopfen soll Glück bringen. Die Stimmung ist ausgelassen. Wir erzählen dem Polizisten ein bisschen, wo wir herkommen, wo die Reise hingeht, das Übliche. Daniel interessiert sich sehr für das Radargerät, das ein anderer Polizist bedient. Rein von der Form sieht das Gerät einem Fotoapparat aus den dreißiger Jahren ähnlich: ein großer Kasten auf drei Beinen, wie er bei Charlie-Chaplin-Filmen oft zu sehen ist, bei dem der Fotograf seinen Kopf unter ein Tuch an der Rückseite des Apparates stecken musste und nach dem Blitzlicht mit rußschwarzem Gesicht wieder zum Vorschein kam. Nur die Technik eines solchen Radargerätes scheint nicht aus vergangenen Zeiten zu sein. Daniel drängt darauf, einen Blick durch das Gerät werfen zu dürfen. Er darf. Fasziniert steht er davor und will gar nicht mehr weg. Mit roter Digitalschrift sieht man die Geschwindigkeit des anvisierten Fahrzeugs bis auf eine Stelle hinter dem Komma genau. Das Objektiv scheint gut zu sein, die Einstellautomatik reagiert blitzschnell. Aber wo wird das Bild gedruckt? Nirgends! Falls jemand zu schnell fährt, gibt der Polizist am Blitzgerät seinem Kollegen, der einhundert Meter weiter direkt an der rechten Spur steht, per Funk Bescheid. Dieser winkt dann mit seiner Kelle die Fahrzeuge von der Überholspur auf den Seitenstreifen. Ein Beweisfoto wird nicht gebraucht, die Aussage des Polizisten genügt. Dann muss gezahlt werden. Zum Glück nicht in unserem Fall. Wir machen zusammen mit den Polizisten und dem Blitzgerät ein Foto mit Hilfe des Selbstauslösers unserer Kamera, tauschen Glückwünsche für die Zukunft aus und verabschieden uns herzlich. Im Gegensatz zum Rest des Tages war das jetzt richtig nett.

Zurück auf die Autobahn. Die Sonne geht direkt vor uns unter. Rechts von uns tut sich in der Ferne ein riesiger Bau auf, der noch nicht fertig zu sein scheint. Eine gewaltige goldene Kuppel reflektiert die letzten Strahlen der roten Sonne, die sich gerade am Horizont hinter die Hügel verdrückt. Wir sind ungefähr dreißig Kilometer vom Stadtrand Teherans entfernt. Das muss das Mausoleum Khomeinis sein, das sich von seiner Größe und Pracht wohl mit allen Mausoleen der Welt messen kann. Nur zu gerne würde ich das Bauwerk aus der Nähe betrachten, aber ich bin ein *kofär*, ein Ungläubiger. Nur schiitische Moslems haben Zugang zu diesem Pilgermagneten.

Auch die Landschaft links und rechts der Autobahn zieht unsere Blicke an. Die scheinbar sehr trockenen, rötlich schimmernden Hügel erinnern von der Form her an die Sahara, im Hinblick auf die Farbe eher an den Mars. Durch das rote Licht der untergehenden Sonne, die noch zur Hälfte sichtbar ist, ergibt dies ein vollkommenes Bild, das die heute erlebte Gefühlsmischung von positiver „Es-ist-so-spannend-was-passiert-jetzt-Erwartung" bis zur „Verdammt-jetzt-sitzen-wir-in-der-Tinte-Haltung" auf seltsame Weise beruhigt. Kurz vor Qom kommen wir an einem großen Salzsee vorbei, dem *daryāce-ye Namak*. Hier sammeln sich die letzten Reste der Flüsse und Bäche, die aus dem Alborzgebirge kommen. Das Gewässer schimmert mit seiner weißen, matten Oberfläche wie eine riesige Scheibe Milchglas. Es ist einfach wunderschön hier.

Wir nähern uns der Ausfahrt nach Qom, einer Großstadt mit fast 800.000 Einwohnern, die als das iranische Zentrum des islamischen Fundamentalismus gilt. Die Bekleidungsvorschriften werden hier besonders streng eingehalten. Eine Vielzahl von Studenten widmet sich an diesem Ort der Ergründung der Tiefen des Islams. Darüber hinaus findet man die bekanntesten Koranschulen des Landes, was bedeutet, dass hier auch die höchste Konzentration islamischer Geistlicher anzutreffen ist. Wir wollen das auf jeden Fall sehen.

Bei Qom endet die Autobahn. Rammi setzt den Blinker und hält an. „Was ist los?" Rammi möchte noch ein Stück fahren. „Ich habe keinen Bock mehr auf Großstadt. Und überhaupt sollten wir schauen, dass wir weiter kommen. Das auf fünf Tage befristete Visum können wir zwar sowieso nicht mehr einhalten, wir sollten es aber auch nicht übertreiben." Da hat er wohl Recht. „Bock zum Weiterfahren habe ich auch", legt Daniel noch eins drauf, „Qom schauen wir uns dann bei der nächsten Iranreise an." Wir schauen alle verdutzt, ich glaube, Rammi denkt in diesem Moment das Selbe wie ich.

Wir steigen in die Autos. Bis zur nächsten Großstadt, Kāshān, sind es noch ungefähr einhundert Kilometer auf gut ausgebauten Landstraßen. Die Sonne ist zwar schon ganz verschwunden, aber das Abendrot taucht die gesamte Natur um uns in weiches Licht, so dass die Fahrt in Punkto Entspannungsfaktor jedes Wellness-Wochenende in den Schatten stellt. Unsere paar Musikkassetten kennen wir natürlich schon in- und auswendig. Je nach Stimmung ruft diese Musik ein motivierendes, den Genuss der Situation steigerndes Hochgefühl oder eine Ich-kann-das-Gegröle-nicht-mehr-hören-schmeiß-es-aus-dem-Fenster-Reaktion hervor. Im Moment tragen die Songs, die im Hintergrund dezent aus den Boxen trällern, definitiv zur überaus relaxten und angenehmen Abendstimmung bei. Ich könnte ewig so weiterfahren. Wäre da nicht der Hunger, der sich langsam bemerkbar macht. Im Eifer des Gefechts haben wir seit heute Morgen nichts mehr gegessen, einfach vor Stress keinen Drang nach Nahrung verspürt. Dafür jetzt umso mehr.

Kāshān ist schon in Sicht. Wir halten an einer Tankstelle, an der ganz schön was los ist. Hier wird die gleiche Tankweise praktiziert wie schon im Abolzgebirge: Alle Autos, also im Grunde alle Pekans, stehen in verschiedenen Schlangen vor der Zapfsäule. Ist ein Fahrzeug betankt, wird das Ende des Tankschlauches in den nächsten Tankstutzen gesteckt. Der Hahn wird zwar kurz zugedreht, aber es wird nicht abgewartet, bis das restliche Benzin aus dem Schlauch fließen kann. Das Ergebnis ist ein ständiger Benzinfluss, auch während die Autoschlange vorrückt. Der Zapfsäulenbereich wird somit zu einer gigantischen Benzinpfütze, bei der jedem Greenpeace-Aktivisten die Haare zu Berge stehen würden. Dass Trinkwasser hier wertvoller ist als Benzin, merkt man ganz stark am Umgang mit den beiden Gütern.

Wir versuchen zum ersten Mal, ein Radio zu verkaufen. Alle Tankstellen sind staatlich, es ist nicht leicht, Ware zu verscherbeln – das denken wir zumindest bis jetzt. Wir haben 180 Liter getankt, beide Fahrzeuge waren fast leer, und dazu noch einen Kanister gefüllt. Knapp neun Euro für ein Autoradio, allerdings schon etwas älter, das finden wir fair. Daniel holt das Radio noch mal hervor, das Gerät wird in Blitzgeschwindigkeit begutachtet und der Deal abgeschlossen. Im Handumdrehen winkt uns der Tankwart weiter, wir sollen die Zapfsäule frei machen. Das ging jetzt aber schnell, diese Art von Geschäft sind wir nicht gewohnt. Auf unseren Afrikareisen, die dieser Tour vorausgegangen sind, hat das Handeln mindestens eine halbe Stunde gedauert. Das Gerät wurde dort immer wieder eingesteckt, man musste schon bluffen und so tun, als würde man weiterfahren, damit der Tankwart doch noch mal einen Blick drauf werfen wollte. Wir mussten sämtliche Knöpfe erläutern, beteuern, dass das Gerät einwandfrei und von bester Qualität ist, es dann meistens noch zwei bis dreimal einstecken, bevor das Geschäft schließlich über die Bühne ging. Hier ging es jedoch unglaublich schnell, entweder ja oder nein, hop oder top, jetzt oder nie.

Wir drehen noch eine Runde durch die Innenstadt. Es ist schön hier, die Gebäude sind in traditioneller Bauweise errichtet, immer wieder kommen Moscheen und Mausoleen zum Vorschein. Große Gebäude wechseln sich mit kleineren Häusern ab. Auf den Straßen herrscht immer noch reges Treiben. Ich habe gelesen, dass sich diese 150.000 Einwohner große Stadt am Rande der Salzwüste durch den Bau von Windtürmen, den so genannten *bādgirs*, gegen die Hitze schützt. Diese Türmchen auf den Dächern der Häuser fangen jede kleine Windbewegung auf und transportieren sie durch ein raffiniertes System von Wasserleitungen und Kanälen. Die durch die Verdunstungskälte abgekühlte Luft wird direkt in die verschiedenen Räume geleitet. Dass es aber so viele Türme sind, hätte ich nicht gedacht. Obwohl es fast dunkel ist, sehen wir Hunderte dieser kleinen Türmchen auf den Häusern. Dieses Bild ist angereichert mit den vielen unterschiedlich hohen Minaretten der über 60 Moscheen, die es in Kāshān gibt. Die Häuser in den Vororten sind ausschließlich einstöckig, wohingegen in der Innenstadt mehrere große Villen und Paläste stehen. Es soll ein sehr traditionelles Städtchen sein, das besonders für seine Perserteppiche berühmt ist. Für jedes Exemplar fertigt ein Teppichmusterzeichner einen Plan auf Millimeterpapier, der jeden einzelnen Knoten in der jeweiligen Farbe aufzeigt. So dauert das Anfertigen eines Teppichs oft mehrere Monate. Was diese Leute wohl von der Qualität meines zwanzig Euro teuren Bettvorlegers von Ikea halten würden?

Trotz der belebten Kulisse macht sich bei uns langsam Müdigkeit breit. Wir lenken unsere Autos nun durch die ruhigeren Gassen der Vorstadt. An einem Parkstreifen halten wir erschöpft an. Der Kocher wird dennoch ausgepackt, wir alle haben jetzt riesigen Hunger. Zwei Reisgerichte stehen auf dem Speiseplan. Brot ist noch von gestern da.

In Windeseile stehen mindestens zwanzig Leute um uns. Keiner stellt Fragen. Keiner will reden. Alle schauen uns lediglich über die Schulter, was wir denn da so machen. Daniel bietet den vollen Topf einem Mann an, der besonders nahe bei uns steht. Er verneint mit einem zahnlosen Lächeln und ist über das plötzliche Angebot anscheinend so erschrocken, dass er gleich zwei Schritte zurückgeht. Das war sein Glück – das Essen schmeckt wirklich schrecklich! Wir haben anscheinend zwei verschiedene Geschmackssorten des Reisgerichts zusammengemischt und essen nun die Meeresfrüchtevariante zusammen mit der indischen Süßsauer-Ausgabe. Aber es macht satt.

Die Menge löst sich langsam auf. Ich glaube, sie haben eingesehen, dass es bei uns nicht viel zu entdecken gibt. Als wir schon in den Schlafsäcken liegen, beginnt die gleiche Diskussion wie in den vorherigen Tagen – es dreht sich ums Abspülen. Rammi meint, ich müsste mich um die Kochsachen kümmern. Ich denke, dass Daniel an der Reihe ist. Daniel wiederum ist sich sicher, dass es Rammis Aufgabe sei, die Sachen zu waschen. Keiner hat mehr Bock auf irgendwas, so bleiben die Kochutensilien schließlich auf dem Kofferraum stehen.

# Tag 15
## 19. Februar

Der Morgen fängt super an. Obwohl wir noch frieren, strahlt die Sonne schon um acht Uhr morgens. Das Geschirr steht noch komplett auf dem Kofferraum und auf dem Boden verteilt, na also. Heute sollten wir einige Kilometer hinter uns bringen, unser Transitvisum ist schließlich gestern abgelaufen und wir sind somit seit heute illegal im Land. Darüber hinaus haben wir keine Ahnung, was an der Grenze passiert, ich weiß nur, dass sie uns für die überzogene Aufenthaltsdauer sicher nicht unbedingt gratulieren werden. Aber abwarten und Tee trinken, erst mal den Tag genießen. Kaum aus den Schlafsäcken gestiegen, sitzen wir schon hinter dem Lenkrad. Die Straße ist breit und gut ausgebaut, auf den langen, geraden Abschnitten kann man locker mit 160 Stundenkilometern dahinrauschen, was seltsamerweise gerade morgens unheimlich viel Spaß macht. Vielleicht gewöhnt sich der Körper oder der Geist an das ständige Unterwegssein und hat dann morgens schon Entzugserscheinungen, wer weiß.

Die Landschaft ist karg, nicht weit nordwestlich von uns liegt die *Dasht-e Kavir*, eine der großen iranischen Wüsten. Die nächste Großstadt ist Yazd, mehr als 400 Kilometer von Kâshân entfernt: Diese Strecke stellt die erste Etappe des heutigen Tages dar. Nach zwei Stunden Fahrt wird es Zeit für unser Frühstück. Wir verlassen die große Straße, um in einem kleinen Dorf frisches Brot zu kaufen, worauf ich mich schon den ganzen Morgen freue. Als wir jedoch durch die nächstgelegene kleine Ortschaft schleichen, sehen wir keinen einzigen Menschen. Der Ort erscheint uns wie ein Geisterdorf, in dem alle Häuser verlassen sind. Die Fenster mancher Häuser sind jedoch beschlagen, dazu kann man hin und wieder Ziegen hören – Leben muss hier also irgendwo sein. Einen kleinen Laden allerdings entdecken wir nicht. Genauso wenig wie eine Person, die wir danach fragen könnten. Das ist etwas seltsam, wir beschließen, wieder umzudrehen. Ich glaube, hier sind wir nicht richtig. Es geht ein eisiger Wind. Im Schutz einer alten Mauer, die am Dorfrand steht – ich schätze, das sind die Überreste eines alten Stalls – füllen wir unseren Topf mit Müsli und kühler Milch aus dem Kofferraum. Jeder ist froh, als wir wieder einpacken, denn das Geisterdorf ist uns wirklich unheimlich.

Gestärkt geht es zurück auf die Hauptstraße. Da die Landschaft nicht viel hergibt, machen wir jetzt alle zwei Stunden Fahrerwechsel, damit es demjenigen, der alleine fährt, nicht allzu langweilig wird.

Wenn sich Ortschaften häufen, sieht man unzählige Kolonnen von Pekans und in jedem Auto sitzen drei, vier Männer. Gibt es heute irgendwo irgendetwas umsonst? Teilweise ziehen wir an einer Schlange von 15 Pekans vorbei, die vielleicht mit siebzig Stundenkilometer unterwegs sind. Ab und zu sind wir auch ganz alleine auf weiter Flur, die Straßen sind so gut, dass wir teilweise locker 180 Sachen schnell sind, ohne es zu merken. In solchen Momenten werden die verschiedenen Eindrücke miteinander vermischt. Einerseits ist es immer dasselbe – man hört den Motor gleichmäßig dröhnen wie immer, es ertönt die gleiche Musik im Hintergrund, man sitzt steif und regungslos hinter dem Steuer, der Ellenbogen liegt wie jeden Tag auf seinem Stammplatz, der Armlehne. Der Blinker zum Überholen wird gesetzt, klick klack klick klack, in vertrauten Abständen hört man das Geräusch, bis der Schalter wieder einrastet und Stille einkehrt, jetzt hört man wieder nur das leise Dröhnen des Motors – zumindest bis zum nächsten Überholmanöver. Doch andererseits bieten die Landschaft und die Leute jeden Tag eine Abwechslung. Manchmal ist man am Vormittag in einer komplett anderen Umgebung als nachmittags. Das ist es, was ich an dieser Art zu reisen so liebe. Und da wäre noch der Gedanke, dem Ziel wieder ein Stück näher gekommen zu sein, der motiviert und immer wieder für einen Stoß guter Laune sorgt, der antreibt und mich die ganze momentane Situation intensiver erleben lässt – sogar die Fahrt durch endlose Wüsten.

Mitten in der Pampa stehen hin und wieder Verkehrsschilder, die eine Maximalgeschwindigkeit von achtzig, manchmal sogar sechzig Kilometern pro Stunde vorschreiben. Als ich dem anderen Auto hinterher fahre und Rammi und Daniel mit 170 an einem Sechzig-Schild vorbeifahren, bremse ich kurz ab und versuche, die Geschwindigkeit auf 130 etwas zu drosseln. Doch die beiden unterhalten sich wohl angeregt, schon nach kurzer Zeit sind sie außer Sichtweite. Dabei bleibt es auch für eine ganze Weile.

Nach einiger Zeit stehen sie rauchend am Straßenrand und warten. „Sag mal, wo warst Du, alles okay? Du warst auf einmal nicht mehr da!" Ich weiß nicht, ob Daniel mehr besorgt um mich oder um den Wagen war. „Jaja, alles bestens, ich hab bloß vorher die Geschwindigkeits-Begrenzungsschilder gesehen, ich weiß nicht, ob 180 für die Strecke angemessen ist." „Naja, schneller kann man hier fast nicht fahren. Ab und zu sind schon Löcher drin", entgegnet Rammi ganz ernst. Ich halt das ja im Kopf nicht aus, der meint das wirklich so. „Bist Du total balla balla? Ich meinte auch nicht, dass wir schneller fahren sollten, sondern vielleicht sogar ein bisschen langsamer. Die Schilder geben eine Höchstgeschwindigkeit von sechzig Sachen vor. Da wäre doch 140 ein Kompromiss, oder?" „Ach so, die Schilder, ja, wir haben auch gerade darüber gesprochen", meint Rammi lässig weiter. „Wir haben keine Ahnung, was das soll. Vielleicht haben sie einfach nicht gewusst, wohin mit den Dingern. Die Straße ist doch meistens in bestem Zustand", scherzt er. Der Typ hat Nerven, warum ist er eigentlich nicht geflogen, da wäre er *noch* schneller da. „Läuft doch gut, nicht?"

unterbricht Daniel, der genüsslich an seiner Zigarette zieht, unsere Diskussion. Grinsend zwinkert er mir mit einem Auge zu. Man sieht ihm förmlich an, dass der Vormittag für ihn sehr unterhaltsam und entspannt gewesen ist. Mir ist während der letzten zwei Stunden extrem langweilig geworden. „Jungs, lasst uns die Karre bald verscherbeln. Die Vorderachse scheppert wie wild, es steckt immer noch ein seltsamer Dübel aus Istanbul im Reifen und es wird langsam verdammt langweilig, alleine durch die Wüste zu fegen." Ich musste das mal loswerden. „In Pakistan versuchen wir es. Ich bin sowieso wieder dran. Ich fahr alleine weiter", entgegnet Daniel und steigt in den Wagen. Ich hüpfe bei Rammi auf den Beifahrersitz. Eine gute Gelegenheit, um mit ihm über seinen Bleifuß-Fahrstil zu diskutieren.

50 Kilometer später erreichen wir Yazd. Als wir aussteigen, um Getränke zu kaufen, trifft uns der Schlag – der Hitzschlag. Plötzlich ist es richtig warm, wir ziehen sofort unsere Pullover aus, die Sonne scheint angenehm auf die Haut – genau so haben wir uns das schon in Deutschland vorgestellt. Wir trinken einen Kaffee an einem kleinen Kiosk. Man kann es jetzt nicht mehr verleugnen, wir sind nun in unmittelbarer Nähe der Wüste Lut. Im Norden befindet sich die Salzwüste, im Süden die Sandwüste. Die durchschnittliche Niederschlagsmenge wird hier auf einhundert Millimeter beziffert, das entspricht einem Zwanzigstel der Niederschläge am Kaspischen Meer. Das würde zum Überleben nicht ausreichen. Durch unterirdische Kanäle wird die Stadt mit Wasser versorgt, das von den Bergmassiven, die mehr oder weniger in der Umgebung liegen, geliefert wird. Es weht kaum Wind, unterschiedlicher hätten die Witterungs-verhältnisse von heute Morgen und jetzt kaum sein können. In dem verlassenen Dorf, in dem wir heute gefrühstückt haben, lagen an schattigen Stellen noch kleine Häufchen Schnee. Jetzt kramen wir die Sonnenmilch hervor und verschenken unsere Jacken, in die wir uns vor ein paar Stunden noch gehüllt haben.

Yazd hat mehr als 320.000 Einwohner. Wir überlegen uns, in die Innenstadt zu fahren. Bei solch einer Größe ist das Verfransen in kleinen Gassen schon fast vorprogrammiert. Es gibt die *masjed-e Jāme' Kabir* zu betrachten, was übersetzt so viel wie „große Versammlungs- bzw. Freitagsmoschee" bedeutet. Diese Moschee soll die höchsten Minarette im ganzen Iran haben und schon im 14. Jahrhundert gebaut worden sein. Irgendwie sehen sich aber alle Moscheen relativ ähnlich, zumindest für unseren laienhaften Blick. Ein *Ãteshkade,* ein zoroastrischer Feuertempel, gehört auch zu den Sehenswürdigkeiten dieser Stadt. Dort soll ein heiliges Feuer brennen, das seit 1.529 Jahren nicht ausgegangen ist.

Doch im Moment sitzen wir immer noch vor dem Kiosk am Stadtrand. „Wenn wir in die Stadt fahren, dann müssen wir aber gleich los. Habt ihr Bock?"

„Wenn, dann um auf den Bāzār zu gehen um ein bisschen frisches Obst und Gemüse zu kaufen. Die Moschee muss ich jetzt nicht unbedingt sehen. Das wäre ja wahrscheinlich Nummer 354 auf unserer Reise", antwortet Daniel. Rammi ist auch nicht gerade motiviert: „Das Feuer sieht sicher auch nicht anders aus als jedes andere. Und wenn es schon seit 1.500 Jahren brennt, dann brennt es sicher noch eine Weile. Vielleicht beim nächsten Mal." Na gut, ich muss auch nicht unbedingt in die City, die Sache wäre abgehakt.

Allerdings sollten wir bald tanken, Rammi kommt mit seinem Auto keine fünfzig Kilometer mehr. Wir trinken unsere Tassen aus und wollen bezahlen. „Rammi, du musst an der Tanke bezahlen, meine Kröten reichen gerade mal für die drei Tassen Kaffee plus Trinkgeld." Rammi schaut mich verdutzt an: „Geld? Du hast doch die ganze Knete. Ich hab leere Hosentaschen!" Stimmt. In der Türkei hatte Rammi die Kasse in seiner Hosentasche mitgeführt, hier habe ich das Geld bei mir. Die 100 Euro, die wir am ersten Tag auf dem Schwarzmarkt eingetauscht haben, gehen also jetzt dem Ende zu. Wir müssen wieder wechseln. Aber wo? Wir fragen nach. Die Banken machen um drei Uhr nachmittags zu. Ich schaue auf die Uhr: 15:13 Uhr. Über den Schwarzmarkt will der Kellner uns keine Auskunft geben. Was tun? Wir brauchen Sprit, haben aber kein Geld. „Wir könnten ein Autoradio an der Tankstelle verklopfen", sagt Daniel und verbessert sich, „nein, wir *müssen* sogar ein Radio verkaufen." Da hat er Recht.

An der Tankstelle ist ausgesprochen wenig los. Normalerweise stehen immer Fahrzeugschlangen vor den Zapfsäulen, im Moment sind nur drei Autos und ein Traktor dort, was gut ist für uns, denn im Beisein von vielen Leuten sind die Angestellten weniger verhandlungswillig. Als wir mit einem Auto neben die erste Zapfsäule rollen, greift der Tankwart sofort nach dem Tankdeckel. Ich steige aus und stoppe ihn. Wir zeigen ihm das Radio, das er sofort in die Hand nimmt. Es ist ein sehr altes Ford-Autoradio ohne Kassettenteil, wir wollen maximal eine Tankfüllung für Rammis Auto. Kritisch dreht und wendet er das Radio, betrachtet es von allen Seiten. „Good?" fragt er uns. „Very good!" antworten wir fast im Chor. Das Radio funktioniert. Beim Ausbau aus dem Auto meiner Schwester – vor ungefähr 12 Jahren – tat es das auf jeden Fall noch. Seitdem lag es im Schrank. Der Tankwart nickt. Es ist schön zu hören, wie die elektrische Zapfsäule dröhnt, um uns knapp 70 Liter in den Tank zu pumpen, ohne dafür Geld zahlen zu müssen. Besonders dann, wenn man keines hat.

Als der Wagen voll ist, winkt er den anderen Wagen her. Ich lasse ihn an und fahre vor die Säule. Ohne mit der Wimper zu zucken, steckt er den Tankstutzen in die Öffnung, wieder rattert die Zapfsäule laut vor sich hin, wir sind alle drei verdutzt. „Was macht er? Hat er nicht verstanden, dass wir kein Geld haben?" Keiner von uns kann auf Daniels Frage antworten, keiner versteht, was jetzt passiert. Der Griff springt zurück, der Tank ist randvoll. Die Hand zum Gruße hebend, macht uns der Tankwart klar, dass wir jetzt weiterfahren sollen. Ich lächle Daniel nur an, bevor wir beide in die Autos steigen und losfahren. Kurz nach der Tankstelle muss ich aber noch mal anhalten. Daniel fährt neben mich, lässt die Scheibe runter: „Der hat es wahrscheinlich nicht gecheckt, der hat gedacht, das Radio ist für beide Tanks!" „Gut, dass wir *nicht* farsi sprechen, ich wäre nie auf die Idee gekommen, zwei Tankfüllungen für das alte Radio zu fordern." Obwohl der Wert der getankten Menge Benzin hier im Iran bei ungefähr acht Euro liegt, freuen wir uns sehr über das Geschäft. Im Iran mögen knapp 140 Liter Benzin tatsächlich nur acht Euro kosten, aber diese Menge an Sprit hat für uns einfach einen höheren Wert. Sich als Deutscher an die niedrigen Benzinpreise zu gewöhnen, dauert wohl eine Weile.

Es sind noch 350 Kilometer bis Kherman, der nächsten großen Stadt, unserem Tagesziel. Heute wollen wir unbedingt in Betten übernachten, aber noch wichtiger: duschen. Nicht nur die T-Shirts haben einen nicht zu übersehenden Speckrand, auch unseren Hälsen kann man ansehen, dass wir nicht täglich eine Grundreinigung vornehmen. Die letzte Dusche ist schließlich mehr als 5.000 Kilometer her, sprich acht volle Tage. Duschen ist immer nur kombiniert mit einer Übernachtung möglich. Übernachten können wir aber nur in Pensionen, bei denen wir die Wagen direkt vor unserem Zimmer parken können. Hans hat uns darauf hingewiesen, dass es in Kherman für zwei US-Dollar pro Mann ein Zimmer geben soll, bei dem man im Innenhof die Autos direkt davor parken kann. Eine heiße Dusche ist inklusive. Das ist doch ein Ziel. Die 350 Kilometer fliegen wortwörtlich an uns vorbei. Die Straße ist breit und meistens gut ausgebaut. Als wir in Kherman ankommen, ist die Tankuhrnadel schon mächtig nach links gewandert. Aber wen interessiert es? Das ist das Schöne im Iran.
Durch die Adressangabe im Reiseführer finden wir die Herberge auf Anhieb. Eine Frau, die tief in ihren Tschador eingehüllt ist, sitzt an einem Tisch am Eingang, der als Rezeption dient. Leider spricht diese Dame kein Wort Englisch, so können wir auch nicht erklären, dass wir erst morgen bezahlen können, da wir noch wechseln müssen. Wir probieren es in allen Sprachen, die wir zusammenbringen. Leider ohne Ergebnis. Ein älterer Herr kommt von hinten auf uns zu, er spricht ein wenig Englisch. Wir erklären ihm die Situation. Leider können wir morgen auch nicht wechseln: Es ist Freitag, an diesem Tag haben alle Banken und großen Geschäfte geschlossen. Klasse. Was tun? Der freundliche Herr steht immer noch vor uns und bietet uns an, bei einem Freund von einem Bekannten seines Schwagers zu wechseln. Na, wenn das nur gut geht. Er habe ein Elektrogeschäft mit einer integrierten Wechselstube, was also den örtlichen Schwarzmarkt darstellt. Das wäre natürlich gut für den Wechselkurs, der dort mehr als doppelt so hoch ist wie bei der staatlichen Bank. Doch man

weiß nie, mit wem man es zu tun hat, das ist der Nachteil. Aber was bleibt uns übrig?

Wir erklären dem Herrn, dass wir das Angebot gerne annehmen. Er soll bei uns einsteigen. Doch er verneint, er möchte lieber selbst fahren, wir sollen bei ihm einsteigen. Normalerweise fahren die Leute hier sehr gerne in unseren Autos. Warum nicht er? Rammi bleibt bei unseren Fahrzeugen vor der Unterkunft, Daniel und ich steigen bei ihm ein. Nach einem Zeitlupen-U-Turn geht es durch die Hauptstraßen der beleuchteten Stadt. Ich versuche mir den Weg zu merken, für alle Fälle. Jetzt müsste man mal wieder McGyver sein, der sich durch geschickte Verbindungen markanter Punkte in einem komplexen Gedanken-konstrukt den Weg spielend leicht einprägen kann – nach so vielen Kreuzungen bin ich allerdings mit meinem Konzept schnell am Ende. Wie war das, zwei Kreuzungen links, dann bei der Ampel rechts, die nächste wieder links, nein, das war ja die zweite. An der blauen Moschee, oder was immer das war, sind wir ja geradeaus vorbeigefahren, dann links in die Straße, die auf den Kreisverkehr zugeht. Waren es nicht zwei Kreisverkehre? Ich weiß es nicht mehr und Daniel hat sich den Weg auch nicht gemerkt.

Während der Fahrt erzählt uns der freundliche Mann einiges über die Stadt. Er redet mit solch starkem Akzent, dass ich die einfachsten Wörter kaum zu verstehen vermag. Wir nicken immer freundlich, das scheint ihm zu reichen. Im Auto dröhnt es unglaublich laut. Anscheinend ist der Auspuff kaputt. Dazu fährt dieser Herr so untertourig, dass wir kaum von der Stelle kommen. Daniel hat das anscheinend auch schnell bemerkt. Als der Fahrer bei einer Geschwindigkeit von 40 Stundenkilometer in den vierten Gang schaltet, gibt Daniel mir einen kleinen Stoß mit dem Ellenbogen. Wir müssen beide grinsen. Nein, Bedenken haben wir so gut wie keine mehr. Dieses Auto könnte die Polizei sogar mit dem Fahrrad oder einem Kamel verfolgen.

Nach ungefähr fünfzehn Minuten erreichen wir unser Ziel, er parkt direkt vor einem Laden, der geschlossen zu sein scheint. Im Schaufenster sind Elektro-geräte zu sehen, der Wasserkocher von AEG sticht mir sofort ins Auge. Es stehen mehrere deutsche Produkte auf den gnadenlos durchgebogenen Brettern hinter der Scheibe. Der Mann klopft. Wir stehen hinter ihm. Es dauert eine Weile, bis wir Schritte hören. Zwei Männer, natürlich beide mit dicken Schnauzbärten, begrüßen unseren Freund überschwänglich und küssen ihn drei Mal auf die Wange. Auch wir werden hereingebeten, doch zum Glück be-schränkt sich das Hallo auf einen Händedruck. Der Laden ist voll mit allem möglichen Elektrokram. Wir gehen durch eine Hintertür.

In einem kleinen Raum befinden sich nur drei Stühle und ein Schreibtisch. Aber der hat es in sich: In der obersten Schublade liegen jede Menge Geldscheine, die meisten Bündel in einheimischer Währung. Außerdem

Obstfrau am Stadtrand von Sofia, Bulgarien

Bosporus-Brücke, Istanbul

Schneepiste
200 km nördlich von Pamukkale, Türkei

Blick auf Antalya, Türkei

Abendstimmung in Ost-Anatolien, Türkei

Klassiker im Iran: der Pekan

Eisenbahnfähre nach Van, Türkei

Öltransporter, Iran

Autobahn zur Hauptverkehrszeit, westlicher Iran

Neue Freunde am Kaspischen Meer, Iran

Abendlicher Blick auf Zanjän, Iran

Freiheitsturm
Teheran, Iran

Hauptverkehrsstraße in Teheran, Iran

Freundliche Verkehrskontrolle bei Qom, Iran

Eindrücke von knapp 3.000 km Landstraße durch den Iran

Deutschland

Augsburg

Wien

Österreich

Slowenien

Lublijana

Zagreb

Kroatien

Belgrad

Serbien-
Montenegro

Sofia

Bulgarien

Istanbul

Schwarzes Meer

Türkei

Vansee

Dyabakirs

Orumiyeh

Qa

Antalya

Mittelmeer

Rotes Meer

Auto

Eisenbahn

Flugzeug

N

0      220     440 km

1:22.000.000

© P. Weiß • 2005 • Alle Rechte vorbehalten.

# Reiseroute

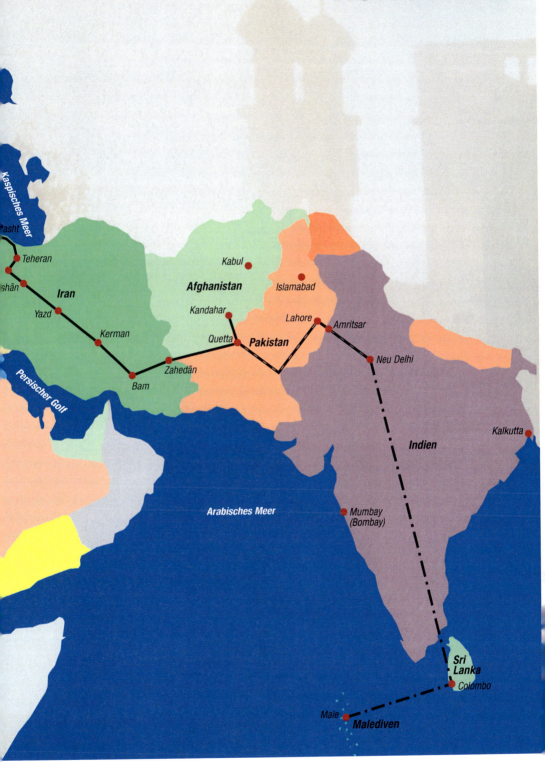

Gegenverkehr auf dem Weg nach Quetta, Pakistan

Gütertransport
Pakistan

Unterbodenwäsche
Landstraße nach Afghanistan, Pakistan

Tanken auf dem
Schwarzmarkt, Pakistan

Zerschossene Brücke vor Kandahar, Afghanistan

Kandahar, Afghanistan

Neuer Spielplatz in Kandahar: ehemaliges Gerichtsgebäude der Taliban

Getränkehändler in Kandahar, Afghanistan

Einsatzfähiger Obsttransporter

Bäckerei, Kandahar

Fußgängerzone
Neu-Delhi, Indien

Letzte Station: Rannalhi, Malediven

liegen dort mehrere Päckchen Dollarnoten. Anderes Geld ist auch dabei. Der Mann, der uns hergebracht hat, übersetzt die Fragen der beiden Elektrohändler. Wir sind in einer illegalen Tauschstube und so zum zweiten Mal durch Zufall an den Schwarzmarkt gelangt. Wenn wir jetzt noch heil rauskommen, dann haben wir mal wieder großes Glück gehabt. Es gilt der gleiche Kurs wie in Orumiyeh, wo wir das erste Mal gewechselt haben. Vierzig Euro sollen gewechselt werden. Dass wir jedoch nur Fünfziger dabei haben, ist kein Problem: Aus einem Euro-Bündel zieht einer der Händler einen Zehn-Euro-Schein und gibt ihn mir. Mehr Service kann man bei der besten Bank nicht erwarten. Als einer der beiden schließlich mit einem silbernen Tablett mit Teegläsern anrückt, müssen wir leider abbrechen, da Rammi schon eine ganze Weile alleine wartet. Wir sollten uns jetzt wirklich sputen.

Wir verabschieden uns, jetzt gibt es auch für uns noch Bussi rechts, links und wieder rechts. „Das war echt eine nette Begegnung", meint Daniel auf der Rückfahrt, während er noch einmal die Geldscheine zählt, „und das nicht nur wegen der Kohle. Auch die Leute waren echt ok." Der Meinung bin ich auch.

„Und, hat alles geklappt, habt ihr die Knete?" Rammi empfängt uns relaxed, ich glaube, er hat im Auto schon ein bisschen gepennt, während wir unterwegs waren. Triumphierend reibe ich ihm das Bündel Geldscheine unter die Nase. Er und Daniel buchen unsere Zimmer an der Rezeption. Wir bezahlen im Voraus. Jedes Zimmer kostet umgerechnet knapp drei Euro, warme Dusche inklusive. Der freundliche Herr, der uns durch die Stadt kutschiert und uns den guten Kurs besorgt hat, ist schon wieder zurück in seinem Porzellanladen nebenan. Mir fällt ein, dass ich ihm ja noch ein paar Scheine für seine Hilfe geben wollte. Als ich hinüber gehe und zum Dank ein paar Scheine auf den Tresen lege, legt er los: Er nehme das auf keinen Fall an, er hätte es sehr gerne gemacht, es würde ihn beleidigen, wenn ich ihn dafür bezahle. Ich habe schnell verstanden, die Aussage war klar und deutlich.

Mir bleibt nichts anderes übrig als mich noch mal höflich zu bedanken und wieder zu verschwinden. Als ich zur Tür gehe, setzt er jedoch noch einen drauf: Er wickelt mir eine handgefertigte und selbst bemalte Porzellantasse in ein Tuch. Das ist jetzt aber zu viel, das kann ich nicht annehmen. Als ich mein Geldbündel aus der Hosentasche zucke, schüttelt der Mann wieder heftig seinen Kopf hin und her, macht mit seinen riesigen Händen abweisende Bewegungen und umgreift mit einer Hand fest mein Handgelenk: „This is my present for you, I don´t want you to give me money. Please." Mir bleibt nur, mich zum achtzehnten Mal zu bedanken. Was können wir ihm Gutes tun?

Unser Zimmer in der Pension ist in Ordnung. Die Autos wurden durch ein schmales Tor in den Innenhof gelotst, sie stehen direkt vor unserer Tür. Das ist die Bedingung, damit wir überhaupt außerhalb der Autos schlafen. Für die zehn

Zimmer, die diese Pension hat, gibt es eine einzige Dusche. Zum Glück ist heute außer uns wohl keiner da. Daniel sitzt schon vor dem Bunsenbrenner und rührt im Reisgericht. Sollen wir vielleicht einen Teller Aldi-Fertigreisgericht in das Porzellangeschäft bringen? Das wäre doch eine Idee – doch leider haben wir keinen Teller, um ihm etwas abzugeben, nicht einmal eine Schale oder Ähnliches. „Wie wär´s mit einer Stange Vitamintabletten? Das Wasser hier schmeckt sowieso scheiße, da ist doch so etwas herzlich willkommen." Rammi hat Recht. „Und da ist auch garantiert kein Schweinefleisch drin", grinst Daniel. Leider ist der Mann nicht mehr in seinem Geschäft. Ich schreibe ihm einen Zettel dazu und gebe es der Frau an der Rezeption, die es ihm dann morgen weiterreichen soll.

Daniel ist schon unter der Brause, als ich in das Zimmer zurückkomme. Er lässt sich ganz schön lange Zeit. Rammi und ich machen das wenige Geschirr mal wieder richtig sauber und räumen den Karton mit Essensvorräten neu ein. Mittlerweile ist die Kiste ziemlich aufgeweicht, irgendwas scheint ausgelaufen zu sein. Beim Ausräumen stellen wir verwundert fest, dass das Essen auf keinen Fall zu viel sein wird. Als wir bei der Abreise in den Kofferraum geschaut haben, waren wir uns sicher, dass es für uns und eine ganze Fußballmannschaft reichen würde. Jetzt sind wir froh, dass die Fußballmannschaft nicht dabei ist.

Endlich kommt Daniel wieder zurück. Sein Pfeifen hört man schon um die Ecke. Um zur Dusche zu kommen, muss man quer über den Hof laufen. Das Nachziehen seiner Billig-Kunststoffsandalen macht Daniel unverkennbar. Rammi wühlt noch im Kofferraum, also bin ich jetzt an der Reihe. Endlich duschen, ich habe mich schon den ganzen Tag darauf gefreut. Und das mit warmem Wasser. Das letzte Mal ist jetzt acht Tage her, das war in Istanbul. Und da waren die Duschköpfe auf Brusthöhe angebracht, die Duschen wären sogar für Frodo aus „Herr der Ringe" zu niedrig gewesen.

Es ist zwar ein bisschen kompliziert, da keine Nägel oder Haken an der Wand angebracht sind und man seine frischen Klamotten nicht unbedingt auf den Boden legen möchte, der bestimmt länger als wir keine Generalreinigung verpasst bekommen hat. Einen Spiegel zum Rasieren gibt es nicht, ich hole mir den Rückspiegel aus dem Auto. So lang wie jetzt war mein Bart noch nie im Leben. Besonders Rammi mit seinen schwarzen Barthaaren ist kaum mehr von den Einheimischen zu unterscheiden. Ich überlege mir, ob ich mir einen Schnauzbart stehen lassen sollte, um den Leuten hier etwas ähnlicher zu sehen. Als nur noch Barthaare über der Oberlippe stehen und ich in den Spiegel schaue, schüttelt es mich förmlich. Einen Oberlippenbart tragen bei uns heutzutage doch nur noch Fußballtrainer oder gediegene Versicherungsvertreter. Es sieht richtig peinlich aus, ich rasiere ihn sofort ab.

Als ich zum Zimmer zurückschlendere, fühle ich mich unglaublich frisch. Die lange warme Dusche war eine Wohltat. Daniel liegt mit frisch gewaschenen Haaren und nach Palmolive-Duschbad duftend auf seinem Bett und raucht genüsslich eine Zigarette. Alle diese Dinge tue ich jetzt auch. Entspannung pur. Rammi packt seine Sachen und schlendert zur Dusche. „Hasta la vista", ruft er vergnügt und biegt bestens gelaunt um die Ecke.

Daniel und ich rechnen die heute zurückgelegte Strecke zusammen: Es sind mehr als 780 Kilometer. Nicht schlecht. Wenn alles gut geht, überqueren wir morgen die Grenze nach Pakistan. Wie das wohl werden wird? Was werden die Zöllner zu unseren überzogenen Visa sagen? Merken sie es überhaupt? Plötzlich steht Rammi schneller als erwartet wieder im Raum. Er ist sichtlich verärgert: „Ich bin stinksauer, ihr Penner! Ihr wart stundenlang unter der warmen Dusche, bei mir kommt nur noch eiskaltes Wasser. Vielen Dank, ihr Vorzeigekollegen." Das haben wir natürlich nicht gewusst. Uns bleibt nichts anderes übrig, als verlegen mit den Schultern zu zucken.

# Tag 16
## 20. Februar

Als ich aufwache, scheint mir die Sonne direkt ins Gesicht. Ich könnte noch gut und gerne ein paar Stunden in diesem Bett verbringen, so gemütlich ist es hier. Irgendwie riecht es verdächtig nach Palmolive: Es kommt von Rammi, der den frühen Morgen genutzt und die warme Dusche nachgeholt hat. Sein Gesicht ist nach der Rasur wieder richtig weiß, ein fast schon ungewohntes Bild. Daniel schnarcht noch in einer anderen Dimension – zumindest so lange, bis wir ihn sanft mit einem Becher kaltem Wasser wecken. Rammi und ich haben großen Spaß, Daniels Kommentare dazu sollen hier jedoch nicht im Detail wiedergegeben werden.

Die Stimmung könnte nicht besser sein. Wir packen alles zusammen und verabschieden uns von der Frau an der Rezeption, die wieder auf dem Holzstuhl neben dem Eingang sitzt. Der Porzellanladen ist offen. Als ich hinüber gehe, ist jedoch kein Mensch zu sehen. Zurück bei den Autos wartet eine Überraschung: Der Porzellanhändler ist bei den Jungs, er bedankt sich überschwänglich für die Vitamintabletten. Er ist so aufgedreht, wahrscheinlich hat er die ganze Packung auf einmal zu sich genommen. Als wir das große Holztor passieren und vom Innenhof auf die Straße abbiegen, erzählt mir Daniel, dass der Mann aus dem Porzellanladen eben gefragt hat, was man mit den Tabletten denn eigentlich machen könne.

Wie sieht der Plan für heute aus? Es sind 540 Kilometer bis Zāhedān, der letzten großen Stadt vor der Grenze. Dort sollten wir dann die Tanks und sämtliche Kanister mit Benzin auffüllen, bevor wir die letzten achtzig Kilometer bis Pakistan antreten. Dass wir heute noch einreisen werden, ist sehr unwahrscheinlich, ja eigentlich unmöglich, aber wir werden sehen. Im Moment läuft alles wie geschmiert. Wir sind sauber und unglaublich entspannt, die Sonne brennt durch die Windschutzscheibe, wir möchten im Moment an keinem anderen Ort der Welt sein.

Es gibt eine größere Stadt, die noch vor Zāhedān liegt, nämlich Bam. Als wir nach 195 Kilometern Fahrt an diesem Morgen dort zum Frühstück Halt machen, überlegen wir uns, ob wir die einmalige *Arg-e Bam* besichtigen sollen, eine riesige alte Festung, die zu ihren besten Zeiten circa 13.000 Einwohner beherbergt hat. Schon von weitem kann man diese überwältigenden Stadtmauern inmitten der Einöde in der Wüste sehen. Die Burg ist eine der bekanntesten Sehenswürdigkeiten Irans. Wir liegen jedoch so gut in der Zeit, dass wir bei unverzüglicher Weiterfahrt vielleicht sogar nach Pakistan einreisen könnten. Durch diese Tatsache sinkt das Interesse an der *Arg-e Bam* schlagartig.

Die Stadt selbst scheint sehr lebendig zu sein. An den Seitenstreifen der Transitstraße, an der wir stehen, gehen einige Leute entlang. Die Gewänder sind oft weiß und sehr sauber. Man erkennt, dass Samstag ist und die Leute heute nicht arbeiten. Einige der Passanten starren abwechselnd uns und unsere Fahrzeuge an. Wir ernten oft freundliches Lächeln. Die Diskussion, ob wir nun in die Stadt und vor allem zur Festung *Arg-e Bam* fahren, dauert genau einen Topf Müsli. Wir beschließen, auf der Transitroute zu bleiben. Nicht der Zeitdruck der gesamten Reisezeit, mehr die abgelaufenen Visa sind der Grund. Schon lange haben wir erkannt, dass man für diese Reise mindestens doppelt so viel Zeit einplanen sollte. Alles, was wir von Bam mitnehmen, sind zwei Flaschen Limonade von einem Straßenkiosk, die jedoch so übertrieben süß schmeckt, dass wir sie zehn Kilometer nach Bam schon wieder aus dem Fenster schütten, um in die leeren Plastikflaschen Wasser zu füllen.

> Am 26. Dezember, neun Monate nach unserer Rückkehr, erschütterte ein verheerendes Erdbeben die Gegend um Bam. 44.000 Menschen verloren dabei ihr Leben, knapp die Hälfte der Gesamteinwohnerzahl des Ortes. Nicht nur die mehr als 600 Jahre alte Festung *Arg-e Bam*, sondern auch nahezu sämtliche Häuser und Gebäude der Stadt wurden komplett zerstört. Unser Mitgefühl gilt allen Menschen, die durch dieses Ereignis Familienmitglieder, Verwandte und Freunde sowie ihr Hab und Gut verloren haben.

Noch 330 Kilometer bis Zāhedān. Das dürfte unser Tankinhalt gerade noch hergeben. In gut zwei Stunden könnten wir dort sein, falls es keine Zwischenfälle gibt. Dass ein großes Dünengebiet neben der Fahrbahn zu solch einem Zwischenfall zählt, hätte ich nicht gedacht. Daniel, der in der Sahara schon oft Bekanntschaft mit Dünen gemacht hat, kann sich beim besten Willen nicht zurückhalten. Nach starkem Abbremsen reißt er das Lenkrad nach rechts und fährt mit durchdrehenden Hinterrädern am Fuß einer großen Düne entlang. Wir halten am Straßenrand an und beobachten ihn. Ich steige mit der Kamera aus und versuche, die Szene festzuhalten. Jetzt überkommt es auch Rammi, das zweite Fahrzeug geht ins Rennen. Aufgrund des aufgewirbelten Sandes kann man kaum mehr etwas erkennen. Die Wüsten hier sind eher karg und aus Stein und Schotter, nur wenige Stellen sind so sandig wie diese hier. Die Wüste ist ein Sandkasten für Erwachsene – oder solche, die es werden wollen. Zum Glück kommt im Moment kein einziges Fahrzeug die Straße entlang. Die Leute hier würden uns wahrscheinlich für völlig durchgedreht halten.

Langsam wäre es nicht schlecht, wenn die Rennfahrer wieder auf die Straße zurückkommen könnten. Die aufheulenden Motoren bereiten mir Magenschmerzen, schließlich sind die Fahrzeuge nicht mehr ganz neu. Nachdem sich die beiden durch die durchdrehenden Hinterachsen gegenseitig die Fahrzeuge mit einer Schicht von Sand und Staub bedeckt haben, fällt ihnen zum Glück wieder ein, dass wir ja auf einer Reise sind und irgendwann auch weiterfahren sollten. Die eigentlich dunkel lackierten Fahrzeuge machen im Moment einen ziemlich hellen Eindruck. An den Zustand der Luftfilter möchte ich jetzt erst gar nicht denken. Zum Glück sind die beiden für die Technik der Autos verantwortlich. Ob der Sprit jetzt noch nach Zāhedān reicht, ist fraglich. Ich würde den beiden gerne einen Vortrag zum Thema „was-muss-sein-und-was-ist-echt-unnötig-ihr-Superhirnis" halten, aber die Diskussion wäre jetzt nicht sinnvoll. Und sie haben ihren Spaß, das sieht man ihnen an. Ich weiß nicht wie, aber der Sand hat sich auch in den Fahrzeugen verteilt, Daniel hat sogar Sandkörner an und vor allem *in* den Ohren.

Ich blase den Staub auf einer Kassette ab und schiebe sie in unsere Anlage. Nach anfänglich dumpfem Sound trällert die Musik klar und laut aus den Boxen, die Reise geht (endlich!) weiter. Die Landschaft ist so öde, dass es schon wieder faszinierend ist und sie zu etwas Besonderem macht. Kurz vor zwei Uhr nachmittags erreichen wir Zāhedān. Beide Nadeln der Tankuhren stehen bereits tief im roten Bereich. Die letzten achtzig Kilometer sind wir wahrscheinlich mit einem Durchschnitt von neun Litern gefahren, denn wir mussten sehr sparsam sein, um die Stadt überhaupt noch zu erreichen. Nach dieser Zitterpartie sind wir froh, endlich an einer Tankstelle zu stehen. Ich hoffe, Daniel und Rammi haben zumindest für kurze Zeit ein schlechtes Gewissen. Es scheint aber mehr so als wären sie stolz, die Strecke noch mit diesem bisschen Sprit gemeistert zu haben. Aber egal, wir haben es ja noch geschafft.

Wir bekommen kein Benzin vom Tankwart. Der Sprit sei hier rationiert, da Zāhedān die letzte Tankmöglichkeit vor der pakistanischen Grenze ist, kann man pro Tag und pro Fahrzeug nur zwanzig Liter tanken, wofür man bestimmte Tankgutscheine braucht, die bei der Stadtverwaltung abzuholen sind. Doch heute am Samstag ist die Verwaltung geschlossen. Mit anderen Worten: Wir können heute nicht tanken. „Wenn man nur mit Tankgutscheinen tanken kann und heute die Verwaltung geschlossen ist, warum sind dann die Tankstellen geöffnet?" frage ich die beiden. „Das stimmt, vielleicht geht doch was", erwidert Daniel. Wir reden zu dritt auf den Tankwart ein. Ich bekomme fast schon selbst Mitleid mit uns, so stark drücken wir auf die Tränendrüse. Nach längerer Diskussion erhalten wir achtzig Liter Benzin zum doppelten Preis, sprich elf

Cent pro Liter. Dies ist zwar immer noch günstig, aber zu wenig Benzin. Die nächste offizielle Tankstelle ist in Quetta, ungefähr 650 Kilometer weiter nordwestlich von hier in Pakistan. Dazwischen gibt es zwar einen Schwarzmarkt, aber wer sich auf den verlässt, ist verlassen. Wir sollten, nein, wir müssen auf jeden Fall die Tanks und die Ersatzkanister bis zum Rand befüllen. Das heißt, wir brauchen unbedingt noch mal knapp achtzig Liter, um die Autos voll zu tanken plus 55 Liter für die Ersatzkanister. Aber woher nehmen?

Ich glaube, im Moment denken wir alle drei das Selbe: Das nächste Radiogerät steht zur Verhandlung an. Ohne Worte lehnt sich Daniel ins Auto, um das Radio, das in der Verkleidung der Seitentür verstaut ist, aus dem Zeitungspapier zu wickeln. Der Tankwart unterhält sich mit einigen Leuten, die sich anscheinend aus Langeweile an der Tankstelle aufhalten. Doch außer zu rauchen und ihre kleinen Mützen durch die Gegend zu tragen, scheinen die Männer nichts zu tun zu haben.

Wir rufen den Tankwart noch mal zu uns her, drücken ihm gleich das Radio in die Hand und schreiben die Literanzahl, die wir dafür haben wollen, mit dem Finger auf die staubige Motorhaube unseres Fahrzeugs. 130 Liter für dieses Radio, das bei weitem in besserem Zustand ist als das letzte, für das wir 160 Liter tanken konnten. Ich bin mir sicher, dass dieses Geschäftchen kein Problem sein wird. Allerdings in Zãhedãn schon. Erstens gibt es hier nur rationierte Benzinmengen, zweitens ist Samstag, sprich Ruhetag, und drittens kann er es sich an zehn Fingern abzählen, dass wir das Benzin unbedingt brauchen. Das Radio wird von allen Seiten begutachtet. Unsere Argumente für das tolle Gerät treffen auf taube Ohren, der Mann spricht kein Englisch. Wortlos gibt er ihn uns wieder zurück. Wenigstens nicken oder mit dem Kopf schütteln könnte er. Nichts. Er dreht sich um und geht zu der Gruppe von Leuten zurück, die ihm gespannt zuhören. Spricht er etwas über unser Angebot? Die iranischen Tankstellen sind staatlich, bisher ging das immer in Sekundenschnelle und möglichst geheim. Die ganze Gruppe starrt uns schlagartig wie auf Kommando an. Er spricht über uns, so viel ist sicher. „Was tun? Wir können doch nicht mit halbvollen Tanks losfahren, wir brauchen den Saft." Daniel fragt in unsere Dreierrunde, wir stehen wie bestellt und nicht abgeholt vor unseren Autos. „Lass uns erst mal die Autos zur Seite fahren, wir stehen immer noch an den Säulen, wo es extrem nach Benzin riecht. Drüben können wir wenigstens rauchen." Auch an dieser Tankstelle wird mit dem Sprit hantiert wie in der Wüste mit Sand, man muss rund um die Säulen immer wieder große Ausweichschritte machen oder über Pfützen springen, um nicht im Benzin zu stehen. Und selbst wenn man darauf achtet, dass man nicht hineintritt, stinken die Schuhe trotzdem so heftig nach Benzin, dass einen beim Anzünden einer Zigarette im Auto ein überaus mulmiges Gefühl befällt.

Also erst einmal weg von den Säulen, ein paar Meter weiter in die Sonne. Das Raucher-Argument überzeugt. Wir steigen alle drei in die Wagen, fast gleichzeitig knallen die Türen zu. Nachdem wir zwei Meter gefahren sind, kommt die ganze Meute auf uns zu, der Tankwart stoppt uns mit hektischen Handzeichen. „Die dachten wohl, wir fahren weg." „Das glaube ich auch, jetzt ist das Radio so gut wie verkauft." Daniel grinst mich an, ich sehe uns schon mit bis zum Rand befüllten Tanks und Kanistern auf die pakistanische Grenze zufahren. Jetzt bleiben wir im Auto. Es stehen ungefähr 15 Leute um uns herum, da haben wir die beste Kontrolle, wenn wir von den Wagen aus verhandeln. Rammi sitzt auf der Beifahrerseite, die beiden Fahrzeuge stehen ungefähr zwei Meter voneinander auf gleicher Höhe. Die Gruppe um den Tankwart steht dazwischen und davor. Immer wieder unterbricht schallendes Gelächter die Verhandlungen, die ganze Meute amüsiert sich anscheinend köstlich über uns.

Das lautstarke Lachen mit weit aufgerissenen Mündern gibt oft den Blick in die Zahnwelten einiger Männer frei. Bei mehreren dieser Leute fehlen Zähne oben wie unten, einzelne stehen alleine im Zahnfleisch wie Kakteen in der Wüste. Der Mann, der sich direkt vor mir auf der Motorhaube abstützt, ist besonders auffällig: Oben wie unten sind seine Zähne nicht mehr weiß, sondern schwarz wie die Nacht. Die dicken Schnauzbärte und die größtenteils sehr schmalen, markanten Gesichter schreien besonders in der kollektiven „ich-lach-jetzt-so-herzlich-weil-die-drei-Ausländer-sich-so-blöd-anstellen-Phase" nach einem Foto. Aber das trauen wir uns im Moment nicht. Wir spielen das Spiel mit, lassen die Leute lachen. Wir brauchen den Stoff, alles andere ist im Moment egal. Viele der Männer reden mit uns, leider alle in Farsi und auch alle gleichzeitig. Wir befinden uns in einem riesigen Chaos, das unsere Köpfe überschwemmt und immer stärker das Gefühl hervorruft, sofort abhauen zu wollen. Das Gelächter der Leute mit ihren großen Mündern und den angsteinflößenden Zähnen erscheint mir immer lauter und eindringlicher. Es ist harte Arbeit, sich von den „lustigen" Kommentaren nicht beeinflussen zu lassen und die Literzahl, die wir für das Radio erhalten, kontinuierlich in die Höhe zu treiben. Die Kanister sind bei den Verhandlungen bereits eingeschlossen, aber nur dreißig Liter pro Auto will uns der Tankwart geben. Das ist zu wenig. Für diese 85 Liter stehen wir jetzt seit – ach, was weiß ich, mir kommt es schon ewig vor – mögen es auch erst zehn Minuten sein. Ich winke ab, immer noch zu wenig. Einhundert Liter, immer noch zu wenig, da fahren wir lieber, immer die gleiche Antwort, die ich dem Tankwart und seinen mittlerweile mindestens zwanzig Verhandlungsassistenten deutlich mache. Hier bleibt er stehen. Nicht mehr und nicht weniger. Er geht nicht mehr höher. Der Lärmpegel durch die anderen Leute ist jetzt so hoch und durchdringend, dass es Zeit wird, sich zu entscheiden. „Rammi, es ist eines deiner Radios, um die es geht, sollen wir es für 100 Liter hergeben?"

„Nein, lass uns abhauen, jetzt sofort, das ist doch ein riesiger Zirkus hier, ich hab keinen Bock mehr, also weg, auf der Stelle." Ohne weitere Diskussion lassen wir die Motoren an und fahren vorsichtig los. Die Komikergruppe schaut uns verdutzt an, diese Entscheidung kam ad hoc.

Es tut unendlich gut, nur noch das Geräusch des Motors zu hören. Am Straßenrand einer zweispurigen Straße halten wir an. „Und jetzt, was nun?" Ich schaue Rammi an, ich kann seine Entscheidung nicht verstehen. „Keine Ahnung, ich wollte einfach weg. Lass uns eine andere Tankstelle aufsuchen, um zu verhandeln. 45 Liter waren einfach zu wenig!" „Wieso 45 Liter, wir hatten 45 Liter plus die Kanister, also insgesamt einhundert Liter." „Ach so, das habe ich nicht mitbekommen, ist doch auch scheißegal", schnauzt mich Rammi an. Ich kann mich nicht mehr halten: „Was heißt hier, das ist scheißegal, wir brauchen den Sprit, verdammt. Auf den Schwarzmarkt oder auf die nächste Tanke in knapp 700 Kilometern können wir uns nicht verlassen, das hast Du doch vorher noch gesagt. Was soll denn der Scheiß, bist Du total bescheuert?" Rammi holt schon wieder aus. Wir sind sehr gereizt, könnten uns jetzt an Ort und Stelle klopfen. Da schaltet sich Daniel ein: „Schlägern könnt ihr dann in Pakistan, wenn wir heute noch hinkommen. Wir sind gut in der Zeit, wir sollten jetzt los, die nächste Tankstelle ruft. Vielleicht geht da was. „Aber ich handle nicht mehr, das kann dann der Herr Rammi machen, der ist ja so gut, der kann uns dann bestimmt zu den 130 Litern noch drei Snickers und einen Sixpack aus der Tanke dazuhandeln." Ich könnte jetzt echt zum Rundumschlag ausholen, mal alles rauslassen, was mir so mit der Zeit auf den Geist gegangen ist, da unterbricht er: „Halt doch du deine verblödete Klappe, du machst doch sowieso was du willst, du…" „Hey, ihr Gockel, jetzt ist Ruhe, wir müssen weiter." Daniel unterbricht uns. An Rammis Blick sehe ich, dass er noch lange nicht fertig war, die Sache wird wohl noch einige Zeit für Zoff sorgen. Aber Daniel hat Recht, jetzt ist nicht der richtige Zeitpunkt, um unseren Aggressionen freien Lauf zu lassen.

An der nächsten Tankstelle ziehen wir sofort unser Ass aus dem Ärmel, halten selbstsicher dem Tankwart das Radio unter die Nase. Er hat keinen Funken Interesse. Das glauben wir nicht. Wir täuschen unseren Abgang vor, lassen beide Autos an, fahren langsam los, beobachten ihn im Rückspiegel – nichts! Keine Reaktion. Schlechter Bluff, wir können nicht mal zurück. So rollen wir aus dem Hof, zurück auf die Straße, zurück zur Ratlosigkeit. Mittlerweile sitze ich alleine im Auto, Daniel sitzt drüben neben Rammi. Er hält an und lässt die Scheibe herunter. „Dann versuchen wir eben, das Radio auf dem Bāzār zu verscheuern. Fahren wir in Richtung Innenstadt, das wird schon funktionieren."

Wenn man genervt ist, erscheint jede Bewegung wie eine große Anstrengung: sich durchzufragen, sich in den engen Einbahnstraßen und Gassen dann doch zu verfransen, sich noch mal durchzufragen um sich dann ein drittes Mal zu verfahren, endlich den Bāzār zu finden, jedoch keinen Parkplatz und all diese kleinen Dinge. Rammi und Daniel gehen mit dem Radio los, das sie in eine alte Winterhose einwickeln, ich bleibe bei den Autos. Sicher ist sicher. Mit Rammi kann ich im Moment sowieso keine sinnvollen Aktionen starten. Ich warte. Wie so oft während dieser Reise. Ich warte 30 Minuten. Es ist 15.15 Uhr. Wenn jetzt Daniel und der eine, wie hieß er noch mal, ach ja, Rammi, also wenn die beiden jetzt mit Geld zurückkommen, das für den Spritpreis plus eine kleine Gabe für den Tankwart reicht, dann könnten wir gleich losfahren. Die 85 Kilometer bis zur Grenze wären schnell hinter uns gebracht, es wäre ca. 16.30 Uhr, die Grenzposten könnten noch offen sein. Zumindest könnten wir vielleicht an der Grenzstation schlafen, bei so vielen Wachen und Polizisten schläft man immer gut, da man sich hundertprozentig sicher fühlen kann. Das wäre ideal.

Damit dieser Fall eintritt, müssten die beiden aber jetzt aufkreuzen. Wo sind sie nur? Bestimmt trinken sie irgendwo genüsslich Tee, plaudern irgendwo oder stopfen sich mit frischen Datteln oder anderen Früchten voll. Ich kriege schon wieder eine Wut, obwohl ich ja gar nicht weiß, was die beiden im Moment wirklich tun. Ich muss mir wirklich mal selbst in den Hintern treten, um ein bisschen lockerer zu sein und die Sache von vorhin zu vergessen. Schließlich bin ich im Urlaub, wenn man so will. Ja, ich bin Tourist, der seine freien Tage im Ausland verbringt, so wie die Gäste des Traumschiffs oder die Leute am Ballermann 6, nur dass dieser Urlaub eben etwas anders aussieht. Wie auch immer, ich nehme mir vor, jetzt entspannt auf die beiden zu reagieren. Als weitere 45 Minuten um sind, überlege ich mir, diesen Vorsatz vielleicht erst ab morgen umzusetzen.

Da sehe ich sie endlich im Rückspiegel. Bei diesem Anblick fällt mir auf, dass sie wie Penner aussehen. Die Klamotten sind ausgewaschen, viel zu weit und alt, was man ihnen auch schon von der Ferne ansieht. Das rote T-Shirt wird mit der orangefarbenen Hose kombiniert, das giftgrüne Sweatshirt wird zur rosa-braunen Hose angezogen, die vorne wie hinten schon Löcher hat. Die Haare stehen und liegen wild in alle Richtungen, Frisuren kann man das eigentlich nicht nennen. Beim Blick in den Spiegel und auf mein eigenes Outfit muss ich erkennen, dass ich keinen Deut besser aussehe. Eher noch schlimmer. Aber niemanden interessiert das. Vielleicht ist es sogar ein Vorteil, um nicht sofort aufzufallen. Wären wir Bilderbuchtouristen in gewaschenen und gebügelten Shorts mit Birkenstock-Sandalen, Unterhemd und geschulterter Kamera samt Ersatzfilmen in der prall gefüllten und weit abstehenden Gürteltasche, hätten wir wahrscheinlich keinen Spaß. Und vielleicht auch bald keine Kamera oder prall gefüllte Gürteltasche mehr.

Daniel steigt bei mir ein und wirft das eingewickelte Radio auf den Boden vor der Rücksitzbank. „Nichts, rein gar nichts." Er schüttelt den Kopf und fuchtelt mit seinen Händen hin und her. „Wir waren bei fünf Elektrohändlern. Keiner hatte Interesse, aber schon gar keiner, die haben selbst jede Menge Radios. Der sechste Händler, bei dem wir anklopften, hatte Interesse – aber nur, weil er dachte, er solle es reparieren. Der hat mit seinem knallgelben Made-in-Taiwan-Schraubenzieher in zwei Minuten fünf Kurzschlüsse produziert, so dass die Sicherung jetzt durch ist, diese Elektrikerpfeife. Auf dem Bāzār selbst war keine Chance, die haben uns eben alle zu den Elektrofuzzies geschickt. Lasst uns jetzt unsere letzten Duman zusammenkratzen und den Wart an der letzten Tanke so lange nerven, bis er uns soviel Sprit gibt, wie wir uns mit dem Kleingeld noch leisten können. Ich hab keinen Bock mehr auf Chaos-City." Er hat Recht. Rammi sitzt im anderen Auto hinter uns. Normalerweise würde jetzt der Pflichtwitz kommen, indem er uns gegen die Stoßstange fährt. Wir warten schon automatisch auf den Crash. Aber es passiert nichts. Rammi ist wohl immer noch ganz schön sauer.

An der letzten Tankstelle angekommen, setzen wir unser freundlichstes Lächeln auf, das wir heute noch auf die Lippen zaubern können, doch schon nach fünf Sekunden ist uns klar, dass wir ohne die Tankgutscheine keinen einzigen Liter Benzin tanken werden. Das Radio lassen wir erstmal stecken, es bringt uns hier anscheinend kein Glück. Ein fremder Mann hat die Lage wohl mitbekommen. Er ist Taxifahrer und bietet uns an, uns zu einem Bekannten zu bringen, der etwas Sprit gebunkert hätte. Der Preis läge bei ungefähr 20 Cent pro Liter plus die Taxifahrt. Das geht in Ordnung. Sicherheitstechnische Bedenken kommen mir erst, als Daniel und der momentan so schweigsame Rammi schon in das Taxi gestiegen sind und die leeren Kanister mitgenommen haben. Ich warte.

Zu meiner Überraschung sind sie nach kurzer Zeit wieder zurück. Wir schütten den Inhalt der Behälter sofort in die Tanks der Fahrzeuge, beide Wagen sind voll bis zum Rand, wobei sogar noch etwa fünf Liter im Behälter übrig bleiben. Iranisches Geld haben wir jetzt, um es genau auszudrücken, überhaupt nicht mehr. Umgerechnet bezahlten wir einen Preis von 50 Cent pro Liter. Für iranische Verhältnisse ist das Wucher, für uns ist das im Moment in Ordnung. Wir können somit endlich die letzten 85 Kilometer im Iran antreten. Die Sonne steht schon etwas niedrig, sie kommt immer wieder durch die Bergspitzen und die Strahlen beleuchten den aufgewirbelten Staub auf magische Weise. Es ist schön hier. Die Einöde auf der linken und das weite Bergmassiv auf der rechten Seite fliegen vorbei, wir sind voller Hoffnung, noch heute ins Grenzgebiet zu kommen.

Es gibt eine leichte Steigung nach oben. Plötzlich müssen wir stark abbremsen: An einer T-Kreuzung werden wir in westlicher Richtung durch eine Straßenbarriere gestoppt. Männer in Maschinenpistolen stehen vor uns, auf den Köpfen und um ihre Gesichter sind Tücher gebunden, so dass man nur ihre Augen sehen kann. Die Uniformen sind nicht einheitlich, verschiedene Grüntöne wechseln sich mit unterschiedlichen Camouflage-Mustern ab. Im ersten Moment ist uns sehr mulmig. Wir können nicht einschätzen, ob diese vermummte Gruppe von Männern zu den Guten oder zu den Bösen gehört. Über die Straße ist eine dicke Kette gespannt, links und rechts befinden sich mehrere Sandsäcke, wie man sie oft in Kriegsfilmen vor den Schützengräben aufgereiht sieht. Wir fahren mit mäßiger Geschwindigkeit vor die Kette und stellen sofort die Motoren ab. Zwei Wachen stehen mit dem Maschinengewehr im Anschlag links und rechts von der Kette sowie direkt vor meiner Windschutzscheibe. Ein Mann kommt auf uns zu: „Passport! Where are you going?" Während Daniel etwas aufgeregt im Handschuhfach kramt, antworte ich diesem Tuch mit Augen, das mir so nahe kommt, dass der Soldat schon fast mit seinem Kopf in unserem Wagen ist. Im Rückspiegel kann ich beobachten, wie auch bei Rammi einer dieser Männer steht. Er hat sich nicht vorgestellt, wir wissen immer noch nicht, wer diese Leute sind. Ein großer Wasserspeicher ist das einzige Gebäude, das hier weit und breit zu sehen ist, denn wir befinden uns mitten in der Einöde. 50 Meter von uns, parallel zur Straße verlaufend, scheint die Grenze zu sein. Eine dicke Absperrung aus Spiralzaun, Maschen- und Stacheldraht erinnert stark an die Grenzen der ehemaligen DDR. Dahinter wuchert wilder Busch, der anscheinend als Sichtschutz angepflanzt wurde. Was sich dahinter verbirgt, können wir nicht sehen. Der vermummte Mann, der immer noch akribisch unsere Pässe durchblättert, nimmt jetzt endlich seinen Arafat-Schal vom Gesicht, so dass man seine Nase, seinen Schnauzbart und seine Lippen sehen kann – er ist sogleich wesentlich deutlicher zu verstehen. Wir zeigen ihm auch unsere Fahrzeugbriefe und Führerscheine. Die Durchsicht der Papiere nimmt extrem viel Zeit in Anspruch. Er erklärt uns, dass dies der letzte Streckenposten vor der Grenze sei. Sie seien iranische Soldaten und sicherten das Gebiet, da es hier sehr gefährlich sein soll. Mein ungutes Gefühl lässt trotzdem langsam nach – er ist einer von den Guten! Der Mann scheint richtig freundlich zu sein. Allzu viel wird er hier wohl nicht zu tun haben, denn man spürt, dass er sich gerne unterhält. Nachdem er den Soldaten, die vor unserem Fahrzeug stehen, einen Blick zuwirft, fällt einen kurzen Moment später die Kette prasselnd auf den Boden. Der Weg ist frei. Nach der Verabschiedung kommt der nette Soldat noch einmal ganz nah heran: „FC Bayern Munich is very good team." Wir müssen lachen. Er lacht mit. Zum Glück weiß ich, wie man dieses Gespräch ausdehnt: „Yes, but Schalke is much better", entgegne ich ihm. „No, Bayern Munich has best goalman in world, Kahn is best man." „Best man is Michael Schuhmaker", entgegne ich ihm. Ich würde gerne wissen, in welches Team er Schuhmacher steckt. „Yes, best racer in world", lautet überraschend die Antwort. Er kennt auch ihn. Ich zeige ihm den Daumen nach oben, er macht diese Geste sofort nach und zeigt ein breites Grinsen. Wir geben Gas. Rammi unterhält sich hinten noch. Ich könnte wetten, ich weiß, über welches Thema – und frage mich immer noch, warum zum Teufel Schalke 04 so bekannt ist. Vom Hamburger SV zum Beispiel hat noch keiner gesprochen.

Als wir wieder unterwegs sind, um die letzten fünf Kilometer hinter uns zu bringen, sagt uns unser Gefühl, dass die Grenze noch offen ist – ansonsten hätten die Soldaten gerade eben bestimmt etwas Gegenteiliges gesagt. Doch als wir am Grenzzaun ankommen, sind wir enttäuscht. Ein großer Lastwagen steht vor dem verschlossenen Tor. Das große Gatter ist mit unzähligen Ketten und Schlössern gesichert. Dahinter kann man viele kleine Häuschen und Hallen entdecken. Wir klopfen sofort an die Fahrerkabine des Lastwagens, um den Fahrer zu sprechen. Er malt uns in arabischen Zahlen 7.30 Uhr in den Sand. Da macht also die Grenze wieder auf, um halb acht Uhr morgens? Wir haben jetzt genau halb sechs Uhr nachmittags. Was zur Hölle sollen wir hier vierzehn Stunden lang machen? Ich nehme unseren Reiseführer in die Hand und lese bei Hans nach, was er über die Gegend hier so denkt. Es gibt nur einen einzigen Ort in der Nähe, der heißt Mirjàve und ist der allerletzte vor Pakistan. Er nennt Mirjàve einen „uninteressanten Grenzort". Es gäbe dort nichts. Nicht mal ganze vier Zeilen sind dieser Ortschaft im Reiseführer gewidmet. Hans findet in seinem Buch nun wirklich alles gut, er ist ein Iran-Fan, der seinesgleichen sucht. Wenn jedoch sogar *er* schreibt, dass es hier uninteressant ist, dann muss es echt ein todeslangweiliges Städtchen sein. Wir haben schon in Kherman von dem freundlichen Herrn, der uns beim Geldwechsel behilflich war, gehört, dass die Belutschen, die in der Grenzregion leben, Menschen mit harten Sitten sein sollen. Er hat uns empfohlen, diese Dörfer und Städte zu meiden. Daniel hat dies danach mit der Art und Weise verglichen, wie wir Bayern von den Nord- deutschen reden und umgekehrt. Er meint, dass das nur übliche Vorurteile gegenüber Landsleuten seien, die in anderen Gegenden wohnen. So etwas gäbe es überall. Das stimmt. „Aber trotzdem – müssen wir nach Mirjàve?" „Keineswegs, aber warum nicht?" entgegnet er. Wir brechen auf. Rammi hat sich sehr ruhig verhalten, ich glaube er ist immer noch sauer. Heute Abend wäre doch ein guter Zeitpunkt, das Ganze auszudiskutieren und uns die Köpfe einzuhauen, um morgen wieder vereint in ein neues Land zu starten. Als wir zu der Straßenkontrolle zurückkommen, halten uns die verhüllten Männer wieder auf. Ich erwarte eigentlich ein „Hey, warum kommt ihr wieder?" oder ein „Aber Leverkusen ist auch kein schlechter Verein!" oder so etwas Ähnliches, wir sind ja schon bekannt. Vor nicht mal einer halben Stunde sind wir hier vorbeigekommen, sind intensivst gefilzt worden, da müsste die Papierkontrolle doch jetzt hinfällig sein.

Stattdessen will der Soldat vor meiner Scheibe sämtliche Stempel der pakistanischen Grenze sehen. Nein, wir waren nicht in Pakistan, wir sind doch eben gerade aus Zāhedān gekommen, ihr habt uns doch schon kontrolliert, hast Du vergessen, wie wir über deutschen Fußball diskutiert haben? Anscheinend weiß er es tatsächlich nicht mehr. Haben die alle Alzheimer? Das ganze Kontrollspiel fängt von vorne an. Was ist denn los mit den Jungs, die vorher nach der Ausweiskontrolle so locker geworden sind? Ich verstehe das nicht! Rammi, der vor uns steht, streckt seinen Kopf aus dem Fenster und brüllt zu uns nach hinten: „Ey, was geht denn da ab? Die wollen mich schon wieder filzen, haben die kein Kurzzeitgedächtnis oder was?" Er schüttelt den Kopf. Mir bleibt nur ratloses Schulterzucken. Die zwei Kerle mit ihrer automatischen Feuerwaffe im Anschlag, die ungefähr fünf Meter vor Rammis Motorhaube stehen, machen mich ein bisschen unsicher.

Jetzt sollen wir auch noch die ganzen Autos ausräumen, was für ein Film läuft hier eigentlich? Ich erkläre ihm noch mal, dass wir doch vorher schon vorbeigekommen sind. Als wir vor knapp 30 Minuten hier waren, machten die den Anschein, als hätten sie nicht all zuviel zu tun und als würden nicht gerade viele Fahrzeuge ihren Checkpoint passieren. Dazu sind unsere zwei großen ausländischen Fahrzeuge hier doch exotische Autos, zwei 7er BMWs werden hier doch auch nicht alle fünf Minuten vorbeikommen, die müssen uns doch kennen, verdammt!

Die Maschinenpistolen bleiben im Anschlag, unter diesen Umständen weigern wir uns natürlich nicht, geduldig sämtliche Utensilien aus den Autos zu räumen. Bestimmt zehn Leute stehen in einigen Metern Abstand um uns herum und glotzen auf unser Hab und Gut. Haben die noch nie eine Bettdecke gesehen, die mit Sonne, Mond und Sternen bedruckt ist? Was ist so besonders an unseren leeren, roten Benzinkanistern? Ich glaube, wir sind einfach gute Unterhaltung. Gut deshalb, weil es keine andere gibt. Dass wir nicht aus Pakistan kommen, ist immer noch nicht eindeutig geklärt, denn wieder fragt mich der Mann nach dem „Stamp" und der Unterschrift der Behörden. Irgendwie bin ich mir jetzt gar nicht mehr sicher, ob das derselbe Soldat ist, der sich mit mir vorher so freundlich über Fußball unterhalten hat. Plötzlich fällt es Daniel wie Schuppen von den Augen: „SCHICHTWECHSEL!" Das sind nicht mehr die gleichen Männer wie vorher! Wir Vollidioten!" Er hat Recht. Es sind andere Leute. Wir sind aber sicher an der gleichen Sperre, der große Wasserspeicher steht gleich neben der Straße und einen anderen haben wir nie gesehen. Jetzt ist mir vieles klar. Das mit Alzheimer nehme ich zurück. Ich glaube nicht, dass der Soldat unsere Story verstanden hat, trotzdem dürfen wir durch, die Kette fällt ein zweites Mal mit einem hellen Krachen auf den Boden.

Bis Mirjáve sind es maximal fünf Kilometer. Die Straße ist klein und sehr holprig, wir werden gewaltig durchgeschüttelt, irgendwie ist das jedoch nach den zermürbenden Kontrollen ein schönes Gefühl. Im Dorf angekommen, haben wir allerdings ein weniger schönes Gefühl. Die Gebäude sind an Tristheit kaum zu übertreffen. In den Straßen liegt viel Müll, viel mehr als in allen anderen Städten, die wir zuvor gesehen haben. Auf der Marktstraße sind absichtlich riesige Teerhügel angebracht, die wohl die Geschwindigkeit drosseln sollen. Diese Hügel sind so hoch, dass wir mit dem tiefergelegten Fahrzeug regelmäßig aufsetzen und nach und nach unseren Boden und den Auspuff abschleifen. Das kratzende Geräusch zu hören tut richtig weh. Unser armes Auto. Das ganze Dorf scheint eine einzige Sackgasse zu sein. Die geteerte Strecke endet abrupt vor den letzten Häusern. Es existieren nur ein oder zwei Seitenstraßen, das ist alles. Es herrscht reges Treiben und da es schon sehr dämmrig ist, sind zwar ein paar Häuser beleuchtet, die meisten jedoch sind dunkel, Straßenlaternen gibt es anscheinend nicht. Es ist schon fast gespenstisch hier, wir fühlen uns alles andere als wohl in diesem düsteren Nest. Aus einer Hütte, die so eine Art Kiosk darstellt, kann man laute Techno-Musik hören. Die Anlage brummt ganz schön. So etwas haben wir noch nie im Iran gehört. Wenn irgendetwas hier nicht herpasst, dann ist das ein Kiosk, der laute Techno-Musik spielt. Nein, das ist ein komisches Dorf. Wir halten kurz an und stellen fest, dass wir alle drei kein gutes Gefühl dabei haben, hier zu übernachten. Es gibt eine einzige Herberge, wo man jedoch die Fahrzeuge nicht im Hof abstellen kann. An der Straße wollen wir unsere Autos aber sicher nicht über Nacht stehen lassen.

Wir beschließen, wieder zurück zu den Militärs am Checkpoint zu fahren. Wenn wir irgendwo sicher sind, dann auf jeden Fall dort. Als wir zurückkommen, ist es schon finster. Ich bin ja mal gespannt, ob sie uns jetzt wieder erkennen. Sie tun es. Wir machen ihnen klar, dass wir gerne hier in unseren Autos übernachten würden. Es dauert eine Weile, bis sie uns verstehen, aber dafür ist die Antwort positiv, wir können bleiben. Ein junger Soldat wird gerufen, der uns schließlich direkt zum Grenzzaun lotst, wo wir unsere Fahrzeuge rückwärts nebeneinander parken. Daniel stellt den Motor ab. Endlich. Was für ein Tag. Endlich kochen. Beim Ausräumen unseres Kofferraums vorhin haben wir in der Seitenablage noch zwei Dosen Kartoffelgulasch gefunden, auf das ich mich jetzt freue. Das wird ein Festessen. Rammi scheint Gedanken lesen zu können. Er hat den Kocher schon auf den Kofferraum gestellt und den Topf hervorgezaubert. Daniel und ich stehen neben ihm, abwechselnd rühren wir unser Kartoffel-gulasch um. Immer mehr Soldaten stehen mittlerweile bei uns, nicken mit dem Kopf im Takt der Lieder der „Massiven Töne", die lautstark aus dem Auto trällern. „German Hip Hop", sage ich zu einem, der ganz fasziniert der Musik zuzuhören scheint. „German Bum Bum", grinst er zurück.

Es ist ziemlich dunkel bei uns hinten am Zaun, Licht ist weit und breit nicht zu sehen. Wir beleuchten unseren Topf immer wieder mit der Taschenlampe, um zu sehen, ob das Zeug schon kocht.

Plötzlich wird es richtig hell. Zwei Fahrzeuge kommen auf uns zu, die Fernlichter blenden, wir halten unsere Handflächen in die Lichtpegel, um etwas erkennen zu können. Ein stattlich gekleideter Mann in olivgrüner Uniform und mit einem grünen Barett auf seiner Glatze steigt aus einem der Wagen, es sind zwei Pick-ups des Militärs. Wir sollen bitte mitkommen. Es sei viel zu gefährlich, direkt am Grenzzaun zu übernachten, ab und an würden Schüsse von drüben fallen. Wir sollten ihm folgen, er begleite uns nach Mirjāve. „Oh Scheiße, Mirjāve, ich will nicht nach Mirjāve, in dieses Gangsterdorf." Daniel bringt es auf den Punkt. Wir möchten auf keinen Fall in dieses Nest zurück. Doch alles Jammern und sämtliche Bekundungen, dass wir uns hier auf jeden Fall wohl fühlen, nützen gar nichts. Ich frage, ob wir vorher noch essen dürfen. Die Antwort lässt eine Weile auf sich warten, doch dann hören wir ein leises „yes, no problem". Na, wenigstens das. Doch der Uniformträger macht Druck.

Wir stopfen unseren lauwarmen Gulaschtopf in Weltrekordgeschwindigkeit in uns hinein. Beide Pick-ups eskortieren uns auf der Strecke nach Mirjāve in der Sandwich-Anordnung, wir mittendrin. Trotz der Bodenwellen ist die Geschwindigkeit relativ flott, wir können uns kaum mehr halten vor Lachen, als wir sehen, wie die Soldaten auf der Ladefläche der Pick-ups auf- und abgeschüttelt werden. Die Armen! Auch das Gulasch hüpft in meinem Magen wild auf und ab. Gut, dass wir nur fünf Kilometer zu fahren haben. Wir halten vor der Herberge. Nein, da wollen wir nicht rein, auf keinen Fall. Rammi fragt nach, ob wir nicht im Polizeihof übernachten können. Er zeigt ihnen unsere Decken und Schlafsäcke, will ihnen klar machen, dass wir immer im Auto schlafen. Wir sollen warten, der Chefpolizist muss nachfragen. Die Polizisten hier müssen immer nachfragen, selbst wenn jemand von uns zum Pinkeln gehen würde, dann müssten die Polizisten bestimmt auch beim Vorgesetzten nachfragen, der wiederum bei seinem Chef die Erlaubnis einholen muss. Das nervt mit der Zeit.

Nach einer Weile kommt der uniformierte Polizist wieder zurück. Bitte folgen. Wir folgen. Vor einem großen Tor macht er Halt. Wir parken direkt vor einem kleinen Wärterhäuschen, in dem sich ein bewaffneter Polizist befindet, der wohl Nachtwache für das große ummauerte Polizeigelände schiebt. Wir erwarten, dass jeden Moment das Tor aufgeht und wir in den Hof fahren sollen. Doch das soll offensichtlich nicht so sein. Nach einer längeren Wartezeit kommt der Mann, der uns hierher gelotst hat, zurück vom Nachfragen und erklärt uns, dass wir nicht drinnen übernachten dürfen, dafür aber hier an Ort und Stelle. Das verwundert uns. Warum nicht drinnen? Doch eigentlich ist es egal. Vor uns steht die ganze Nacht ein Wachposten, was soll passieren? Wir fühlen uns hundertprozentig sicher. Die Soldaten der zwei Pick-ups stehen noch eine Weile bei uns, wir hören zusammen Musik und betrachten unsere Taschenmesser, die - – im Gegensatz zu den Dolchen, welche die Polizisten demonstrativ aus der Scheide ziehen – einen erbärmlichen Eindruck machen. Auf eine kurze, jedoch laute Anordnung von einem Ranghöheren verabschieden sie sich hastig und klettern auf die Ladeflächen der Fahrzeuge, die dann mit Getöse um die Ecke fahren und immer leiser werden, bis ihr Licht auf der Straße zurück zum Checkpoint kaum mehr zu erkennen ist. Rammi schläft sehr schnell ein. Daniel und ich schreiben noch ein bisschen in unser Tagebuch. Was für ein Tag. Endlich Ruhe. Endlich schlafen.

Plötzlich klopft jemand ans Fenster. Ich zucke zusammen, ich habe den Mann gar nicht kommen sehen, so vertieft war ich ins Schreiben. Daniel kämpft mit seinem Schlafsack, um seine Arme freizubekommen. Als er gegen den Schlafsack gewonnen hat, lässt er die Scheibe herunter. „Come with me", sagt der junge Polizist. „Where are we going?" fragt Daniel nach. „Just come with me. Your friend, your friend", antwortet er und zeigt auf Rammi, der tief eingemummt schon fest im anderen Auto schläft. Wir wecken ihn auf. Die seltsamen Laute, die er schlaftrunken und mit halboffenen Augen von sich gibt, sind nicht zu entschlüsseln. Wir ziehen uns notdürftig ein paar Klamotten über und gehen mit schlürfenden Schritten durch das Tor, das einen kleinen Spalt geöffnet ist, damit wir eintreten können. Ich bin mir nicht sicher, ob wir das Auto abgeschlossen haben.

Der Weg zum Hauptgebäude kommt mir ewig vor. Der Hof ist riesig, hier könnten locker 50 Lastwagen parken. Warum durften wir nicht herein? Im größten Gebäude der Anlage angekommen, werden wir auf eine Holzbank gesetzt, die, zusammen mit einem Schreibtisch und einem Holzstuhl, die einzigen Möbel in dem großen Raum darstellen. Hinter dem Schreibtisch hängt ein Bild von Ayatollāh Khomeini. Türen in der Mauer deuten auf einen Wandschrank hin. Ein großer, dünner Mann, schätzungsweise um die fünfzig Jahre alt, betritt den Raum und begrüßt uns förmlich mit Handschlag. Wir stehen auf, doch er zeigt mit einer Geste, dass wir uns wieder hinsetzen sollen. Zwei jüngere Polizisten bringen uns ein Tablett mit Tee und Zucker. Wir bedanken uns und nehmen den Tee natürlich an, alles andere wäre sehr unhöflich. Aufgrund der Abzeichen auf den Schultern des Mannes am Schreibtisch kann man annehmen, dass er eine höhere Position innehat. Ich denke, es ist der Chef der Station persönlich.

Immer mehr jüngere Polizisten betreten den Raum, einige von ihnen tragen Uniform, andere stehen in Jogginghosen und T-Shirts vor uns, wieder andere in einer Art Nachthemden und in Socken oder sogar barfuß. Jeder Einzelne begrüßt uns ebenfalls mit Handschlag. Sprechen können wir jedoch nicht sehr viel, nur einer spricht gebrochen Englisch. Der Chef gibt kurze Anweisungen. Flott bewegen sich die zwei Kerle, die uns den Tee gebracht haben, und öffnen den Wandschrank, in dem sich unter anderem Orangen und kleine abgepackte Schokoladenstückchen befinden. Auch das wird uns angeboten. Hunger haben wir im Moment überhaupt nicht. Das Kartoffelgulasch liegt schwer im Magen. Höflichkeitshalber nehmen wir das uns angebotene Tablett an. Alles läuft hier fast ohne Worte ab, es ist sehr still und die Stimmung eher peinlich und sehr gezwungen. Der Chef gibt Handzeichen, dass wir doch essen sollen. Alle drei schälen wir wie auf Kommando eine Orange und stecken ein Stück in den Mund. Meine Orange ist so trocken, dass ich das Stück nicht schlucken kann, es hat die Konsistenz von Kaugummi und man muss endlos darauf herumkauen, um es irgendwann doch hinunter zu kriegen. Es schmeckt grauenhaft. Ich blicke zu Rammi und Daniel, die genauso entzückt auf der Orange herumkauen. Die anderen Polizisten verlassen nach und nach den Raum.

Wir sitzen nun wie Hühner auf der Stange auf der Holzbank, am anderen Ende des Raums schaukelt der Polizeichef langsam auf seinem Stuhl hin und her. Wir haben immer noch keine Ahnung, was wir hier machen. Die Situation ist bizarr. Es ist sehr ruhig, nur unser endloses Kauen der staubtrockenen Kaugummi-Orangen ist zu hören. Schon zum zweiten Mal telefoniert er. Leider verstehen wir nicht sehr viel. Alles, was bei uns hängen bleibt, sind die Wörter „Pakistan", „Zāhedān" und „Konvoi". Was will er von uns? Wir erklären mit Händen und Füßen, was er eigentlich sowieso schon weiß, dass wir morgen nach Pakistan einreisen und heute Nacht in unseren Autos schlafen wollen. Immer, wenn wir die Hände wie zum Gebet zusammenfalten und sie an unsere Schläfen halten, um das Wort „Schlafen" zu signalisieren, winkt er mit dem Zeigefinger ab. Also nicht schlafen? „Zāhedān" ist seine Antwort. Wir kombinieren: „Er will uns heute Nacht mit einem Konvoi nach Zāhedān schicken? Der hat sie doch nicht mehr alle!" Rammi spricht es laut aus. „Auf keinen Fall fahre ich heute noch zurück nach Zāhedān", meint Daniel. Nein, auf keinen Fall. Ich lege das Tablett von meinem Schoß und gehe näher an seinen Schreibtisch heran, um ihm noch einmal deutlich zu erklären, dass wir eigentlich hier nur schlafen wollen, sonst nichts, nur schlafen. Plötzlich zieht er eine Schublade auf und hält einen schwarzen Revolver in der Hand. Ich zucke zusammen, was um Himmels Willen soll denn das werden? Ist der Typ jetzt total durchgeknallt? Ich fühle, wie ich ruckartig zu zittern anfange. Daniel und Rammi kauen nicht mehr auf den Orangen, sondern starren ebenfalls überrascht auf ihn. Er legt den Revolver auf den Schreibtisch. Das beruhigt nur begrenzt. Wir fangen an zu verstehen, dass er uns damit deutlich machen will, wie gefährlich es hier wohl sei. Was sollen wir tun? Wir verfahren unseren hart erstandenen Sprit, indem wir wieder dahin zurück fahren, woher wir gekommen sind, um am Morgen wieder dahin zu fahren, wo wir jetzt schon sind. Ich erkläre ihm, wir hätten keinen Sprit. Das erscheint mir einfacher als zu erklären, dass wir zwar jetzt volle Tanks haben, aber das Benzin dann nicht bis nach Quetta, der nächsten offiziellen Tankstelle reicht. Er nimmt noch mal seinen Telefonhörer in die Hand und wählt auf der Wählscheibe eine Nummer. Die Scheibe dreht sich im Zeitlupentempo wieder zurück, alles dauert ewig. Wir sind mittlerweile hellwach. „Konvoi" ist sein einziger Kommentar. Er steht auf und macht uns klar, dass wir ihm folgen sollen. Draußen warten wieder die beiden Pick-ups auf uns, die uns schon vom Checkpoint zur Polizeistation begleitet haben. Der Soldat, der etwas Englisch spricht, ist auch dabei. Von ihm erfahren wir, dass wir tatsächlich nach Zāhedān fahren werden, aber vorher noch an einer anderen Militärstation auftanken können. Scheiße, wir haben doch volle Tanks. Ich gehe noch mal zum Chef, der gerade mit einem Fahrer der Wagen spricht. „Petrol full, full", rufe ich ihm zu und deute mit der Handfläche, damit er versteht, was ich meine. „Petrol full?" wiederholt er und schaut mich schräg an. Oh Mann, der kommt sich bestimmt verarscht vor, zuerst erkläre ich ihm, dass wir keinen Sprit haben, und jetzt sind unsere Tanks voll. Abra kadabra. Hoffentlich bleibt er freundlich. Er verabschiedet sich relativ kurz – uns bleibt nichts übrig als uns zu bedanken.

Als wir losstarten, sehe ich, dass eine rote Warnlampe an unserem Auto brennt, der Kofferraum ist nicht richtig geschlossen. Daniel hält noch mal kurz an, ich öffne den Deckel und mache ihn mit Schwung wieder zu. Die Fahrt geht los. Wir können es nicht glauben, wir fahren jetzt die ganzen 85 Kilometer wieder zurück. Auf der Ladefläche des Militärfahrzeuges vor uns sitzen drei Leute, die ihre Waffen zwischen den Knien haben, so dass der Lauf der Maschinenpistolen an ihren Schultern lehnt. Nur die Köpfe und die Gewehrläufe schauen aus dicken Wolldecken hervor. Es muss verdammt kalt sein, immerhin bewegen wir uns mit einer Geschwindigkeit von neunzig Kilometern pro Stunde, und der eisige Wind pfeift den Soldaten heftig um die Ohren. Als wir an einem Checkpoint anhalten, steigt einer der Fahrer aus, um mit Soldaten der Wegkontrolle zu reden. Während dieser Pause steigen wir ebenfalls aus unseren warmen Fahrzeugen und bieten den Soldaten auf der Ladefläche an, bei uns mitzufahren, jedoch winken diese sofort ab. Wir sind verwirrt. Ist es hier wirklich so gefährlich, dass das nötig ist? Oder ist das Ganze eine Beschäftigungsmaßnahme, ein spannendes Ereignis in ihrem ereignislosen Alltag? Wir können es nicht abschätzen. Die Fahrt geht weiter. Wir halten an zwei weiteren Streckenposten des Militärs, beide haben wir schon heute Nachmittag auf der

Herfahrt kennen gelernt, keiner will mehr unsere Papiere sehen. Kurz vor Zāhedān stoppen wir erneut. An einem geteerten Platz neben der Straße warten bereits zwei Polizeiwagen, diesmal sind es waschechte Pekans. Wir werden der Stadtpolizei übergeben. Ich fühle mich wie in amerikanischen Kitsch-Actionfilmen, in denen an der Bundesstaatsgrenze die Verbrecher den Kollegen übergeben werden. Nur haben sie noch nicht gemerkt, dass wir keine Verbrecher sind. Ein Polizeibeamter klopft an die Scheibe und begrüßt uns, er ist wohl der Chef. Er ist freundlich und spricht etwas von „Hotel". Wir sind mittlerweile schon sehr teilnahmslos. „Jaja, Hotel, ist schon recht!" Komme was wolle, wir lassen es über uns ergehen, jeglicher Widerstand ist zwecklos. Immerhin haben wir es hier mit den „Guten" zu tun. Die Übergabe dauert eine ganze Weile. Ich glaube, Rammi schläft vor uns schon wieder auf dem Fahrersitz. Es geht weiter. Gelblich auf den Autodächern der Polizei leuchtet auf, das gleiche unangenehme Gelb wie schon in Teheran, als wir für die Übernachtung auch zur Polizeistation eskortiert wurden. Das gleiche Spiel von vorne. Wir fahren durch die Straßen Zāhedāns. Für diese Zeit sind relativ viele Leute auf den Gehsteigen und auf den Straßen unterwegs. Einige bleiben stehen und schauen uns nach. Man könnte wirklich denken, der Präsident und seine Minister sind in wichtiger Mission unterwegs, zwei schwarze, große, westliche Limousinen, die in der Dunkelheit um einiges besser aussehen als bei Tageslicht. Dazu überall um uns Polizei, deren blinkende Lichter uns gnadenlos nerven. Doch anstatt hohem Staatsbesuch sind es nur wir, ein Baustoffhändler, ein Automechanikermeister und ein Student, deren wichtige Mission nichts anderes beinhaltet als einfach möglichst bald zu schlafen.

Wir fahren endlos durch die Straßen – anscheinend drehen wir eine Stadtrunde – so groß kann diese Ortschaft doch gar nicht sein. Auf einer zweispurigen Straße kommen wir zum Stehen. „Was ist jetzt schon wieder? Das hält doch keiner aus!" Daniel ist jetzt richtig gestresst. In diesem Zustand muss man immer aufpassen, was er zur Polizei sagt, denn er lässt dann gerne unverblümt raus, was er denkt – was nicht unbedingt immer gut ist für unsere Zwecke.

Die gelben Warnleuchten auf dem Polizeiauto hören nicht auf zu blinken. Ich habe das Gefühl, dass Daniel jetzt gleich aus dem Auto steigt und die Lichtanlage des Streifenwagens persönlich vom Dach reißt. Es ist mittlerweile halb zwei Uhr, eine Zeit, um die wir normalerweise schon tief und fest schlafen. Unser relativ kontinuierlicher Rhythmus ist heute aus allen Fugen, deshalb sind wir im Moment hundemüde. Endlich geht es weiter. Keiner kann mir sagen, warum wir jetzt so lange auf der Straße gestanden sind. Als wir nach ein paar wenigen Metern Fahrt in einen Kreisverkehr einbiegen, kracht ein Taxi in das vor uns fahrende Polizeiauto. Das halten doch die besten Nerven der Welt nicht aus, was für ein Scheiß – jetzt bauen die Bullen auch noch einen Unfall. Ich weiß nicht, ob ich lachen oder weinen soll. Und das alles, weil wir mitten in der Nacht durchs Land verfrachtet werden. Die Stoßstange und der linke Kotflügel des Streifenwagens sind stark beschädigt. Der Taxifahrer kommt reumütig auf die Polizisten zu. Ihn trifft zwar keine Schuld, aber er ist schließlich in ein Polizeiauto geknallt. Doch immerhin war es ein fairer Kampf: Pekan gegen Pekan. Das kann noch eine Weile dauern. Zum Glück ist Daniel mittlerweile so müde, dass er trotz der Aktion schon halb eingedöst ist. Bei ihm würden spätestens jetzt sämtliche Sicherungen durchbrennen.

Zu unserer Verwunderung geht alles sehr schnell. Der Polizeichef, der sich im Unfallauto befand, steigt ohne große Diskussionen in den anderen Streifenwagen, der bisher hinterhergefahren ist, und gibt uns Zeichen, ihm zu folgen. Nach einer weiteren Stadtrunde biegen wir in einen sehr gepflegten Parkplatz ein. HOTEL INTERNATIONAL steht in unübersehbarer Leucht-schrift auf dem Flachdach des mindestens vierstöckigen Gebäudes. Er hat also seine Drohung wahr gemacht, er hat uns in ein Hotel gebracht, nachdem wir ihm 48 Mal erklärt haben, dass wir in den Autos schlafen wollen. Der Chef kommt zu uns, ich steige aus und erkläre es ihm das 49. Mal.

Ich glaube, jetzt versteht er unser Anliegen. Wir müssen das abklären, ob wir hier auf dem Parkplatz übernachten dürfen. Der Polizist begleitet mich freundlicherweise zur Rezeption. So ein Hotel habe ich in diesem Land nur in Teheran gesehen. Eine große, feine Lobby kommt innen zum Vorschein, sogar ein Liftboy steht noch um diese Zeit am Fahrstuhl. Der Rezeptionist hat streng nach hinten geschleimtes Haar und überhaupt erinnert er mich stark an Freddy Mercury. Er ist einer der wenigen Iraner, die keinen Schnauzbart tragen, er wäre echt ein Foto wert. Ich muss nicht viel sagen, der Polizeichef regelt das anscheinend für mich. Nach seinem ausgiebigem Redeschwall schaut er mich stolz an: „No problem." Mir fällt ein Stein vom Herzen. Noch nie habe ich mich so über die Zusage gefreut, in meinem eigenen Auto schlafen zu dürfen. Ich bedanke mich bei dem Rezeptionisten, der seriös mit dem Kopf nickt. Vor der Eingangstür gebe ich dem Polizisten noch einmal die Hand und bedanke mich auch bei ihm in aller Förmlichkeit, er macht schließlich auch nur seinen Job. Ich glaube, er hat den Eindruck, dass er gerade einen verdammt *guten* Job gemacht hat. Wortlos gehen wir zusammen zu unseren Autos zurück. Daniel und Rammi schlafen bereits. Als der Polizeipekan an uns vorbeifährt, winken mir beide Insassen freundlich zum Abschied. Irgendwie war er schon sympathisch, der Chef.

Lähmende Müdigkeit überfällt mich. Endlich im Schlafsack, fällt mir auf, wie schwer meine Augenlider sein können. Selbst wenn jetzt Ayatollah Khomeini oder Elvis Presley persönlich an die Scheibe klopfen würde – ich glaube, ich würde nicht mehr reagieren.

# Tag 17
## 21. Februar

Ich weiß nicht, wie der Kerl das macht, aber schon um kurz nach sieben klopft Rammi lautstark auf das Dach unseres Autos. Durch diesen Lärm ist sogar Daniel schnell wach. Er hat ja Recht, wir sollten keine Zeit verlieren, wer weiß, welche Überraschungen heute auf uns warten. Die Strecke zur Grenze, die wir mittlerweile schon gut kennen, fliegt an uns vorbei. Die insgesamt drei Checkpoints können wir schnell und unkompliziert passieren, besonders den letzten, denn die Männer erkennen uns zum Glück gleich wieder. Wir sind fast pünktlich um halb neun Uhr am Grenzzaun. Kurz nach neun bequemt sich ein junger Grenzer in Militäruniform von der gegenüberliegenden Seite auf den Zaun zu. Es dauert eine ganze Weile, bis sämtliche Schlösser und Ketten entfernt sind. Wir überholen frech den Lastwagen, aus dem noch kein Lebenszeichen kommt.

Gleich nach dem Zaun werden wir aufgefordert, unsere Wagen zu parken. Die übliche Ausweiskontrolle verläuft schleppend, jedoch problemlos. So früh am Morgen will anscheinend noch keiner etwas von Schalke 04 oder Bayer Leverkusen wissen. Wir rücken weiter zum Zollhof. Vor einer großen Halle halten wir die Fahrzeuge an, jetzt folgt die Materialkontrolle. Ein Auto muss komplett ausgeräumt werden. Unglaublich, was da so alles zum Vorschein kommt – bei jeder Kontrolle entdecken wir neue Sachen, an die wir uns schon gar nicht mehr erinnert hatten. Die Carnets de Passage bereiten zur Abwechslung mal keine Probleme, die Papiere sind innerhalb einer Stunde abgestempelt. „Jetzt wird es spannend", kommentiert Daniel den letzten Gang – das Ausstempeln der Pässe. Hier wird nun aufkommen, dass wir unsere Visa um drei Tage überzogen haben.

Tatsächlich fällt das dem bis dahin sehr freundlichen Grenzer schnell auf. Warum wir denn so spät dran seien, will er wissen. Wir haben uns schon vorher Gedanken gemacht, wie wir uns verhalten werden. Daniel erzählt ihm, dass wir einen Unfall gehabt hätten. Eines der Autos hat tatsächlich einen Frontschaden, allerdings schon seit dem Kauf des Fahrzeugs in Deutschland. Wir bieten ihm an, unsere Fahrzeuge zu begutachten. Ich kann überhaupt nicht einschätzen, ob er uns das abgekauft hat. Zwanzig Minuten sitzen wir mal wieder auf einer Holzbank und warten. Da kommt er endlich. Wir gehen hinaus zum Zollhof. Als er das Auto sieht, ziehen sich seine Augenbrauen so weit zusammen, dass sie sich fast in der Mitte berühren. Mir fällt erst jetzt auf, dass der provisorisch reparierte Kühlergrill wirklich nach üblem Unfall aussieht. Ich soll mitkommen. Wir laufen zehn Meter weiter, die beiden anderen bleiben bei den Autos stehen.

Er möchte von mir genau wissen, wie und wo das passiert ist. Ich erzähle es ihm so, wie wir es uns ausgedacht haben. Polizei? Nein, die war nicht da. Nein, Namen von dem Lastwagenfahrer, dem wir aufgefahren sind, haben wir auch nicht, es war ja schließlich unsere Schuld. Klar hätten wir uns den Namen geben lassen sollen, aber bei der Aufregung haben wir gar nicht daran gedacht. Einen Tag lang hat es gedauert, das Fahrzeug wieder so herzurichten, dass wir die Reise fortsetzen können. Jaja, der mit den blonden Haaren ist Mechaniker, wir haben es selbst repariert, wir waren in keiner Werkstatt. Warum wir dann trotzdem zwei Tage zu spät sind? Naja, mit dem Schaden kann man nur sehr langsam fahren. Als ich ihm das erzähle, muss ich daran denken, wie die Tempolimit-Schilder bei 180 Stundenkilometer an uns vorbeigeflogen sind. Er fragt mir langsam ein Loch in den Bauch. Ob die Autos bis nach Indien durchhalten? Klar, davon gehen wir aus, kein Problem. Ob wir die Autos verkaufen wollen, wo wir in Pakistan übernachten werden, ob uns der Iran gefallen hat, ob wir wieder kommen – natürlich, der Iran ist klasse, besonders das Grenzpersonal.

Das war alles. Keine weiteren Fragen. Ich glaube, er hat es geschluckt. Jetzt werden wir wohl reingehen und die Ausreisestempel bekommen. Doch anstatt zurück zum Büro geht der Mann auf Daniel zu. Nach dem Motto „und nach der Rückkehr werden die Kandidaten getrennt voneinander befragt" wird auch er ausgequetscht. Ich hoffe, er sagt alles so, wie wir es abgemacht haben. Ganz schön aufregend, diese Story. Einen ganzen Abend haben wir daran gefeilt, sie möglichst einfach und unkompliziert gemacht, möglichst logisch und nachvollziehbar. Ich stehe mit Rammi am Auto und spreche mit ihm die Geschichte nochmal im Detail durch. Als die beiden auf uns zu kommen, scheint alles in Ordnung zu sein, er hat an keinen von uns weitere Fragen. Daniels Version des Unfalls wich wohl nicht von meiner ab. Wir folgen ihm zurück ins Büro. Die Holzbank vor dem Counter lacht uns schon wieder an, wir sollen sitzen und warten. Der Grenzbeamte sitzt vor uns an seinem Arbeitsplatz und telefoniert fleißig. Was will er denn schon machen? Wir wollen doch nur raus aus dem Land, das wir schon vor drei Tagen verlassen sollten. Ein Vorgesetzter ist gerade unterwegs, es könnte eine Weile dauern. Dies sagt er allerdings so freundlich, dass wir uns wenig Sorgen machen. Draußen bei den Autos ist es schon ziemlich warm. Es ist inzwischen fast Mittag. Zeit für unser Frühstück. Ich bin gespannt, wie das aussieht, wenn man von einem Land, in dem man auf der rechten Spur fährt, in ein anderes Land einreist, in dem Linksverkehr herrscht – ein Überbleibsel der englischen Besatzung. Wird da ein Schild angebracht sein, auf dem „Achtung, ab jetzt Fahrspur wechseln" steht? Und wenn schon, lesen können wir die arabischen Zeichen sowieso nicht. Langsam macht sich Müdigkeit breit, denn besonders viel Schlaf hatten wir letzte Nacht ja nicht abbekommen. Aber es macht einen besseren Eindruck, brav auf der Holzbank zu warten als uns lässig in die Sitze zu schmeißen und laut zu schnarchen.

Nach einer weiteren halben Stunde ruft mich der Grenzer zu sich. Er fragt mich, was ich denn von Beruf sei. Student, aha. Ob ich mal Ingenieur werde? Nein, überhaupt nicht, ich studiere Soziale Arbeit. Was das ist? Jetzt wird es schwierig, doch ich versuche mein Bestes. BWL oder Maschinenbau wäre jetzt einfacher zu erläutern. Das Gespräch entwickelt sich zu einem netten Plausch mit dem Mann. Was denn die beiden anderen von Beruf seien. Ich erzähle es ihm. Ob ich verheiratet wäre, also bitte, jetzt wird es aber persönlich, nein, ich bin nicht verheiratet. Warum nicht? Ich überlege mir gerade eine Antwort, da klingelt das Telefon. Ich soll mich jetzt bitte wieder hinsetzen. Natürlich. Kurze Zeit später ruft er uns zu sich. Wie vorher beim Anblick unserer Autos zieht er die Augenbrauen wieder fast bis zur Berührung zusammen und setzt zu seiner Rede an: Normalerweise müsste er hohe Beträge für die überzogene Aufenthaltsdauer verlangen. Die Fünf-Tage-Regel habe schon ihren Grund, jeder habe sie einzuhalten, auch wir. Das nächste Mal müssten wir uns, wenn wir durch einen Unfall die Zeitvorgabe nicht einhalten könnten, unbedingt bei der nächsten Polizei melden. Wir versprechen es und beteuern, sofort Meldung bei den Behörden zu machen.

Wir stehen um den uns belehrenden Grenzer wie kleine Kinder um den Nikolaus. Der laute Knall des gewaltigen Stempels auf unseren Pässen ist Musik in meinen Ohren. Ob wir die Schweizer kennen, die vor wenigen Wochen hier vorbeigekommen sind, möchte er noch wissen, das läge doch auch in unserer Gegend. Da hat er Recht, von hier aus gesehen ist die Schweiz tatsächlich „in unserer Gegend". Doch alle Leute zu kennen, die aus „unserer Gegend" sind, dürfte jedoch relativ schwierig sein. Er zeigt uns ein großes Buch, in dem sämtliche passierenden Fahrzeuge vermerkt werden. Die europäischen Fahrzeuge, die in den letzten Monaten an dieser Grenze vorbeikamen, kann man an einer Hand abzählen. Die drei Schweizer waren anscheinend im November mit dem Motorrad unterwegs. Kann das sein? Bei diesen Wetterverhältnissen in der Türkei und im Norden Irans? Wir sind beeindruckt. Das müssen harte Jungs sein.

Das Rätsel mit der Umstellung auf den Linksverkehr ist schnell gelöst – die 20 Meter Überfahrt ins pakistanische Grenzgebiet erfolgen auf einer einspurigen Straße. Nachdem wir an den kurzen Mauerstücken links und rechts vorbei sind, fahren wir auf die linke Spur der Straße. „Ab jetzt links fahren, nicht vergessen", versuche ich mir in meinen Kopf zu hämmern.

Das Erste, was uns in Pakistan begegnet, ist zwar nicht inhaltlich, jedoch in seiner Intensität sehr überraschend: „HATE USA" ist in riesigen Druckbuchstaben an eine Ziegelmauer geschmiert. „Ich glaube, als Ami wäre die Einreise nicht sehr angenehm", kommentiert Daniel den Schriftzug. „Ich bin mir nicht sicher, ob wir als amerikanische Staatsbürger überhaupt so weit gekommen wären – ich würde es erst gar nicht versuchen", antwortet Rammi, „das wäre dann wohl echt ein bisschen zu viel Abenteuer."

Das erste Büro, in das wir gelotst werden, ist zu unserer Überraschung eine Geldwechselstube. Wir gehen davon aus, dass Geldwechseln hier obligatorisch ist, zumal der beleibte Typ uniformähnliche Kleidung trägt und unsere Pässe sehen will. Wir tauschen fünfzig Euro und bekommen 2.500 pakistanische Rupien. Ob das ein guter Kurs ist, wissen wir nicht. Das Portrait des hiesigen Staatschefs General Musharraf hängt, über alles wachend, im DIN A2-Format über dem Schreibtisch. Man sieht ihn in Uniform und mit stolzem Blick, auf seiner Schulter glänzt vergoldetes Metall. Jede Menge Abzeichen und bunte Bänder, die ein bisschen an Christbaumschmuck erinnern, zieren seine Brust.

Der Wechselstubenbeamte unter dem Plakat des Staatschefs erklärt uns den weiteren Ablauf der Einreiseprozedur. Das Ganze klingt im Grunde gar nicht kompliziert, was uns sehr freut. Auf dem Weg zu den Fahrzeugen rätseln wir darüber, ob wir überhaupt wechseln mussten und ob wir gerade gewaltig übers Ohr gehauen wurden.

Der Schotterweg führt weiter zu einer großen Halle. Hier ist es ganz anders als an allen Grenzen, die ich je gesehen habe. Wir befinden uns nicht in einem Grenzhof, also einem abgeschlossenen Areal mit Zäunen, Ketten und Schlössern, sondern in einer Gegend, die schon fast an ein Dorf erinnert. Es stehen zwar hier und da Polizei und Militär herum, aber es scheint keinen festen Ablauf zu geben, man muss einfach die verschiedenen Stationen durchlaufen, egal in welcher Reihenfolge. Die Haupthalle der Grenze liegt jetzt direkt vor uns: ein riesiges Gebäude mit ausgewiesenen Parkplätzen, die sogar bepflanzt sind, oder besser gesagt, einmal bepflanzt und wohl nie wieder gegossen wurden. Hier ist überhaupt alles vertrocknet, der Boden staubt permanent, ja sogar die vertrockneten Pflanzen sind eingestaubt. Dass es hier seit über vier Jahren nicht mehr geregnet hat – dies hat uns zumindest der Wechselstubenbeamte erzählt – glauben wir gerne.

Wir parken unsere Wagen auf dem Parkplatz und marschieren mit unseren Papieren in der Hand in das große Gebäude. Nachdem wir durch die Türe gegangen sind, stehen wir sogleich in einem riesigen Raum, der so eine Art Großraumbüro darstellt. Wir stehen sofort im Mittelpunkt, einer der fünf Schreibtischbeamten bietet uns sogleich einen Platz an. Er stellt sich als Chef der Behörde vor. Sein Englisch ist nahezu perfekt. Bevor er unsere Pässe ansieht, erzählt er uns seine Lebensgeschichte. Bei drei oder vier Gläsern Tee bekommen wir sämtliche Länder und Städte aufgetischt, die er jemals bereist hat. Köln, Düsseldorf, eine Schifffahrt auf dem Rhein, Rasen auf der Autobahn – und das verrückte Münchner Bierfest im Oktober schildert er uns schließlich besonders genau. Er scheint ein lustiger Typ zu sein, umkompliziert und froh, endlich mal wieder europäischen Besuch zu haben. Doch die Zeit verfliegt. Wir lenken das Thema langsam auf unsere Papiere, schließlich wollen wir heute noch ein Stückchen weiterkommen. Die Pässe und die Fahrzeugscheine werden abgenickt, alle Formalitäten scheinen wie geschmiert zu laufen. Doch plötzlich taucht ein Problem auf: Daniel ist in beiden Carnets de Passage, also der Fahrzeugbegleitpapiere, als Besitzer der Autos eingetragen. Das kann nicht sein, dass ein Mann zwei Autos hat. Wir erklären ihm, dass das jedoch tatsächlich der Fall und absolut korrekt ist. Wir sind nicht mehr ganz so angespannt wie im Iran, da hatten wir ja dasselbe Problem.

Aber Pakistan ist nicht Iran, wir wissen nicht, wie die Uhr hier tickt. Das Telefon, wichtigstes Hilfsmittel für diese Behörden bei allen Fragen, die nicht direkt beantwortet werden können, kommt mal wieder zum Einsatz. Der Chef in der Hauptstadt Islamabad muss angerufen werden. Ich könnte wetten, dass der beim Essen oder Beten ist. Der Mann legt den Hörer tatsächlich nach kurzer Zeit auf: „I´m sorry, you have to wait, he is praying at the moment." Ich hab´s gewusst! Der nächste Tee ist im Anmarsch, ich glaube, es ist der fünfte oder sechste.

Wir warten keine halbe Stunde im klimatisierten Raum auf gemütlichen Sofas, da lädt uns der Chef zum Essen ein. Zusammen mit den anderen Herren, die in diesem Raum sitzen, reihen wir uns um einen Tisch und bekommen eine Mahlzeit serviert, die sehr komisch aussieht. „Leute, auf meinem Teller hat gerade etwas gezuckt, echt kein Witz." Daniel starrt entgeistert auf seinen Teller. „Bei mir auch, das Zeug lebt doch, gleich wird es uns mit Vornamen ansprechen", stelle ich fest. Rammi versucht uns zu beruhigen: „Also jetzt stellt euch nicht so an, ihr Weicheier. Die Pampe schmeckt doch gar nicht so schlecht. Und alles, was nicht umbringt, macht hart." „Da wäre ich mir aber nicht so sicher, ob das Essen dich umbringt oder hart macht", sagt Daniel und zwinkert mit dem Auge. „Wie auch immer", entgegnet ihm Rammi und schiebt sich einen Löffel voll in seinen Mund, „wir werden es herausfinden". Seinen Optimismus möchte ich haben. Einer der Beamten erklärt uns zwar, was das ist, aber ehrlich gesagt verstehen wir kein Wort. Es ist eine schlechte Idee, das Zeug zu essen, soviel scheint sicher, unsere Mägen werden es uns übel nehmen. Es ist aber eine noch schlechtere Idee, das Essen abzulehnen, das wäre sehr unhöflich, und Unhöflichkeit ist das letzte, was man beim Zoll zeigen sollte. Also rein mit dem Zeug! Wir geben zum Dessert eine Runde Zigaretten aus. Die Beamten greifen ausnahmslos zu und nehmen teilweise gleich mehrere Glimmstengel aus der Schachtel.

Es ist mittlerweile halb drei Uhr. Wir sitzen auf dem Sofa und rauchen mal wieder. Endlich kommen die Männer aus dem Hinterzimmer zurück. Ich weiß nicht, was sie da gemacht haben, vielleicht geschlafen, vielleicht etwas besprochen, vielleicht einfach geraucht, wir haben keine Ahnung. Der nächste Anruf dauert etwas länger. Daniel wird hergerufen. Wir beobachten, wie immer wieder in den Carnets geblättert wird, wie immer wieder die Fahrzeugscheine auseinander- und wieder zuammengefaltet werden. Rammi wird von Daniel gerufen. Geht endlich etwas voran? Daniel schnorrt ihn an, er wollte nur eine Zigarette haben, was darauf hindeutet, dass er vielleicht etwas angespannt ist. Plötzlich knallt es, die Stempel werden auf unsere Papiere gedrückt. Uns fällt ein Stein vom Herzen, endlich eine Runde weiter. Rammi und ich werden an den Schreibtisch geholt, zu dritt müssen wir nun alles auflisten, was wir an technischen Geräten dabei haben, danach folgt die Fahrzeugdurchsuchung. Wir räumen beide Autos komplett aus.

„Die Kamera ist weg", hören wir Rammi mit dringlichem Ton rufen. Nein, das kann nicht sein, gestern Nachmittag war sie noch da. Wir suchen fieberhaft beide Wagen durch, doch leider hat er tatsächlich Recht, die digitale Video-kamera inklusive der Tasche mit den bisher aufgenommenen Videos ist verschwunden. „Gestern war doch der Kofferraum offen, als wir aus der Polizeistation kamen, da leuchtete doch das Warnlicht, erinnerst du dich?" Daniel erinnert sich, das passt alles zusammen, die Kamera muss aus dem Kofferraum genommen worden sein, während wir in der Polizeistation in Mirjave auf den Kaugummi-Orangen herumgekaut haben. „Wir müssen noch mal zurück nach Mirjave", sagt Rammi bestimmt. Wir sprechen mit dem Zollpersonal, erklären die ganze Sache. Das dauert. Zurück in den Iran zu reisen, wird nicht einfach werden, wir sind praktisch schon ausgereist und das wieder rückgängig zu machen, wird sehr kompliziert und zeitaufwändig. Trotzdem, wir holen uns die Kamera wieder! Wenn es der wachhabende Polizist von gestern Abend nicht war, der mit seiner Maschinenpistole direkt vor unseren Autos gestanden hat, dann muss er zumindest etwas gesehen haben, so viel ist sicher. Wir müssen die Polizisten zur Rede stellen. Der Chef, der kurz im Gebäude verschwunden war, kommt mit zwei Beamten wieder zurück. Er erklärt uns, dass einer von uns hier bleiben muss. Eines unserer Autos muss komplett ausgeräumt werden, mit diesem Fahrzeug und mit den zwei Beamten können wir dann für genau eine Stunde nach Mirjave. Die beiden regeln das mit den Behörden im Iran, sie sprechen farsi. Hastig räumen wir das Auto leer. Pässe, Fahrzeugscheine und Carnets kommen mit, alles andere liegt auf einem Berg in und auf dem anderen Wagen. Mit einem beschriebenen Blatt Papier steigen wir wieder in unser Fahrzeug ein. Alle Kontrollen, inklusive der Militärs am Grenztor, geben uns durch dieses Papier freie Fahrt. Ob wir die Kamera wieder zurückbekommen? Wird es jemand zugeben?

Die Mannschaft an der Straßenbarriere am Wasserspeicher kennt uns, es ist die erste Schicht, die wir vorgestern kennen gelernt haben. Aufgrund des Autos sind wir gleich erkannt worden, auch diese Hürde nehmen wir in kurzer Zeit. Mir wird irgendwie komisch, als wir die Polizeistation in Mirjave erreichen. Gott, wie hasse ich diesen Ort, der uns von Anfang an unsympathisch war. Jetzt sind wir wieder da, zum dritten Mal. Dieses Mal jedoch wird uns das große Hoftor geöffnet, wir fahren direkt vor das Hauptgebäude. Der Polizeichef, der uns gestern zurück nach Zãhedãn geschickt hat, muss wohl schon Wind davon bekommen haben, er steht bereits auf der Veranda. „Ok, freundlich benehmen, nicht ausrasten. Gut, dass Daniel nicht dabei ist." Rammi ist genauso angespannt wie ich. Der Chef begrüßt uns ebenfalls freundlich, aber doch sehr ernst. Wir erklären die Lage, einer der Beamten übersetzt jeden Satz sehr langsam. Nach kurzer Diskussion ruft der Chef seine Polizisten zu sich. Einige von ihnen kommen wohl aus dem Bett, ihre Haare stehen in alle Richtungen, manche tragen Jogginghosen oder nur Shorts und T-Shirts. Er fragt, wer gestern Abend draußen vor dem Tor Dienst hatte. Der junge Mann meldet sich, wir erkennen ihn sofort wieder. Der Polizist ist sichtlich nervös, sein Kopf ist rot, seine Antworten sehr kurz und mit leiser Stimmte vorgetragen. Sein Chef nickt und dreht sich zu dem Beamten, der uns gleich wieder übersetzt, dass es ihm Leid täte, dass wir bestohlen worden seien, aber er sei sich sicher, dass jemand von seinen Männern es auf keinen Fall gewesen sein könnte.

Uns ist klar, dass Nachbohren nichts bringen würde. Fast die ganze Station steht mittlerweile auf der Veranda, etwa 25 Leute. Der Chef muss hinter ihnen stehen und zu ihnen halten. Ich bin mir sicher, dass bei einer Zimmerdurchsuchung die Kamera zum Vorschein käme. Niemals hätte jemand damit gerechnet, dass wir tatsächlich zurückkommen, wir wollten schließlich so schnell wie möglich nach Pakistan. Auch die pakistanischen Beamten drängen darauf, wieder umzudrehen. Nach einer flüchtigen Verabschiedung befinden wir uns schon wieder auf dem Weg zurück. Die Stimmung ist der deprimierenden Situation entsprechend. Die erneute Einreise ist, wie erwartet, nicht sehr kompliziert, das Auto wird kurz durchsucht und die Beamten befragt. Nach fast genau einer Stunde sind wir wieder zurück in Pakistan bei Daniel, der ganz alleine und verlassen neben dem Auto auf dem vertrockneten Parkplatz sitzt und die Sonne genießt. „Und?" „Er war's, hundert Prozent, aber keine Chance." Die Unterhaltung beschränkt sich auf die paar Worte, die Stimmung ist auf dem Tiefpunkt. Jetzt ist es auch zu spät zum Weiterfahren, wir müssen mal wieder am Zoll übernachten. Die Zeit läuft uns davon. Der Traum, noch zum Abschluss auf die Malediven zu kommen, wird immer unrealistischer, die Zeit und auch das Geld werden nicht ausreichen. Während wir die Fahrzeuge einräumen und Daniel nur Schwachsinn redet, wird die Stimmung jedoch immer besser. Obwohl diese teure Kamera ein Geburtstagsgeschenk seiner Freundin war, steckt Rammi den Verlust schnell weg: „Das Ding ist weg. Die Filme auch, das ist echt beschissen, all die guten Aufnahmen sind jetzt in Mirjave. Wahrscheinlich sitzen im Moment alle vor dem Fernseher und lachen über die Szenen, die wir gefilmt haben. Diese Ärsche! Aber so ist das eben."

Alle rätseln, wie denn der Kofferraum zu öffnen war, ob wir uns sicher waren, dass wir überhaupt abgeschlossen hatten, als wir in die Station geholt wurden, mit all diesen Spekulationen schlagen wir die Zeit tot. Kurz vor sechs Uhr abends kommt der freundliche Grenzchef, der jetzt im Grunde gar nicht mehr so freundlich ist – wir müssen den Parkplatz verlassen. Als wir von unserem Ausflug nach Mirjave zurückkamen, versprach er uns, wir könnten hier übernachten, jetzt kennt er uns plötzlich kaum mehr und ist ganz schön ruppig. Das soll jemand verstehen.

Wir verlassen das Grenzgebiet und steuern das einzige Hotel an, das es in diesem Grenzort gibt. Die Preise, die uns der Besitzer auftischt, sind allerdings mehr als eine Frechheit, geradezu utopisch: Mehr als dreißig Euro pro Mann möchte er für eine Unterkunft, das ist wohl das Zehnfache des normalen Preises. Ohne zu verhandeln steigen wir wieder in die Autos. Nein, das ist auch keine Basis, um zu verhandeln, das ist Wucher. Gleich an der Grenze ist ein riesiger Warenumschlagplatz. Dort werden alle Güter, die zwischen den beiden Ländern transportiert werden, umgeladen. Die pakistanischen Lastwagen sind unglaublich kreativ und bunt bemalt, oft sind sogar die Seitenscheiben der Fahrerkabine bunt beklebt, so dass nur die Sicht nach vorne frei ist. Es sieht verrückt aus. Auf diesem riesigen Umschlagsgelände werden wir heute übernachten. Der Parkplatz ist schon sehr voll, doch wir finden zwei Stellplätze direkt am Zaun. Es riecht fürchterlich nach Urin, denn alle Fahrer pinkeln einfach an den Zaun – so etwas wie eine Toilette gibt es nicht. Mittlerweile ist es schon fast finster, immer wieder kommen die Fahrer zu uns und fragen nach Whiskey oder Pornos.

Wir sitzen mal wieder zu dritt in einem Auto und plaudern. Das haben wir schon einige Tage nicht mehr gemacht, da wir uns immer mehr angenervt haben, wenn auch nur wegen Kleinigkeiten. Doch jetzt sind wir in Pakistan, in dem Land, vor dem wir immer wieder gewarnt wurden, ob in verschiedenen Internetforen, von Iranern oder von meiner Mama. Die Pakistanis können wir in der Tat in keinster Weise einschätzen. Vorsicht ist angebracht. So etwas schweißt wieder zusammen. Irgendwie habe ich das Gefühl, dass keiner von uns seine schlechte Stimmung preisgeben will, um die Anderen nicht runterzuziehen. So wird gescherzt und die Lage als „gut" bewertet, die Malediven kommen wieder zur Sprache, die Erlebnisse der Reise werden übertrieben positiv dargestellt und das Thema der verlorenen Kamera als längst vergessenes Ereignis betrachtet, obwohl das nicht einmal fünf Stunden her ist. Als wir uns schlafen legen und ich mich alleine im anderen Auto in meinen Schlafsack hülle, kommt mir die ganze Reise total irreal vor. Jeden Tag ändern sich die Schauplätze und die Menschen, denen wir begegnen, jeden Tag passieren andere überraschende Dinge. Das Rad der immer wieder neuen Erfahrungen und Situationen dreht sich weiter, es scheint niemals still zu stehen. Langsam rückt Neu Delhi, das bis jetzt so ferne Ziel, immer näher, langsam wird es immer wahrscheinlicher, dass wir es tatsächlich erreichen könnten. Ich schätze die Entfernung auf schlappe 1.500 Kilometer, vielleicht auch ein bisschen mehr. Während ich nachrechne, klopft zum zwanzigsten Mal einer der Truckfahrer an die Scheibe, der wahrscheinlich wieder Whiskey oder Pornos haben möchte. Ich tue einfach so, als würde ich tief und fest schlafen.

# Tag 18
22. Februar

Rund 600 Kilometer sind es bis Quetta, davon mehr als 400 Kilometer gut ausgebaute Strecke. Das dürfte doch zu schaffen sein! Zu meiner Überraschung sind wir schon bei Sonnenaufgang wach. Wahrscheinlich liegt es an dem Gerenne zum Zaun, das irgendwann eingesetzt hat. Unzählige Fahrer gehen jetzt ihren Bedürfnissen nach, einige befinden sich auch in der Hocke, was den grässlichen Gestank erklärt, der uns schon morgens überfällt. Bloß weg hier, das hält keiner mehr aus. Das Fahrzeug, in dem Rammi und Daniel übernachtet haben, springt nicht mehr an, wir müssen überbrücken. Wahrscheinlich haben die zwei mal wieder die ganze Nacht Musik gehört. Das Ganze zieht sich. Jede Sekunde ist hier zu viel, zehn Meter vom Toilettenzaun entfernt macht die Sache echt keinen Spaß. Endlich springt der Motor an, wir machen uns sofort vom Hof. Die bunt bemalten Lastwagen glänzen in den ersten Sonnenstrahlen in allen Farben. Solche derart bunt bepinselten Trucks haben wir auf unseren bisherigen Reisen noch nie gesehen.

Die Landstraße der ersten Etappe könnte nicht besser sein. Breit und gerade, bestens geteert und außerdem sind kaum Fahrzeuge auf der Strecke zu überholen, Dörfer und Städte durchqueren wir nur selten. So bringen wir die ersten 200 Kilometer schon vor dem Frühstück spielend hinter uns. Die Landschaft ist nicht viel anders als im östlichen Teil Irans, sie ist trocken und nicht sehr abwechslungsreich. Dürre Bäume und Büsche rasen links und rechts an uns vorbei. Ich weiß nicht, von was die Leute hier leben. Die Häuser, die wir von der Straße aus sehen, sind flach und aus braunem Lehm, oft haben sie keine Türen im Rahmen und wenige bis gar keine Fenster. Man entdeckt die gleichen Werbetafeln und Logos, auf die man auch in den abgelegensten Winkeln in Afrika, Südamerika und einfach überall auf der ganzen Welt trifft: Coca-Cola, Shell, Toyota, Nestlé.

Als wir durch ein kleines Dorf fahren, fallen uns die Benzinkanister auf, die aufgestapelt am Straßenrand stehen. Das sind wohl die Hinweise auf den Schwarzmarkt, von denen uns der Grenzer erzählt hat. Unsere Benzinvorräte sind zwar noch nicht am Ende, doch bis nach Quetta reicht es sicher nicht. Wir bleiben vor einem der Kanister auf der Straße stehen. Ich gehe mit Rammi in das Haus, das ungefähr zwanzig Meter davon entfernt ist. Wir klopfen an die Tür. „Hello?" Wir warten eine Weile, bis ein kleiner Junge, vielleicht acht Jahre alt, die Tür aufmacht. Er gibt uns ein Zeichen, dass wir reinkommen sollen. Ein alter Mann steht im Raum und sieht uns an, gesprochen wird nur das Nötigste. Der Kleine führt uns in einen Raum, dort sind mehrere Kanister aufgestapelt. Rammi und ich nehme jeweils zwei Stück in die Hand, doch der Mann winkt ab, wir bekommen insgesamt nur zwei Stück, vierzig Liter. Bezahlt werden muss sofort. Der Preis entspricht genau der Voraussage des Grenzers, dreißig Rupien pro Liter, das entspricht sechzig Cent. Sogar auf dem Schwarzmarkt herrscht ein Einheitspreis, das erspart uns anstrengendes Handeln. Da wir an der Grenze hier und da Gebühren zahlen mussten, haben wir jetzt fast kein einheimisches Geld mehr übrig. Mit der Menge an Sprit könnten wir es nach Quetta schaffen. Wir betanken die Autos selbst. Der Einfülltrichter ist aus hartem, mit Wachs überzogenem Papier, den der alte Mann wohl selbst gebastelt hat. Fragen können wir ihn nicht, denn er ist erst gar nicht aus seinem Haus gekommen. Aber der kleine Junge steht mit wachsamem Blick neben uns und gibt Anweisungen, wie man den Trichter hält, ohne einen Tropfen zu verschütten. Unsere letzten 150 Rupien bekommt der kleine, pfiffige Kerl.

Nach ungefähr 350 Kilometern wird die Straße immer enger, bis wir uns auf einer einspurigen Piste befinden. Entgegenkommenden Fahrzeugen muss also ausgewichen werden, wobei man gezwungen ist, den Teerstreifen mit zwei Rädern zu verlassen, die dann neben der Straße in teils gewaltige Löcher eintauchen. Nach ein paar harten Schlägen lernen wir, dass die Geschwindigkeit beim Ausweichen immer drastisch gemindert werden muss, da es uns sonst irgendwann die Ölwanne durchschlägt. Anscheinend haben Einheimische automatisch Vorfahrt, denn die entgegenkommenden Autos und vor allem die Lastwagen machen nicht den geringsten Anschein als würden sie auch nur ans Ausweichen denken. Bei Daniel, der alleine voraus fährt, ist die Wüstenerfahrung nicht zu übersehen, oft fährt er absichtlich neben der Straße, um ein bisschen im Sand zu „spielen". Wegen der immensen Staubentwicklung fahren wir in so großen Abständen, dass wir ihn oft gar nicht mehr vor uns sehen.

Die Fahrt wird unterbrochen durch militärische Streckenposten, dort treffen wir dann immer wieder auf Daniel. Anfangs machen wir demütig unsere Angaben, die Polizisten wollen wirklich alles wissen, sogar der Beruf unserer Väter wird vermerkt. Bis wir unsere Leben in Fakten auf den Tisch gelegt haben, vergeht mehr als eine Stunde. Wir sind echt froh, als wir endlich weiterfahren dürfen. Diesmal übernimmt Rammi im Wagen mit der größeren Bodenfreiheit die Vorhut. Auch er fährt mehr neben der Straße als nötig. Als Hobby-Rallyefahrer muss das wohl der Himmel für ihn sein – seine geklaute Kamera ist spätestens jetzt komplett vergessen. Mit dem tiefer gelegten Auto ist es unmöglich, ihm hinterherzukommen. In den Sandstegen sind immer wieder große Steine, die einen unglaublich lauten Schlag verursachen, wenn sie gegen die Ölwanne oder gegen den Auspuff knallen. Kaum fünfzig Kilometer nach der Militärkontrolle haben wir Rammi wieder eingeholt, sein Wagen parkt vor dem nächsten Schlagbaum. „Nein, nicht schon wieder der ganze Zirkus. Beim nächsten Mal bring ich denen ein Faxgerät vorbei", mosert Daniel und kramt im Handschuhfach unsere Papiere hervor. Wir gehen hinein. Angespannt sind wir bei solchen Kontrollen überhaupt nicht mehr, da wir uns mit der Zeit daran gewöhnt haben. Ich frage einen der vier Soldaten vorsichtig, ob ich die Arbeit für ihn übernehmen und unsere Daten selbst in die Liste eintragen soll. Der Soldat schaut mich verdutzt an. So ein Angebot hat er wohl noch nie bekommen. Dass er diese Frage bejaht, überrascht auch uns. Ich setze mich hinter den Schreibtisch und trage in Windeseile die Daten ein. Die ganze Arbeit dauert weniger als zehn Minuten. Wir blättern das Buch ein bisschen durch, die ersten Einträge sind von 1997. Immer wieder sind Eintragungen über schweizerische, deutsche und französische Touristen zu finden. Die drei Schweizer mit den Motorrädern, von denen uns an der iranischen Grenze berichtet wurde, sind die letzten europäischen Touristen, die vermerkt sind. Wir geben noch eine Runde Zigaretten aus, die Soldaten nehmen dankend an. Als wir wieder einsteigen, sind inklusive Raucherpause maximal zwanzig Minuten vergangen. So ist das schon besser. Dieser Ablauf wiederholt sich bis nach Quetta noch drei Mal. Bei der letzten Kontrolle vergehen vom Abstellen der Motoren vor dem Schlagbaum bis zur Weiterfahrt rekordverdächtige elf Minuten!

Es ist mittlerweile halb fünf Uhr nachmittags, wir haben also noch knapp zweieinhalb Stunden bis es dunkel wird. Da sollten wir dann auf jeden Fall in einer Unterkunft in Quetta sitzen, getankt und Geld umgetauscht haben. Noch fünfzig Kilometer, die sandigen Passagen sind endgültig vorbei, die Straße ist nun eine Mischung aus Teer- und Schotterpiste, dazu verlangsamen gewaltige Schlaglöcher die Fahrt merklich. Immer wieder und in unregelmäßigen Abständen tauchen plötzlich riesige Vertiefungen auf, die das Ende der Vorderachse bedeuten könnten. Wir müssen jetzt alles geben, um die Autos heil durch das letzte Stück Schotterpiste zu bringen – aber die Stimmung ist super, wir sind zuversichtlich, dass uns das gelingen wird.

Exakt nach 594 Tageskilometern beginnt eine zweispurige, löcherfreie Teerstraße. Quetta mit einer halben Million Einwohnern dehnt sich weit aus, unzählige Vororte haben sich vor dem Stadtkern angesiedelt. Es herrscht reges Treiben. Die Häuser sind nun ganz anders als auf der gesamten Strecke hierher. Teilweise sind größere Wohnblöcke mit vier oder fünf Stockwerken zu sehen, dazwischen quetschen sich provisorisch gebaute Blechhütten und kleine Lehmbauten. Immer wieder stehen auch moderne Geschäftshäuser mit großen Glasschaufenstern und Leuchtreklameschildern dazwischen. Die Tankstellen sehen genauso aus wie bei uns in Deutschland. Umso näher wir der Stadt kommen, umso dichter wird der Verkehr, der anscheinend genauso abläuft wie in Teheran: Der Stärkere setzt sich durch. An Kreuzungen und Kreisverkehren kommen wir in wahnsinnig chaotische Situationen, teilweise stehen alle, es geht nichts mehr voran, überall hört man Hupen oder lautstarkes Schimpfen der Fahrer oder der Fußgänger. Wir haben keinen Stadtplan, deswegen halten wir an einer Tankstelle an, um nach dem Weg zu fragen. Als ich die beiden Männer freundlich begrüße, bekomme ich keine Antwort. Ich frage auf Englisch, wo es denn zur City geht, doch beide schauen mich ernst an, keiner spricht mit mir. Anstatt einer Antwort ernte ich eine abfällige Handbewegung, die mir verständlich macht, dass ich abhauen soll. Komisch, was habe ich denen getan? Wir fahren weiter – dann suchen wir die Innenstadt eben selbst.

Die wenigen Verkehrsschilder in arabischer Schrift nützen uns relativ wenig, obwohl sich Rammi die arabischen Zeichen gut einprägen kann und sie dann oft wiedererkennt. Doch wir wissen weder, wie das Wort „Innenstadt" in pakistanischer Sprache heißt, noch wie es geschrieben wird. „HOTEL" steht groß und dick über einem vierstöckigen modernen Bau geschrieben, das ist doch mal eine Ansage. Als ich an der Rezeption nach dem Preis frage, ist der Rezeptionist sehr unfreundlich, aber immerhin spricht er mit mir. „Der Preis ist mir zu hoch" sage ich ihm, um eine Basis zum Feilschen zu schaffen. „Dann schlafen sie woanders", seine Antwort. Er will uns hier nicht haben, das merke ich deutlich. Genauso „freundlich" werde ich in zwei weiteren Unterkünften behandelt. Wir verstehen das nicht. „Vielleicht denken die, dass wir Amerikaner sind. Drei weiße Typen in zwei schwarzen großen Autos, da könnte man doch glatt meinen, wir sind die CIA persönlich." Rammi hat Recht. Vielleicht sollten wir uns vorstellen, bevor wir Fragen stellen. Es funktioniert tatsächlich. Nachdem wir der Begrüßung anfügen, dass wir aus Deutschland sind, werden wir freundlich, ja sogar zuvorkommend behandelt. Hotelpreise sind hier für dortige Verhältnisse relativ hoch angesiedelt, unter vierzig Euro können wir nichts finden. Der Rezeptionist empfiehlt uns daher Gästehäuser, in denen man ein Zimmer nehmen und seine Fahrzeuge im Innenhof direkt davor parken kann. Er beschreibt uns den Weg zu solch einem Gästehaus.

Wir finden es auf Anhieb. Daniel und Rammi warten in den Autos an der Straße, während ich kurz hineingehe, um nachzufragen. Als ich wieder rauskomme, unterhalten sich die beiden schon mit einem Taxifahrer, der sehr großes Interesse an unserer Reise zeigt. Durch ihn erfahren wir auch, wo wir den Schwarzmarkt zum Geldwechseln finden können. Das Tor wird geöffnet, wir können einfahren. Ein unglaublich dicker Mann, der Besitzer des Gästehauses, übergibt uns den Schlüssel und zeigt uns das Zimmer. Als wir durch die Tür kommen, laufen wir gegen eine dicke Wand. Die Luft scheint in diesem Raum zu stehen. In den Ecken schimmelt es gewaltig. Die Farbe des Teppichs ist nicht mehr identifizierbar, er ist mit Flecken und Brandlöchern übersät. Am Abend mache ich den Fehler, barfuß auf den Teppich zu treten, und sogleich habe ich so viele Fusseln und Krümel an den Fußsohlen, dass ich sie sofort unter die Dusche halten muss. Die Betten sind mit weißen Tüchern überzogen, die noch mehr Flecken als der Teppich aufweisen. Es ist klar nachzuvollziehen, wo es jemand wohl nicht mehr ins Bad geschafft oder geblutet hat. Die Decken sind darüber hinaus auch leicht feucht, so dass es schon Überwindung kostet, sie nur anzufassen. Aber dafür sind wir nicht allein. Jede Menge Krabbeltiere haben ein komplexes Verkehrssystem aufgebaut, das die Betten geschickt verbindet. Sobald man in der Nacht die einzige Glühbirne ausschaltet, die von den drei vorhandenen noch funktioniert, kann man verschiedene Krabbel- und Kriech-geräusche hören. Im Bad, sofern man den Raum so bezeichnen kann, hängt ein Spiegel, der jedoch so matt ist, dass man nicht mal seine Umrisse erkennen kann. Das Waschbecken ist außen ocker, innen braun. Früher war es wohl mal beidseitig weiß. Aus der Dusche kommt zwar Wasser, aber leider nicht sehr viel auf einmal. Es dauert eine Weile, bis der ganze Körper nass ist.

Wir müssen eigentlich nur noch lachen. Wir alle haben mehr als ein Jahr im Ausland verbracht, doch in so einer Bude haben wir selten geschlafen. Aber das ist eigentlich egal – wir sind heil angekommen und die Autos stehen ebenfalls heil direkt vor unserem Zimmer, das ist das Wichtigste. Wir haben eigene Decken, um sie aufs Bett zu legen, wir haben Schlafsäcke, wir haben Schuhe, um nicht barfuß über den Teppich gehen zu müssen. Was will man mehr?

Rammi und Daniel gehen los, um den Schwarzmarkt zu finden, während ich die wichtigsten Sachen ins Zimmer räume und dann mein Tagebuch mal wieder auf den neuesten Stand bringe.

Die beiden bleiben lange aus. Es ist bald dunkel und sie sind immer noch – vielleicht sogar die einzigen Weißen – in dieser Stadt. Das ist nicht sehr beruhigend. Irgendwann höre ich draußen Stimmen, aber sie kommen nicht näher. Ich mache die Tür auf und sehe Rammi und Daniel, die sich gerade von jemandem verabschieden. „Endlich seid ihr da, verdammt. Wo wart ihr denn?" Daniel hält eine weiße Tüte in die Höhe: „Schau mal, was ich da habe", grinst er und schüttelt ein wenig, sogleich ist das Geräusch von aneinanderstoßenden Flaschen zu hören. „Bier?" „Richtig, jippii!" Na, das ist doch mal eine gute Nachricht für uns Bayern, seit neun Tagen trinken wir ausschließlich Wasser.

Sie erzählen, sie hätten einen Passanten nach dem Schwarzmarkt gefragt, der dann eine kleine Summe sogar direkt auf der Straße gewechselt habe. Ein junger Geschäftsmann, der sich als Keydi vorgestellt hat, bot an, eine größere Summe zu einem besseren Kurs zu wechseln. Dazu mussten die beiden jedoch in seinen Teppichladen kommen, der ungefähr zehn Straßen weiter war. Dort habe er nicht nur viele Dollarnoten, sondern sogar Euros gehabt. Keydi hat ihnen auch gezeigt, wo man Bier bekommt. In einer Seitenstraße ging es durch einen Hinterhof eine Holztreppe hinab, die in einen Keller führte. Dass es dort Bier oder sonst etwas zu kaufen gibt, war nicht durch Schilder oder Ähnlichem zu erkennen – also eine Art Schwarzhandel. Die Flaschen waren in einer Holzkiste eingelagert, die sogar einen Frachtstempel auf dem Deckel trug. Jede einzelne Flasche war noch in Papier verpackt. Bier ist nicht verboten in Pakistan, allerdings auch nicht erlaubt – es ist geduldet. Im Keller soll eine drückende Stimmung geherrscht haben, ich glaube, alle drei wollten schnell wieder weg. Der Flaschenpreis betrug stolze drei Euro, aber das war es einfach mal wert. Keydi begleitete die beiden noch bis zum Hotel, um einen Blick auf die Autos zu werfen, von denen Daniel und Rammi ihm erzählt hatten. Er meinte, dass es unmöglich wäre, die Autos in Pakistan oder Indien zu verkaufen. Diese Länder haben strenge Verkaufsregeln, ohne die Fahrzeuge würden wir nicht aus dem Land kommen. Darüber hinaus könnte der Käufer illegal gekaufte Fahrzeuge nicht anmelden, weswegen wir wahrscheinlich auch keinen finden würden. Die einzige Möglichkeit sei, nach Afghanistan zu fahren und sie dort zu ver-scherbeln. Keydi erwähnte, dass man dort bestimmt mehrere Tausend Dollar für beide Fahrzeuge bekommen könnte. Afghanistan kommt nicht in die Tüte, das ist uns allen klar.

Wir sitzen auf unseren Betten, der Kocher steht auf einem umgedrehten Karton in der Mitte. Wir genießen das Bier wie teuren Wein Jahrgang 1923. Das Thema des Verkaufs steht an, wird aber lange von keinem von uns angesprochen. Jeder weiß, dass wir noch darüber diskutieren müssen, wie es jetzt weitergeht. So essen wir das Menü und trinken das gute Bier. Plötzlich fängt Daniel dann doch an: „Männer, ich würde die Autos nicht gerne wegschmeißen. Mehrere Leute haben uns jetzt gesagt, dass der Verkauf in Pakistan oder Indien unmöglich ist. Was haltet ihr von der Afghanistan-Idee?" Sein Ton ist überaus freundlich und voller Überzeugung. Ich habe diesen Vorschlag bereits erwartet und kommen-tiere die Idee sofort: „Afghanistan? Niemals. Derzeit ist das wohl eines der kritischsten Gebiete der Welt. Ich sehe schon deine Dollarzeichen in den Augen glänzen. Aber ohne mich."

Ich musste eine klare Ansage machen, auch zu Hause habe ich meiner Familie und Freunden versprochen, keine zusätzlichen Risiken einzugehen, die Reise an sich ist Risiko genug. Rammi ist gleicher Meinung: „Wir haben auch keine Visa für Afghanistan, morgen ist Feiertag, das heißt wir müssten noch einmal einen Tag hier warten, um dann vielleicht doch gesagt zu bekommen, dass ein Visum ein paar Tage dauert. Nein, lasst uns Pakistan hinter uns bringen, wir wollten sowieso nicht unnötig lange hier rumhängen. Habt ihr das vergessen?"

Daniel gibt nicht nach: „Wir könnten nur kurz über die Grenze fahren, sie ist 120 Kilometer weg, das ist nicht mal eine Stunde. Es würde sich lohnen."
Er ist überzeugt, dass wir erfolgreich sein könnten. Rammi und ich wollen uns nicht von der Aussicht auf gutes Geld blenden lassen. Die Diskussion wird immer heftiger. Argumente fliegen hin und her, schlummernde Konflikte kommen hoch, jeder lässt seinem Ärger freien Lauf. Die Männerrunde wird schließlich so laut, dass der schmierige Besitzer des Gästehauses an die Tür klopft und seinen Wasserkopf durch den Türspalt steckt. Er könnte die pakistanische Ausgabe von Günther Strack sein. Er meint, es sei so laut, dass man es vier Zimmer weiter höre, er wolle nur mal nach dem Rechten sehen. Jaja, alles bestens hier, gute Nacht Kumpel, tschüss.
Wir diskutieren leise weiter. Keine zwei Minuten später sind wir wieder bei der gleichen Lautstärke wie zuvor. Nach dem zweiten und letzten Bier sind wir jedoch schon einen Schritt weiter: Konsens herrscht darüber, ohne Keydi auf keinen Fall nach Afghanistan zu fahren. Er kann als Vermittler und als Übersetzer dienen. Nach einiger Zeit des Verhandelns sieht der mögliche gemeinsame Plan so aus: Wir werden morgen früh zu Keydis Teppichladen fahren. Wenn er sich spontan frei nehmen kann und mit nach Afghanistan kommt, fahren wir. Er erhält fünf Prozent des Verkaufspreises, wenn er anfängt, mit uns zu verhandeln, gehen wir auf maximal zehn Prozent hoch. Direkt an der Grenze gibt es eine Art „Freihandelszone". Dort könnten wir unsere Autos verscherbeln und dann mit dem Zug nach Indien weiterfahren. Nach Indien zu kommen ist unsere oberste Prämisse, selbst die Aussicht auf 10.000 US-Dollar hält uns davon niemals ab. Indien muss auf jeden Fall erreicht werden. Die ganze Aktion muss zudem auch morgen passieren, sonst fahren wir weiter. Ich schlage eine Abstimmung vor: „Ok, wenn wir morgen nach Afghanistan fahren, dann muss jeder dabei sein. Keine Mehrheitsentscheidungen, nur 100 Prozent zählen." Das ist wichtig, denn falls etwas schief gehen sollte und uns etwas zustößt, sollte keiner das Gefühl haben, den anderen überredet zu haben. „Die andere Möglichkeit ist, morgen in Richtung Osten aufzubrechen und vielleicht schon in zwei Tagen in Indien zu sein." Rammi legt beide Möglichkeiten noch einmal auf den Tisch, bevor wir abstimmen. Der Ton ist mittlerweile wieder auf Zimmerlautstärke.

Auch wenn wir uns oft wegen Kleinigkeiten in die Haare bekommen – dass diese schwierige Frage vernünftig geklärt werden kann, zeugt doch von unserem guten Zusammenhalt. Wir sehen ein, dass wir eine einstimmige Lösung brauchen, weil das eine wichtige Entscheidung ist und wir diese dann auch gemeinsam tragen müssen, inklusive aller Konsequenzen. „Also, Hand hoch, wer meint, wir sollten morgen mit Keydi nach Afghanistan brettern und die

Autos verklopfen, um mit der dicken Kohle auf die Malediven zu jetten?" Wir sehen uns gegenseitig an. Daniel hat bereits seine Hand oben. Ich auch. „Rammi, du?" „Ich will auch gerne auf die Malediven, aber am liebsten an einem Stück!" „Also, Hand hoch oder nicht?" Auch er hebt seine Hand. Falls also Keydi morgen Zeit hat, werden wir kurz nach Afghanistan fahren und die Autos in Scheine umtauschen. Dieses Bild, wie wir hier in diesem schmierigen, total verdreckten und übel riechenden Loch um den umgedrehten Karton sitzen, alle drei die Hände nach oben gestreckt, werde ich wohl mein ganzes Leben nicht vergessen.

Es ist schon nach zwei Uhr. Die Bude ist nach der hitzigen Diskussion total eingeräuchert, da wir geraucht haben wie kaputte Öfen. Aber der Gestank nach kaltem Zigarettenqualm ist immer noch besser als der Geruch nach Schimmel und Moder. Kurz nachdem das Licht aus ist und wir in unseren Betten liegen, ertönen Krabbelgeräusche aller Art. Ein ganzer Tierpark muss da unter dem Bett sein. Aber zum Glück ist Daniel jemand, der schon schläft, bevor sein Kopf überhaupt auf dem Kissen liegt. Es dauert keine zwei Minuten, da übertönen seine Schnarchgeräusche sämtliche Insekten und Kriechtiere, die sich mit uns den Raum teilen.

# Tag 19
## 23. Februar

Um kurz nach 7.00 Uhr morgens ertönen Geräusche, als würde jemand vom Dach pinkeln. Es ist die Dusche, die nur sehr sparsam Wasser von sich gibt. Rammi ist im Bad, sein Schlafsack ist bereits aufgerollt. Daniel pennt noch, er hat sich in der Nacht wohl gedreht, sein Kopf liegt nicht mehr auf seinem Schlafsack, sondern mit voller Breitseite auf dem total verdreckten Kissen mit den großen Flecken. Ich wecke ihn auf. Das dauert ungefähr genauso lange wie Rammi zum Zähneputzen, Anziehen, Rauchen und Sachen zusammenpacken braucht. Die Sonne scheint durch die grauen Fenster. Als ich die Tür aufmache, überkommt mich schon der erste positive Eindruck des Tages: Unsere Autos stehen noch vor unserem Zimmer, keiner scheint sie angerührt zu haben. Das ist gut. Nur sind sie ein wenig nass. Woher zum Teufel kommt das Wasser? Wollte jemand heimlich unsere Autos waschen? Auch die anderen zwei Wagen, die gegenüber stehen, sind mit glänzenden Wasserperlen übersät. Obwohl jetzt die Sonne am Himmel steht, scheint es in der Nacht geregnet zu haben. „Und der Typ an der Grenze hat uns erzählt, es hätte hier seit vier Jahren nicht mehr geregnet, der Schwätzer", meint Daniel trocken. Ja, er muss uns wohl echt Lügen aufgetischt haben.

Der dicke Besitzer der Unterkunft sitzt haargenau so wie gestern in seinem kleinen Häuschen und zählt wahrscheinlich den ganzen Tag Geldscheine. Wir hupen kurz während wir aus der Hofeinfahrt an seiner Kajüte vorbeirollen. Er nickt uns mit seinem Doppelkinn müde zu, Bewegungsweltmeister wird er wohl nie.

Als wir in die Straße einbiegen, trauen wir unseren Augen nicht: Kleine Gassen sind regelrecht überflutet, mehrere Männer in zerrissenen Klamotten stehen neben offenen Kanaldeckeln und befördern mit gebogenen Harken Berge von Abfall aus den Schächten. Das braune Wasser steht manchen Männern bis zu den Knöcheln. Die Kanäle sind hoffnungslos verstopft, anscheinend hat es vor heute Nacht doch schon lange Zeit nicht mehr geregnet. Palmenblätter und Äste liegen auf den Dächern und in den Höfen, an vielen Straßen sieht man Menschen, die mit komischen, wohl selbst gebastelten Besen Müll und Kleinteile zusammenfegen. Wir haben von dem Unwetter heute Nacht tatsächlich keine Sekunde mitbekommen, so fest haben wir im Tierpark geschlafen.

Die Fahrt zu Keydis Teppichladen gestaltet sich etwas schwierig, da Rammi und Daniel gestern zu Fuß unterwegs waren und durch einige enge Gassen gelaufen sind, während wir heute aufgrund der Überflutung Umwege fahren müssen. Kurz vor neun Uhr kommen wir dann doch an. Vor dem Teppichladen sitzt ein älterer Herr mit langem Spitzbart, er sieht Bin Laden sehr ähnlich und stellt sich als Keydis Englischlehrer vor. Er sagt, Keydi habe um neun Uhr Unterricht. Wir setzen uns zu ihm und rühren, während wir uns mit ihm unterhalten, unser Frühstück an. Den ganzen Morgen über sind wir relativ angespannt, irgendwie würden wir doch gerne unsere Pläne wahr machen und nach Afghanistan fahren. Der Englischlehrer stellt sich als übelster Besserwisser heraus, der sich wohl für die Queen von England persönlich hält. „You talk English, but you cannot speak English", ist sein Fazit, als wir uns eine Weile mit ihm unterhalten haben. Immer wieder verbessert er uns, während wir mit ihm sprechen. Der Typ nervt. Jetzt erst recht unterhalten wir uns auch untereinander auf Englisch und bauen aus Absicht die peinlichsten Anfängerfehler ein. Unser Herr Lehrer kommt jetzt mit seinen Verbesserungsvorschlägen nicht mehr nach, bald gibt er es auf. Endlich! Ehrlich gesagt ist es mir total egal, ob wir Englisch talken, speaken oder sonst was, Hauptsache dieser Keydi kommt bald. Ich bin ja mal gespannt, was das für ein Typ ist, dem Rammi und Daniel so viel Vertrauen entgegenbringen. Das mit dem Vertrauen ist auf solchen Reisen immer eine schwierige Sache, besonders, wenn es um Verkauf und somit um Geld geht.

Es vergeht eine halbe Stunde. Rammi zieht los, um Keydi anzurufen. Nach zwanzig Minuten kommt er zurück. Wir müssten noch kurz warten, er sei auf dem Weg. In Pakistan kommen laut dem Magazin „Spiegel" auf 1.000 Einwohner 5,5 Mobiltelefone. Keydi ist einer der 5,5. Überhaupt macht sein Laden einen guten Eindruck, die Türen und Fenster sind sauber und sogar die Sitzbank, auf der wir mit dem Lehrer sitzen, ist relativ frisch gestrichen. Ich bin gespannt auf diesen Mann.

Anstatt des erwarteten Mannes kommt ein junger Bursche um die Ecke. Seine Hose ist weiß und sauber, sie ist aus dünnem Stoff und erinnert ein bisschen an Tausend-und-eine-Nacht, oben sehr weit und unten an den Knöcheln zusammengebunden. Sein T-Shirt sitzt eng, das sieht man hier selten, und seine ärmellose Jacke könnte von H&M sein. Es ist tatsächlich Keydi. Er hat zwar ein Ach-ich-bin-ja-so-fröhlich-Dauerlächeln im Gesicht, jedoch ein sympathisches. Er sieht aus wie sechzehn, maximal siebzehn Jahre alt, von Bartwuchs noch weit und breit keine Spur.

Seinen Lehrer begrüßt er förmlich, Daniel, Rammi und mich eher locker mit leichtem Händedruck. Er sperrt seinen Laden auf und betritt das Geschäft, der Englischlehrer ergreift seine Stofftasche, die er ständig auf seinem Schoß liegen hatte, und eilt hastig in den Laden, um mit ihm Englisch zu speaken. Fröhlich steht Keydi nach ein paar Sekunden schon wieder an der Türschwelle, während wir draußen warten: „What can I do for you?" Daniel erklärt ihm die Situation: „Keydi, listen, we were talking about selling the cars at the Afghanistan boarder. We would like to take you with us, to be our guide and to translate." Daniel redet eher leise, als fühle er sich nicht wohl dabei, ihn mit dieser Idee förmlich zu überfallen. Keydi jedoch nickt nur: "When do you want to start?" fragt er zurück. „Well", Daniel macht eine kleine Pause, „maybe in five minutes?" Wir grinsen und schauen ihn verlegen an. Um ehrlich zu sein, ich erwarte eine Absage. Er hat einen Laden zu betreiben, wer soll das machen? Darüber hinaus hat er jetzt Englischunterricht. Doch ich habe mich getäuscht. Keydis Gesicht bleibt unverändert, ohne weitere Nachfrage sagt er tatsächlich spontan zu – dabei haben wir die Sache mit seiner Provision noch gar nicht erwähnt. Als wir ihm eröffnen, dass wir ihn mit fünf Prozent vom Verkaufspreis entlohnen wollen, reagiert er nur mit einem kurzen „Yeah, ok." Kein Handeln, kein Meckern. Das sind wir nicht gewohnt.

Da heute Sonntag ist, bleibt der Laden geschlossen. Der Grund, um heute hier herzukommen war der Englischlehrer, der gerade zufrieden von dannen zieht, denn Keydi hat ihn trotz des ausfallenden Unterrichts bezahlt. Ich vereinbare mit Rammi und Daniel, dass ich die 120 Kilometer zur Grenze mit ihm fahre, so kann ich ihn kennen lernen und mir ein Bild von ihm machen. Das einzige Gepäck, das er mitnimmt, ist ein Handy. Sein Englisch ist nahezu perfekt, er spricht wahrscheinlich besser als wir drei zusammen. Als ich in eine Tankstelle einbiegen will, fordert er mich auf, weiterzufahren, er kenne auf dem Weg einen Schwarzmarkt, der viel billiger sei.

Während der Fahrt unterhalten wir uns blendend. Mir fällt auf, dass er Entfernungen immer in Stunden, nie in Kilometern angibt. Keydi erklärt mir, warum man das in Pakistan so handhabt: Auf der Landkarte ist nicht zu erkennen, in welchem Zustand die Fahrbahn ist. So könnten die Strecken neu geteert oder aber gnadenlos mit Schlaglöchern übersät sein – die rote dicke Linie auf der Karte bleibt dieselbe.

Dreißig Kilometer außerhalb von Quetta treffen wir tatsächlich auf die Schlaglochvariante. Dazu sind Teile der Straße komplett überschwemmt. Auch er erzählt mir, dass es hier seit Jahren nicht mehr richtig geregnet hat. Mehrere Male fahren wir in Schrittgeschwindigkeit durch braune Wasserlöcher, die teilweise bis zur Stoßstange reichen. Falls das Wasser steigen oder ein großes Schlagloch auftauchen sollte, können wir nicht mehr weiterfahren, denn sobald das Wasser in den Luftfilter gelangt, ist dies das Ende für den Motor. Ein Lastwagen überholt uns mit mäßigem Tempo an einer überschwemmten Stelle, das braune Wasser spritzt meterhoch, für einen Moment sehe ich überhaupt nichts mehr. Die unterschiedlichen Farben unserer Autos sind jetzt nicht mehr zu erkennen, beide Karosserien sind gleich braun. Doch wir haben Glück – beide Motoren sind auch nach den Wasserlöchern anscheinend voll intakt. Vor uns taucht schon die zweite Kamelkarawane auf, die es zu überholen gilt. Die

Tiere nehmen teilweise die ganze Fahrbahn ein, der Überholvorgang dauert seine Zeit. Die Kamele sind voll beladen mit jeder Menge Säcken und Kisten, immer wieder müssen wir scharf abbremsen, weil einige der Kamele schlagartig die Straßenseite wechseln und so plötzlich vor uns auf der Fahrbahn stehen. Einige Männer laufen nebenher und treiben die Tiere weiter, die Köpfe der Kameltreiber sind bis auf die Augen mit Tüchern verhüllt.

Wir kämpfen uns voran. Die Landschaft wird bergiger, auf gewisser Höhe ist die Fahrbahn bereits komplett trocken. Wir stoßen auf steile Serpentinen, die Straßen sind eng und ohne Absicherung, doch durch die rege Unterhaltung nehme ich die Gefahr kaum wahr. Keydi erzählt mir, dass er für einige Reporter, die vor einem Jahr hier waren, als Dolmetscher gearbeitet hat. Sein Vater sei aus Afghanistan und seine Mutter aus Pakistan, so spreche er beide Sprachen und hat die doppelte Staatsbürgerschaft, was bedeute, dass er problemlos zwischen den beiden Ländern hin- und herpendeln könne wie er möchte. Einmal die Woche sei er in Kandahar, wo er aufgewachsen ist. Sein Vater habe dort immer noch ein Teppichgeschäft. Die Entfernung von der Grenze nach Kandahar beträgt ungefähr 110 Kilometer oder, wie Keydi es ausdrückt, zweieinhalb Stunden. Aber da wollen wir ja auf keinen Fall hin. Kandahar war, bevor die Amerikaner 2001 einmarschierten, das religiöse Zentrum der Taliban-Regierung. Auch die uns aus dem Fernsehen bekannten Höhlen, in denen sich Osama Bin Laden lange aufgehalten haben soll, liegen dort in der Nähe. Nein, da müssen wir nicht unbedingt hin, ich kann mir nicht vorstellen, dass wir als Europäer dort willkommen sind. Fahrzeuge an der Grenze verscherbeln, dann schnell weg. Das ist der Plan.

In einem Dorf in den Bergen halten wir an. Es ist Markt, eine Fahrspur der Durchgangsstraße ist mit Ständen und Tischen bebaut. Keydi steigt aus und kommt einen Moment später mit einem Mann zurück, der so ähnlich aussieht wie der Englischlehrer. Wir bekommen 40 Liter zum gleichen Preis wie auf dem Schwarzmarkt vom vorigen Tag, das ist immer noch billiger als bei den staatlichen Tankstellen. Keydi hatte also Recht, als er mich an der Tankstelle vorbeilotste. Ich glaube, der Typ ist ganz in Ordnung. Sicher bin ich mir allerdings noch nicht.

Wir kämpfen uns durch die Marktstraße. Es ist unglaublich eng, viele Leute und Tiere drängen sich durch das Gewühl, oft streifen sie die Autos. Leider haben wir keine andere Wahl, wir müssen durch das Dorf. Keydi erzählt mir vom Grenzgebiet. Die Grenzlinie liegt acht Kilometer hinter der Stadt Chaman, die auch in Pakistan den Ruf hat, dass dort viele Kriminelle leben und man nie sicher ist. Gleich an der Grenze ist auf afghanischer Seite die Ortschaft Spin Buldak – angeblich eine florierende Handelszone. Viele Autohändler haben ihre

Höfe an der Hauptstraße, in denen Auto an Auto stehen soll. Gleich bei dem Grenzort befindet sich auch ein riesiges Flüchtlingslager, mehr als 30.000 Afghanen sollen dort während und nach der Bombardierung durch die Amerikaner gelebt haben. Immer noch hausen mehrere tausend Menschen in Zelten abseits der Stadt. Nach Keydis Erzählungen wird an der Grenzstraße der Schlagbaum am Morgen aufgemacht und erst bei Dunkelheit wieder heruntergelassen. Die Grenze soll allgemein ein sehr belebter Ort sein, die Leute wechseln angeblich die Länder wie Straßenseiten. Ich kann mir das nach diesen vielen komplizierten und aufwändigen Grenzüberquerungen gar nicht vorstellen. Keydi schlägt folgenden Plan vor: Wir sollen ganz offiziell aus Pakistan ausreisen, das heißt, die Autos werden aus den Carnets ausgetragen und unsere Pässe offiziell ausgestempelt. In Buldak soll der Autoverkauf ein Kinderspiel sein, die Autohändler seien bestimmt scharf auf unsere Fahrzeuge. Die Grenzformalitäten in Afghanistan werden erst zehn Kilometer hinter Buldak gemacht, deswegen können wir vielleicht ohne Visa in die Handelszone. Von dort fahren wir dann mit dem Taxi zurück zur Grenze und reisen offiziell wieder ein. So einfach ist das – falls nichts dazwischenkommt.

„Can you see the hills?" fragt mich Keydi und sieht mich dabei an. Ich nicke. „This is my country", fährt er stolz fort, „this is Afghanistan." Es ist überwältigend. Kahle Hügel und Berge sind am Horizont zu sehen, genauso wie Chaman und auch das Flüchtlingscamp mit unglaublich vielen weißen Zelten. Dort müssen wir hin, es ist nicht mehr weit. Die Straße führt steil nach unten, immer wieder kämpfen wir mit viel Geröll auf der Fahrbahn. Die Reise von Quetta bis hierher kommt mir ewig vor. Tatsächlich haben wir mehr als drei Stunden gebraucht. Auch in Chaman ist Markt. Der Verkehr ist wieder mal immens, besonders für einen Feiertag. Mehr als eine halbe Stunde dauert es, die Ortschaft zu durchqueren. Ich glaube, nicht einmal Keydi fühlt sich hier wohl. Ohne auszusteigen fahren wir bis zur Grenze. Dort ist wirklich was los, das ist ja unglaublich! Schubkarren, Eselsgespanne, Lastwagen, Autos, Taxis, Fahrräder, Fußgänger, alles was fahren oder gehen kann kreuzt die Grenze von beiden Seiten. Auch auffallend viele Frauen sind unterwegs, fast alle tragen eine schwarze Burka, ein Tuch, das den Körper komplett verhüllt. Nur auf Augenhöhe ist eine Art Netz oder Gitter, das gerade mal reicht um zu sehen, wohin man tritt. Seit die Talibanregierung von den Amerikanern entmachtet wurde, ist die Burka zwar nicht mehr Pflicht, aber fast alle Frauen tragen sie hier dennoch. Hin und wieder sieht man eine riesige Beule vorne am Bauch oder an der Seite abstehen, da die Kleinkinder unter dem Stoff getragen werden. Unzählige größere Kinder sind alleine unterwegs, schieben kleine Wägelchen vor sich her oder tragen alle möglichen Gegenstände durch die Gegend.

Direkt vor dem Schlagbaum ist ein kleines Häuschen, die Grenzstation. Ein Beamter steht zwar am Baum und beobachtet die Leute, aber bei diesem Verkehr könnten wohl alle Verbrecher der Welt hin- und herspazieren wie es ihnen gefällt. Große Lastwagen werden nur stichprobenartig angehalten und oberflächlich begutachtet. Jedes Mal, wenn dies der Fall ist, kommt der gesamte Verkehr zum Stillstand. Es dauert nicht lange, bis die Leute hupen und schimpfen, dann geht es wieder weiter. Es gibt nicht mal eine geteerte Haltefläche für Kontrollen abseits der Durchgangsstraße. Wir parken neben dem Grenzhäuschen auf einem Sandstück. Alle vier treten wir, unsere Papiere in der Hand, in das Häuschen ein. Nur ein Schreibtisch und drei Stühle stehen im Raum, hinter dem Grenzer ist eine kleine Kammer mit Gitterstäben, wie man es aus den amerikanischen Westernfilmen kennt. Das Gefängnis ist jedoch leer. Der Grenzbeamte ist groß und dürr, sein Gesicht hat einige Narben, er könnte ohne Zweifel Darsteller eines Gruselfilms sein. Wir begrüßen ihn freundlich, den Rest der Unterhaltung übernimmt Keydi, der uns übersetzt, dass unsere Pässe nicht abgestempelt werden können, da wir vorher zur Zollbehörde müssten, die gleich schräg gegenüber stationiert sei. Heute allerdings sind die Zollbeamten aufgrund des Feiertags nicht im Büro, wir können es aber im Hauptgebäude in Chaman versuchen. Diese kurze Ansage war schon alles.

Also zurück zu den Autos. Das Wenden gestaltet sich äußerst schwierig, da kaum Platz ist. Keydi steht auf der Straße und hält den Verkehr auf, um uns Raum zum Wenden zu verschaffen, was den Unmut der Leute auf uns zieht. Es ist eine stressige Situation. Für die acht Kilometer zurück nach Chaman brauchen wir mehr als vierzig Minuten, immer wieder fahren wir im Schritttempo hinter Eselskarren oder schleichenden Lastwagen her, die wegen der entgegenkommenden Fahrzeuge oder Tiere kaum überholt werden können. Außerdem müssen wir die Stadt auch noch fast vollständig durchqueren, da das Zollgebäude am anderen Ende liegt. Wir stecken mitten im Markt und können weder vorwärts noch rückwärts weiter. Die wenigen Ampeln sind zwar eingeschaltet, aber keiner schenkt ihnen Beachtung. So geht es Meter für Meter voran. Am besagten Gebäude angekommen, treffen wir nur auf einen Wächter, der uns mitteilt, dass die gesamte Belegschaft heute nicht anwesend ist. Das darf nicht wahr sein! Nach längerer Diskussion verrät er uns den Wohnsitz des Chefs. Wir fahren zu ihm. Keydi und ich betreten den Garten. Der Gebäude-komplex ist riesig, der Garten, durch den wir marschieren, ist schön angelegt und genauso riesig. Auf einer Veranda sitzen zwei Männer, die sich angeregt unterhalten. Wir gehen auf sie zu und bleiben schließlich mit gebührendem Abstand stehen. Sie winken uns zu sich. Beide sitzen in schönen Stühlen, trinken Tee und genießen wohl die Sonne. Keydi spricht mit den beiden in

Englisch, so dass ich auch etwas verstehen kann. Bevor wir zum eigentlichen Thema kommen, ruft einer der beiden ein kurzes Wort, schon kommt ein Diener vorbei. Er bestellt uns Tee, wir nehmen natürlich dankend an, obwohl mir bei der Hitze eine kalte Fanta bedeutend lieber wäre. Zuerst plaudern wir über die Reise, die Männer machen einen interessierten Eindruck und stellen viele Fragen. Um keine Probleme zu bekommen, geben wir vor, Keydis Vater besuchen zu wollen. Keydi meint, diese Version sei die beste. Als ich zum Grund unseres Besuches komme, meint der Chef, dass wir zuerst die Stempel im Pass brauchen, um die Zollformalitäten machen zu können. Das ist doch zum Verrücktwerden! Drei Gläser Tee lang quetscht er uns aus, will viele Sachen wissen, die ihn überhaupt nichts angehen, dann lässt er uns unerledigter Dinge abziehen. Wir bohren nach, ohne Ergebnis. Wir sollen allerdings dem Grenzer ausrichten, dass er uns die Stempel geben soll. Das glaubt er uns doch nie. Nach freundlichem Nachfragen schreibt er uns seinen Namen auf ein Stück Papier. Wenigstens das. Wenn wir bis fünf Uhr nicht zurück sind, wird es heute nicht mehr erledigt. Wir haben also knappe drei Stunden Zeit, das müssen wir jetzt schaffen. Als wir zu Daniel und Rammi zurückkommen und die Story erzählen, hebt das nicht unbedingt die Stimmung.

Auf dem Weg zurück erleben wir das gleiche Chaos wie bei der Herfahrt, nur dass es mit Zeitdruck noch unerträglicher wird. Als wir im Stau stehen und ein vorbeifahrendes Mofa das Heck eines unserer Autos streift, werden wir von dem Mofafahrer sogar noch beschimpft. Ich merke, wie sich in Windeseile die Anspannung in Aggression verwandelt, wir könnten diesen Typen jetzt sofort von seinem stinkenden Bock ziehen. Ich fühle ganz genau, wie es in mir hochsteigt. Daniel sollte man jetzt besser nicht auf den Mofafahrer loslassen. Keydi beruhigt uns, er ist echt ein cooler Typ, das muss man ihm lassen. Viele hier denken, wir seien Amerikaner, da wäre es denkbar schlecht, mit jemandem auf der Straße zu streiten. Unter größter Anstrengung können wir uns jedoch beherrschen – viel Ärgerliches sollte jetzt allerdings nicht mehr kommen, man kann die Luft förmlich knistern hören. Ich denke einfach an die Malediven, genau, das ist gut.
Von der ständigen Stop-and-go-Fahrweise wird der Motor eines unserer Autos heiß und fängt schließlich an zu kochen, was uns dazu zwingt, an Ort und Stelle stehen zu bleiben und ihn abkühlen zu lassen. Als wir die Motorhaube öffnen, steigt der Dampf hoch als würde gleich das ganze Auto brennen, spätestens jetzt stehen wir im Mittelpunkt des Geschehens. Es gibt wohl keinen Autofahrer oder Fußgänger mehr, der nicht wie gebannt auf uns glotzt. Aber was soll´s. Der Dampf lässt mit der Zeit langsam nach und mit ihm auch der Dampf in mir.

So stehen wir am Straßenrand, atmen die wahrscheinlich schlechteste Luft der Welt ein und schauen mit Knäckebrot in der Hand dem wahnwitzigen Treiben auf der Straße zu. Hühner werden auf dem Gepäckträger eines Mofas transportiert, wie so oft sind Lastwagen gnadenlos überladen, man darf sich gar nicht vorstellen, was passieren würde, wenn so ein Ding umkippt, schließlich sind die Straßenränder links und rechts voller Menschen. Aus Bauchläden wird so ziemlich alles verkauft, was unter zehn Kilo wiegt, hinter den Marktständen knabbern Esel und Dromedare an leeren Plastikflaschen und anderem Müll, der kiloweise auf der Straße liegt. Frauen gehen nach muslimischer Sitte immer ein paar Meter hinter den Männern. Auch Kinder, vielleicht acht oder neun Jahre alt, versuchen, verschiedene Lebensmittel an den Mann zu bringen. Wir werden von jedem kritisch beobachtet, ich fühle mich aber, vielleicht durch Keydis Anwesenheit, ziemlich sicher – im Gegensatz zur ersten Durchquerung wünsche ich mir jetzt keine schusssichere Weste mehr. Keydi ist immer noch locker und zuversichtlich, dass wir es heute schaffen könnten. Dass wir allerdings heute Abend zurück in Quetta sind, ist unmöglich, das ist uns und auch ihm bereits jetzt völlig klar.

Der Motor scheint sich ein wenig abgekühlt zu haben, wir schütten Wasser nach und machen uns auf den Weg. Keine Frage, das, was wir hier beobachten können, ist interessant und höchst faszinierend.

Als wir wieder im Grenzhäuschen sind, legen wir anfangs den handgeschriebenen Zettel des Zollchefs nicht vor. Ich möchte wissen, ob er uns auch so glauben würde. Er tut es natürlich nicht. „Da könnte jeder kommen", ist sein Kommentar, den mir Keydi übersetzt. Wir legen den Zettel auf den Tisch. Jetzt ist er an der Reihe. Ich habe schon fast geahnt, dass er sofort die nächste Hürde hervorkramt. Er möchte die Visa für Afghanistan sehen, ohne Visa lasse er uns erst gar nicht ausreisen. Wo die nächsten Visa zu bekommen seien, wollen wir wissen. „Quetta" ist die Antwort. Diese fiese Ratte. Das geht ihn überhaupt nichts an, ob wir die Visa für Afghanistan haben, wir wollen bei ihm nicht einreisen, sondern nur raus. Er stellt sich stur. Ich merke, wie sich Daniels Puls verdreifacht, wie seine Halsschlagader dicker wird und er jetzt lieber aus dem miefigen Büro geht, bevor er in die Besenkammer mit Gitterstäben gesteckt wird, weil er dem Grenzer die nächste Narbe verpasst.

Keine Chance, wir brauchen ein Visum. Zurück nach Quetta, auf die Visa warten, wieder herkommen und dann aus dem nächsten, an den Haaren herbeigezogenen Grund nicht ausreisen dürfen? Und vor allem, wenn wir einmal draußen sind, dann wollen wir kurze Zeit später ja auch wieder rein. Da sind wir mit Sicherheit ein paar Tage unterwegs und reif für die Klapsmühle – das ist die ganze Kohle nicht wert. Wir stehen bei den Autos und beraten uns. Guter Rat ist teuer. Keydi schlägt vor, er könnte unsere Pässe nehmen und mit einem Taxi zur afghanischen Behörde fahren, vielleicht bekommen wir eine Genehmigung für einen Tag. Nachdem das Staatssystem in Afghanistan noch nicht richtig funktioniert, ist mit etwas Kleingeld viel zu erreichen. Er könne es auf jeden Fall probieren. Ein neuer Funke Hoffnung! Natürlich kann er das probieren, ich händige ihm sofort die Pässe aus und er geht los. Ich schaue ihm eine Weile nach, irgendwann verschwindet er zwischen dem ganzen Verkehr. Jetzt ist Warten angesagt. „Bestimmt ist er in einer halben Stunde wieder da", sage ich zu Rammi, dem dabei gar nicht wohl ist. Auf einer sechsmonatigen Reise durch Neuseeland ist ihm schon einmal der Pass gestohlen worden. Als türkischer Staatsbürger mit unbeschränkter Aufenthaltserlaubnis für Deutschland und dem Visum für Neuseeland, das er hatte, war es ein großer Akt, alles geregelt zu bekommen. Drei Konsulate in drei verschiedenen Städten musste er damals abgrasen. Ohne den Pass wäre er nicht einmal nach Deutschland zurück-gekommen, denn auch dort hätte man ihn als türkischen Staatsbürger ohne seine Aufenthaltserlaubnis erst gar nicht reingelassen.

Hier ist der Pass so etwas wie eine Lebensversicherung, die im Moment in den Händen eines Einheimischen ist, den wir seit nicht mal einem Tag kennen. Zugegeben, das klingt dramatisch. Aber sein Handy liegt im Auto, wir wissen, wo sein Geschäft ist, und während des heutigen Tages hatte ich immer mehr das Gefühl, dass er vertrauenswürdig ist. Wir warten. Dreißig Minuten sind mittlerweile um, das kann doch nicht so lange dauern. Wir reden nicht viel miteinander, Rammi sitzt draußen auf der Motorhaube, Daniel ist irgendwo, ich liege im Auto und höre ein bisschen Musik. Die Lage ist total angespannt. Von Urlaub kann in diesem Moment keine Rede sein. Jeder von uns fragt sich wahrscheinlich, warum wir das alles machen. Ich gehe hinaus zu Rammi. „Der kommt schon wieder, das fühle ich", will ich ihn beruhigen. Da bricht es aus: „Du hast das noch nie erlebt, dass der Pass weg ist. Ich komme nicht einmal nach Hause zurück ohne den verdammten Pass. Wie kannst *du* bloß die Pässe aus den Händen geben?" Der Ton ist mal wieder etwas lauter. Ich kann jetzt nicht diskutieren, ich lege mich wieder ins Auto und lese in meinem Reise-tagebuch, das ich bis jetzt geführt habe, kann mich aber auf keine einzige Zeile konzentrieren. Daniel kommt zurück. Er ist auch beunruhigt, macht mir aber keine Vorwürfe. Allerdings hat auch er keinen Bock, sich großartig zu unterhalten. Warum sollte er sein Handy liegen lassen, wenn er nur unsere Pässe wollte? Wir kennen seinen Teppichladen, Keydi ist verdammt noch mal kein Verbrecher, da müsste ich mich wirklich gewaltig geirrt haben. Der Junge ist seriös. Er ist verheiratet, hat einen kleinen Sohn und ein gut gehendes Geschäft. Er ist gebildet und hat anscheinend genügend Geld, er braucht solche Gaunereien nicht. Nein, er wird kommen.

Mittlerweile ist es kurz nach fünf Uhr, eine ganze Stunde und zehn Minuten sind vergangen, seit er weg ist. Ich stehe direkt am Schlagbaum und schaue immer wieder in die Richtung, in die er verschwunden ist. Plötzlich kommen Rammi und Daniel, die beiden wollen über die Grenze gehen und ihn suchen. Im Moment steht kein Grenzer vor dem Häuschen, es wäre kein Problem, kurz nach Afghanistan zu laufen. „Dort kann man doch keinen Menschen finden, meint ihr, er sitzt gemütlich da und trinkt Tee, wenn er die Pässe behalten und nicht wieder zurückkommen wollte? Da hinüber zu gehen ist auch nicht besser!" Ich versuche, es den beiden auszureden. „Alles ist besser als hier rumzuhängen und zu warten, bis es dunkel wird. Wir gehen nur ein kurzes Stück", erwidert Rammi und läuft mit Daniel los. Ich schaue ihnen nach. Kurz verliere ich sie aus den Augen, dann tauchen sie wieder auf. Habe ich mich in Keydi wirklich so getäuscht?

Eine Stunde und fünfzig Minuten sind um. Langsam wird es dämmrig, die Sonne verschwindet Stück für Stück hinter den Bergen. Die Packung Zigaretten, die wir heute bei der Herfahrt gekauft haben, ist schon fast leer. Wir reißen die zweite Tüte Knäckebrot auf. Bis hierher wollte keiner das widerliche Brot essen, lieber hungern, jetzt knabbern wir am laufenden Band an diesem geschmacklosen, ausgetrockneten Zeug herum, das im Grunde weder gut schmeckt noch satt macht.

Es ist fast 18 Uhr. Wir liegen in den Autos und reden nichts miteinander. Es herrscht ein neuer Stimmungstiefpunkt-Rekord. Plötzlich schreit Rammi auf: „Keydi ist da vorne, Keydi ist da, da, da vorne ist er!" Wir springen sofort auf, jetzt sehe ich ihn auch. Richtig erschöpft sieht er aus, mit beiden Händen hält er einen Zettel hoch – er hat nicht nur die Pässe dabei, sondern auch eine Einreisegenehmigung für 24 Stunden. Der Reihe nach fallen wir ihm um den Hals, ich glaube, er hat keinen blassen Schimmer, wie wir uns freuen, ihn zu sehen. Er ist außer Atem. Die Behörden sind ungefähr fünfzehn Kilometer hinter dem Schlagbaum, das wussten wir nicht. Dazu musste er das letzte Stück laufen. Es hätte schon eine ganze Weile gedauert, bis er mit dem Taxi durch den dichten Verkehr kam. Einen Vertreter der Regierung hat er persönlich erwischt, ihm gesagt, dass er uns sein Land zeigen möchte, dass wir unbedingt Afghanistan sehen wollen und den ganzen Weg von Deutschland hierher auf uns genommen haben. Er musste lange warten, aber irgendwann war er gerufen worden und der Wisch wurde ausgestellt. Wir haben jetzt ein temporäres Visum in unseren Pässen und ein Schreiben für den vernarbten Querulanten im Grenzhäuschen. Stolz präsentieren wir ihm unsere Pässe und den Wisch. Er lässt sich trotzdem viel Zeit. „Are you planning to come back to Pakistan?" Natürlich planen wir, hier wieder zurückzukommen, was denn sonst, wir haben noch nie etwas anderes gesagt. „Then you need to have another visa." Der Typ macht mich fertig. Jetzt will er ein neues Visum haben. Uns ist also schnell klar, dass wir ohne ein neues Visum für Pakistan nicht mehr zurückkommen. Das nächste Visum für Pakistan gibt es allerdings in Kandahar. Wir müssen also nicht nur nach Buldak, wir müssen 120 Kilometer weiter. Keydi schlägt uns vor, dass wir morgen gleich in der Früh nach Kandahar fahren. Es ist seine Heimat. Am Nachmittag verkaufen wir die Autos, am Abend sind wir zurück in Quetta. Wow, nach Kandahar. „Diese Chance sollten wir nutzen, wir sind jetzt schon so weit, was sagt ihr?" Daniel ist mit seinen Gedanken schon lange da, wo wir erst morgen sein können, nämlich in Afghanistan. Eine große Diskussion kommt gar nicht erst auf, wir willigen ein. Der Grenzer lässt die Stempel knallen, der Plan ist besiegelt. Jetzt schnell zurück zum Zollchef. Es ist zwar auf der Straße nicht mehr so viel los wie vor ein paar Stunden, aber da es schon fast dunkel ist und viele Leute und Fahrzeuge unbeleuchtet unterwegs sind, muss man trotzdem langsam fahren.

In Chaman angekommen, klopfen wir beim Zollchef an die Tür, ein Diener macht uns auf. Keydi erklärt die Lage. Nein, heute nicht mehr. Morgen. Das war dann schon alles. Die Türe geht wieder zu. Das war nicht anders zu erwarten, wir sind schließlich weit mehr als eine Stunde zu spät. Wir müssen eben hoffen, dass die Formalitäten morgen Früh schnell gehen. Wie das schon klingt – die Wörter „Pakistan" und „Formalitäten schnell erledigen" passen einfach nicht zusammen, aber wir haben keine andere Wahl. Ein Guard vor dem Haus erklärt uns den Weg zum nächsten Hotel, allerdings sei es sicherer, außerhalb der Stadt zu übernachten. Die Wahrscheinlichkeit, dass die Autos morgen noch vor dem Hotel in der Innenstadt stehen, sei ziemlich gering, und einen befahrbaren Innenhof gäbe es im einzigen Hotel dieser Stadt nicht. Keydi lässt sich den Weg zur Herberge außerhalb der Stadt erklären. Als wir es gefunden haben, müssen wir leider feststellen, dass es diese Unterkunft nicht mehr gibt: Das Gebäude wurde zur Zentrale der UNHCR, des Flüchtlingshilfswerkes der Vereinten Nationen, umfunktioniert. Wir klopfen am riesigen Stahltor, der ganze Komplex ist mit einer hohen Mauer umgeben. Ein Guard macht auf, Keydi erklärt mal wieder die Lage. Der Guard kann nichts entscheiden, er holt jedoch freundlicherweise einen anderen Mann herbei. Dieser spricht Englisch, wir bitten ihn, nur unsere Autos für eine Nacht im Hof parken zu dürfen, um darin sicher zu schlafen. Der Mann geht weg, er kann das auch nicht entscheiden, eine andere Person kommt auf uns zu, wir stehen immer noch am Tor. Nachdem wir kurz unsere Pässe vorgezeigt haben, lässt er uns herein.

Der Hof ist imposant angelegt. Drei weiße, relativ neue Toyota Landcruiser stehen hintereinander in der Einfahrt. Die großen Buchstaben UNHCR sind auf die Türen geschrieben. Wir werden in unseren staubigen und total verdreckten Autos bis vor den Haupteingang gelotst. Ein wohl einheimischer Mann kommt auf uns zu, er trägt Jeans und macht einen sehr gepflegten Eindruck. Seinen Kopf ziert eine Fönfrisur, sein Bart ist mit einem Fünf-Millimeter-Aufsatz rasiert. „I am the Captain. Everything here is under my control", ist der erste Satz, mit dem er uns begrüßt. Wir stellen uns ebenfalls kurz vor, dass wir alles unter Kontrolle haben, können wir allerdings nicht behaupten. Stattdessen bedanken wir uns schon mal überschwänglich. Noch bevor er uns fragt, warum wir hier sind und was wir hier denn eigentlich machen, erzählt er uns, dass er eine Pilotenlizenz sowie eine kanadische Freundin besitze und in England studiert habe. Er ist der Chef, das haben wir jetzt verstanden. An seinem Gürtel hängen eine Handytasche und ein Funkgerät.

Im zentralen Raum des Gebäudes sitzen drei Männer und eine Frau vor Computern. Die ganze Tischreihe ist vernetzt, unzählige Kabel hängen von Tisch zu Tisch, an jedem Arbeitsplatz liegt ein Handy oder ein Funkgerät. Wir setzen uns zu ihm und nachdem er einem Mann strenge Anweisungen in einheimischer Sprache gegeben hat, bekommen wir Tee und Kräcker serviert. Ich muss sofort an das Knäckebrot denken, das wir heute kiloweise in uns hineingestopft haben. Den anderen geht es wohl genauso, keiner von uns fasst das Gebäck an. Der Boss hält uns einen Vortrag über seine Arbeit, ich fühle mich wie auf einer Konferenz. Wir nennen den Mann unter uns Käptn Ahab, da der echte Käptn Ahab aus „Moby Dick" auch der unangefochtene Boss auf dem Schiff war und mit seinen Leuten so rau umgegangen ist. Doch wir fühlen uns absolut sicher, nirgends sind wir in der Nacht besser aufgehoben als hier. Nachdem die Anspannung langsam gesunken ist, meldet sich der Hunger. Wir fragen, ob wir kurz unseren Kocher draußen auf dem Hof anschmeißen dürfen, wir haben den ganzen Tag noch keine richtige Mahlzeit gehabt. Natürlich dürfen wir das. Als wir uns für die Nacht verabschieden, zeigt er uns unser Zimmer, er hat uns vier Matratzen in einen Raum legen lassen, dort sollen wir heute Nacht schlafen. Ein Bett! Auch wenn er ein Profilneurotiker ist, der seinesgleichen sucht, er meint es gut mit uns. Als wir auf den Eingangstreppen sitzen und unsere Reismahlzeit kochen, setzt sich der Mann, der unsere Pässe kontrolliert und uns das Tor geöffnet hat, zu uns. Auch er war längere Zeit in England. Obwohl wir sehr müde sind, unterhalten wir uns noch lange mit ihm, er ist ein äußerst sympathischer Mensch. Wir erfahren viel über die Arbeit, die die Vereinten Nationen leisten, über die Zustände und auch über die Probleme, mit denen die Mitarbeiter hier täglich zu kämpfen haben. Als wir von unseren Plänen erzählen, rät er uns, auf keinen Fall mit unseren Autos nach Kandahar zu fahren. Dort würden wir noch mehr auffallen als hier, das gibt nur böses Blut. Auch die Strecke dorthin sei mit unseren Fahrzeugen erst gar nicht zu machen, sie sei in einem so schlechten Zustand, dass man unbedingt mehr Bodenfreiheit brauche. Wir sollten uns an das freie Militär wenden, das sind Soldaten, die für

die Regierung, die Polizei und bei ausreichender Bezahlung auch für Privat-
personen arbeiten. Gleich nach der Grenze solle eine Station kommen, die den
Taliban als Stützpunkt gedient habe und jetzt in der Hand freier Soldaten sei.
Dort haben auch die Reporter und Journalisten Schutz gesucht, die massenweise
hier gewesen seien. Wir lassen uns den Weg noch einmal ganz genau beschreiben.

Wir sind gerade mit dem Essen fertig, da kommt Käptn Ahab dazu und
übernimmt sofort die Gesprächsführung. Es geht mal wieder um seine
Pilotenausbildung und seine Möglichkeiten, weltweit viel Geld verdienen zu
können. Wir kommen auch darauf zu sprechen, dass ich Sozialpädagogik
studiere und bald meine Diplomarbeit ansteht. Er meint, er könne mir hier
Themen anbieten und – falls mich die Arbeit der UNHCR interessiert – würde
eine Diplomarbeit sogar bezahlt werden. Klar interessiert mich das. Ich solle
ihm meine Daten geben, er werde mich auf jeden Fall kontaktieren. Ich bedanke
mich schon mal im Voraus und gebe ihm meine Kontaktdaten.

# Tag 20
## 24. Februar

Als wir aufwachen, sind die meisten Leute nicht mehr da. Auch Käptn Ahab ist weg. Um es vorweg zu nehmen: Wir haben bis heute nie mehr etwas von ihm gehört.

Doch die Nacht war gut, wir haben geschlafen wie Steine. Wir servieren Keydi Müsli zum Frühstück, ich glaube, das ist ziemlich ungewöhnlich für ihn, er verzieht während des Essens sein Gesicht in seltsamer Weise. Nachdem wir unserem Gastgeber einen Zettel mit einem dicken „THANK YOU", unseren Unterschriften und zwei Dosen Fisch auf den Schreibtisch legen, stehen wir schon um neun Uhr am Zoll. Der Verkehr durch Chaman ist mit gestern, dem Markttag, überhaupt nicht zu vergleichen. Fast ohne anzuhalten geht es durch den Ort. An der Zollstation angekommen, hüpfen Keydi und Daniel sofort aus den Autos, Rammi und ich bleiben da. Wir sind im Grunde bestens gelaunt, es ist schon sehr spannend, nur daran zu denken, heute nach Kandahar zu kommen. Auch auf die Strecke dorthin bin ich gespannt. Meistens beurteilen die Leute, die hier für längere Zeit sind, die Straßen viel besser als wir, da wir einfach gute Straßen gewohnt sind. Wenn allerdings Einheimische von „katastrophal" reden, dann muss die Strecke wirklich schwierig sein.

Die Sonne scheint auf uns herunter, das hebt die Stimmung zusätzlich. Allerdings dauert es mal wieder ewig, bis die beiden aus dem Büro kommen. „Wir müssen noch mal zu unserem Kumpel in das Grenzhäuschen", kommentiert Daniel das Ergebnis, als er an uns vorbeiläuft, „eine weitere Unterschrift von ihm ist nötig." „Ach du Scheiße, das kann dauern!"

Rammi hat leider mit seiner Prognose voll ins Schwarze getroffen. Ich weiß nicht, was der Mann gegen uns hat, wir sind doch einfach vier Jungs, die nur legal aus diesem Land ausreisen wollen, sonst nichts. Langsam geht er einen Schritt zu weit, er will genau wissen, wohin wir mit unseren Autos in Afghanistan fahren. Das geht ihn wirklich nichts an, das sollte ihn eigentlich überhaupt nicht interessieren. Doch er gibt nicht auf. Sogar Keydi wirkt jetzt verärgert – und das soll etwas heißen. Noch einigermaßen gefasst erklärt er dem Grenzer auf diplomatische Art, dass ihn das überhaupt nicht zu jucken braucht. Nach einer weiteren Diskussion unterschreibt er überraschend die Papiere, wir sind endlich raus.

Voller Genuss reihen wir uns in die Verkehrsschlange ein und fahren im Schritttempo am Schlagbaum vorbei. „This is no man´s land", kommentiert Keydi das Gebiet, in dem wir uns gerade befinden. Ungefähr einen Kilometer weiter sehen wir das afghanische Grenzhäuschen und die Handelszone rund um den Ort Buldak, wo auch wir unsere Fahrzeuge verkaufen wollen. Stau zwingt uns mal wieder zum Stillstand. Keydi gibt mir Anweisungen, die Straße zu verlassen und über ein freies Feld mitten durch die Pampa in eine Seitenstraße von Buldak abzubiegen, ohne das Grenzhäuschen zu passieren. Ich frage ihn, ob wir nicht den Zoll aufsuchen müssen, um unseren Stempel zu bekommen. „Too many questions, too many problems", ist seine Antwort, dabei schmunzelt er schelmisch und macht mich auf das entgegenkommende Fahrzeug aufmerksam, das ebenfalls ohne die Formalitäten in Richtung Pakistan unterwegs ist. Keydi erzählt uns, dass es in diesem Streifen, der weder zu Pakistan noch zu Afghanistan gehört, keine Verkehrsregeln gibt, das heißt, manche Autos fahren auf der linken Fahrbahn, manche kommen aber auf der gleichen Seite entgegen, was oft zum Der-Schwächere-gibt-nach-Effekt führt. Genau genommen haben somit immer Lastwagen Vorfahrt. Auch wir mit unseren großen Autos könnten eigentlich auf das Ausweichen verzichten – worauf wir jedoch nicht beharren, das ist schätzungsweise gesünder.

Wir erreichen den Grenzort. Die Gassen, durch die wir fahren, sind wirklich verdammt eng, unsere Autos passen gerade mal zwischen die Lehmwände links und rechts. Auch hier muss es geregnet haben, riesige Wasserpfützen mit braun-schwarzer Brühe bedecken teilweise mehrere Quadratmeter dieser schmalen Wege. Müll, vor allem weggeworfene Plastikflaschen, säumen die Wege. Die Häuserreihen und Hofmauern sind sehr verwinkelt, wir biegen immer wieder rechts ab, links, wieder links, noch einmal rechts.

Keydi kennt sich zum Glück bestens aus. Er kann sich gar nicht erinnern, wie oft er in seinem Leben schon auf diese Weise eingereist ist – er hat zwar keine Probleme beim Zoll, aber durch den immerwährenden Stau kann man auf diese Art viel Zeit gewinnen und lästige Fragen vermeiden. Plötzlich befinden wir uns wieder auf der Hauptstraße. Ab jetzt scheint wieder alles geregelt zu sein – es herrscht einheitlich Rechtsverkehr. Wir sind in Afghanistan, die Grenzbehörden haben wir somit umfahren. Keydi möchte allerdings später mit uns zum Regierungsvertreter, von dem er gestern die Sondergenehmigung erhalten hat, das hat er ihm versprochen.

Wir folgen genau der Beschreibung zur Station des freien Militärs. Es ist ein Kinderspiel, sie zu finden, der Hof sieht haargenau so aus, wie ihn uns der UNHCR-Mitarbeiter gestern beschrieben hat. Das erste, was uns auffällt, ist der große, angebundene Geier, der auf einem Baum in der Mitte des Hofes sitzt. Ich kenne diese Dinger nur aus Spaghetti-Western. Dass sie so groß sind, hätte ich nicht gedacht. Mehrer Hunde sind in Zwingern eingesperrt. Als wir aussteigen, bellen und kläffen uns die Schäferhund-mit-irgendwas-Mischungen an, als wären wir ihre schlimmsten Feinde. Als ein Mann in Kampfuniform an den

Zwingern vorbeigeht und einen kurzen, jedoch heftigen Schlag auf das Gitter loslässt, ist plötzlich Ruhe.

Auf dem Flachdach des dreistöckigen Gebäudes ist eine große Flugabwehrkanone aufgebaut, die ebenfalls sofort ins Auge fällt, denn das Kanonenrohr ist überwältigend groß. Ob das wohl in letzter Zeit in Gebrauch war? Auf der Veranda sitzt ein korpulenter Soldat in schlampigem Kampfanzug. Er stellt sich als Leiter der Station vor. Zur Begrüßung macht er sich keine große Mühe, er bleibt einfach sitzen und streckt uns die Hand entgegen, wir knien, um auf gleicher Höhe zu sein. Er spricht Englisch. Ich erkläre ihm kurz, dass wir für einen Tag nach Kandahar wollen, um Keydis Vater zu besuchen. Weiter brauche ich gar nicht zu reden, er weiß genau, was wir von ihm wollen: zwei bewaffnete Männer mit einem Fahrzeug, die uns nach Kandahar und wieder zurück bringen. Der Mann kaut lässig auf Sonnenblumenkernen herum, während er mit mir spricht. Vier oder fünf andere Soldaten sitzen zehn Meter weiter auf einer Bank und machen gar nichts. Die ganze Station strahlt eine angenehme Gemütlichkeit aus, zu der sicherlich auch die besonnene, sogar schon etwas müde Art des Chefs ihren Teil beiträgt. „Boy" werde ich von ihm genannt. „Listen, boy", sagt er und bewegt langsam seine Lippen, um mit uns ins Geschäft zu kommen. „300 US-Dollar is my last price." Normalerweise verlange er für zwei Soldaten, die je mit einem Kalaschnikow-Schnellfeuergewehr bewaffnet und einem Militärfahrzeug ausgestattet sind, pro Tag 600 US-Dollar. Das war allerdings für die Journalisten, die erst gar nicht gehandelt hätten. Für uns macht er ein Spezialangebot, für 300 Dollar können wir sofort losziehen. Ich gehe immer noch davon aus, dass wir am Abend wieder zurück sind, 300 Dollar erscheint mir zu viel. Noch nie im Leben habe ich einen Menschen so emotionslos handeln sehen wie ihn, dieser Mann ist definitiv kein Geldhai, nein, er ist einfach ein gemütlicher, vielleicht sogar schon fauler Typ. Wir feilschen emotionslos, aber durchaus erfolgreich. Beim Betrag von 140 Dollar hält er allerdings inne, weiter runterhandeln lässt er sich nicht mehr. Da ich selbst nicht mit diesem niedrigen Betrag gerechnet habe, schlage ich sofort ein, bezahlt wird an Ort und Stelle. Selbst beim Zählen der Scheine hat man den Eindruck, dass der Stationschef jeden Moment einschläft.

Unsere Autos können wir im Hof stehen lassen, ich denke, hier sind sie sicher. Alle Papiere und beide Fotoapparate nehmen wir mit. Ein Toyota Landcruiser wird vorgefahren, junge Soldaten räumen mehrere Rucksäcke und Pakete aus, unser Gepäck und uns befördern sie in den Geländewagen. Zwei Soldaten kommen mit, beide haben die Feuerwaffen geschultert, als sie auf das Auto zugehen. Unterschiedlicher könnten die beiden von der äußerlichen Erscheinung kaum sein: Der eine ist groß, bestimmt über 1,90 Meter, breitschultrig und untersetzt. Sein Oberlippenbart ist buschig, lang und breit. Das lässt ihn etwas düster und ernst erscheinen, etwa so wie man es oft auf Fahndungsfotos in Polizeiwachen sieht. Der andere Soldat ist mindestens zwei Köpfe kleiner und sehr dünn. Er macht auf den ersten Blick einen schmächtigen und schlaksigen Eindruck.

Der Motor wird angelassen, mit einer rasanten Anfahrt und einer scharfen Kurve aus dem Hof starten wir unsere Reise nach Kandahar. Es ist etwas gewöhnungsbedürftig, unsere Fahrzeuge hier stehen zu lassen, waren sie doch in den letzten Wochen unsere ständigen Begleiter. Der dünne Soldat im Gepäckraum ist sehr gesprächig, er heißt *Merat*. Den Namen des anderen Soldaten erfahren wir nie, wir nennen ihn *den Schweigsamen*.

Das Fahrzeug scheint in gutem Zustand zu sein. Daniel, der Fahrzeugprofi, erkennt auf den ersten Metern sofort, dass die Stoßdämpfer relativ weich eingestellt und dem Motor noch überhaupt keine Verschleißgeräusche anzuhören sind. An den beiden vorderen Ecken der Motorhaube sind zwei afghanische Nationalflaggen angebracht. Keydi erklärt dem Schweigsamen, dass wir vorher noch zur Regierungsvertretung fahren müssen. Unser Fahrer nickt, er kennt das Gebäude.

Bevor wir in das Büro des Beamten treten, ziehen wir die Schuhe aus. Bei dem Geruch unserer Socken weiß ich nicht, ob es nun unhöflicher ist, mit oder ohne Schuhe einzutreten. Wir entscheiden uns für die Sockenvariante. Eine weiße Frau sitzt bei dem Beamten am Schreibtisch, wie wir nachher erfahren, ist sie Engländerin und war für ein Hilfsprojekt acht Monate in Kandahar stationiert. Ihr wird gerade der offizielle Dank ausgesprochen. Der Beamte erkennt Keydi sofort wieder und begrüßt ihn freundlich, genauso wie uns auch. Er hält eine kurze Rede über sein Land, wir nicken kräftig, viele seiner Worte verstehen wir jedoch aufgrund seines starken Akzents nur teilweise oder gar nicht – aber nicken und freundlich lächeln ist nie falsch. Es gibt, wie immer, Zucker mit Tee, was auf einen längeren Aufenthalt hinweist. Im Grunde sitzen wir auf heißen Kohlen, das pakistanische Konsulat in Kandahar schließt um 15 Uhr, wir müssen also unbedingt in zwei Stunden dort sein. Die Unterschrift erfolgt in schon fast feierlicher Zeremonie an seinem Schreibtisch, wir stehen in Reih und Glied vor ihm, das Ganze erinnert mich ein bisschen an meine Gelöbnisfeier bei der Bundeswehr. Ob wir sein Land schön finden, will er wissen. Ja. Ob wir davon zu Hause berichten werden? Na sicher doch, vielleicht schreiben wir über die Reise sogar ein Buch. Ob wir wieder kommen werden? Ähh, joo, ähh ja, denk schon. Ob wir die Leute mit Respekt behandeln? Natürlich. Ob wir hierher kamen, um das Land kennenzulernen? Ja. Ob wir auch in 24 Stunden wieder zurück sein werden? Hoffentlich, äh, ja klar.

Keine weiteren Fragen. „Der Weg ist frei", übersetzt uns Keydi seine letzten Worte. Na, da bin ich ja mal gespannt. Ich bin mir nicht ganz sicher, ob wir das alles für die Einreise beantworten mussten oder ob ich den Kerl gerade geheiratet habe. Der Deckel des goldenen glänzenden Kugelschreibers wird aufgeschraubt, unsere Pässe liegen schon aufgeschlagen auf dem Tisch. Als er unterschreiben will, funktioniert der Stift nicht. Wir helfen aus, Rammi hat einen Kugelschreiber von der Sparkasse in seiner Seitentasche, den er dem Beamten anbietet. Er nimmt dankend an, unterschreibt und behält den guten, alten Sparkassenkugelschreiber. Wir machen uns auf den Weg zurück zu den Schuhen.

Wieder draußen in unserem stattlichen Landcruiser geht es endlich weiter. Die geteerte Straße wird nach wenigen Kilometern zur Sandpiste. Wieder einige Kilometer weiter geht sie in eine gnadenlose Rallyestrecke über. Unglaubliche Löcher tun sich auf, doch der Schweigsame weiß ganz genau, wo er ausweichen muss und wo welche Bodenwelle wie hoch ist. Über 500 Mal soll er diese Strecke schon gefahren sein, verrät uns Merat von hinten, während wir durchgeschüttelt werden wie in einem Mixer. Unser Fahrer verfolgt die Bleifuß-Strategie. Wellblechpisten werden ohne Bremsen überquert, teilweise lassen wir die Griffe über den Türen minutenlang nicht mehr los. So ungefähr müssen sich die Beifahrer bei der Rallye Paris-Dakar fühlen. Das Auto wird strapaziert bis zum Letzten, immer wieder spüren wir die Stoßdämpfer am Anschlag. Besonders Merat im Gepäckraum muss sich fühlen wie in einem Shaker, der arme Soldat wird hin- und hergeschmissen. Die Feuerwaffen zwischen seinen Schenkeln eingeklemmt, hält er sich überall fest, wo es nur geht. Sein Dauergrinsen hört trotzdem niemals auf, er ist einfach ein lustiger und durchwegs netter Kerl. Der Schweigsame allerdings hat einen todernsten Blick, er konzentriert sich anscheinend teuflisch und gibt sein Äußerstes. Obwohl die beiden so grundverschieden sind, haben sie eine Gemeinsamkeit: Man muss sie ins Herz schließen, beide haben auf ihre Weise unsere Sympathien gewonnen. Der Fahrer ist eher der Papa-Typ, er ist groß und stark, er würde auf seine „Kleinen" achten, koste es was es wolle. Merat ist einer, der seine Dinge sehr korrekt ausführt und in dem bei weitem mehr steckt als man auf den ersten Blick annehmen würde. Dazu macht ihm sein Job großen Spaß und er ist stolz auf das, was er tut.

Lastwagen und Autos, die vor uns zum Hindernis werden, weichen sofort aus, da der Schweigsame schon von weitem Martinshorn und Blaulicht einschaltet, sobald er erkennt, dass ein Fahrzeug langsamer ist als wir – was auf alle Fahrzeuge zutrifft. Keydi, der momentan gerade wieder Merats Ausführungen übersetzt, stößt plötzlich heftig mit dem Kopf an die Decke, wir sind mal wieder ein paar Meter weit geschanzt. Für eine gewisse Zeit hört man Keydi kaum mehr reden, es muss sehr schmerzhaft gewesen sein.

Horden russischer Panzer, die in den achtziger Jahren hier entlanggefahren sind, haben die Strecke komplett zerstört. Einige amerikanische Granaten sind auf

Fahrzeuge der Talibans gefeuert worden, die ebenfalls auf dieser Strecke unterwegs waren. Mit unseren eigenen Autos hätten wir nicht die geringste Chance gehabt, hier durchzukommen, es sind fast nur Gelände- oder Lastwagen unterwegs. „Look out", bricht unser Fahrer sein Schweigen und zeigt auf eine Brücke, die sich neben uns auftut. Keydi übersetzt wieder Merats Ausführungen: Die Brücke sei von amerikanischen Luftbomben zerstört worden, da die Taliban darunter ihre Panzer versteckt hätten. Die Amis hätten diese Panzer durch die Brücke hindurch abgeschossen, deswegen müssen alle Fahrzeuge durch den Fluss fahren, der sich bei Regenzeit durch den Sand schlängelt. Als wir uns neben der Brücke befinden, sehen wir, dass ein gewaltiges Stück fehlt, Eisenstäbe und Betonbrocken hängen zersplittert in die Tiefe. Da es in letzter Zeit geregnet hat, wurde das Flussbett zum Moor. Es spielen sich unglaubliche Szenen ab, mindestens ein Dutzend Lastwagen und mehrere Autos stecken im Schlamm, die mit Säcken und Kisten beladenen 40-Tonner werden mit den Händen abgeladen, ganze Menschenketten reichen die Waren weiter. Mit Dromedaren und Eseln an Seilen versuchen einige, ihre steckengebliebenen Autos aus dem Schlamm zu befreien. Der Schweigsame bremst keinen Deut ab, mit Vollgas lenkt er das Geländefahrzeug zwischen den eingesumpften Lastwagen und Autos hindurch. Viele Menschen bewegen sich im Moor, doch unser Fahrer sucht eisern seine Bahn durch dieses Flussbett, ohne Rücksicht auf Verluste. Die Geschwindigkeit drosselt sich von selbst, er schaltet zurück, mittlerweile sind wir im zweiten Gang, alle vier Räder drehen voll durch. Wir erreichen die Böschung im Vergleich zur Anfahrt mit stark verminderter Geschwindigkeit. Die steile Strecke zur Straße ist für ihn ein Kinderspiel, für unsere eigenen Autos wäre sie niemals zu schaffen gewesen. Zurück auf die Piste. Der Straßenzustand hat sich nicht geändert, wir werden erneut komplett durchgeschüttelt. Das ist die heftigste Fahrt meines Lebens. „Schon alleine diese Fahrt ist den ganzen Weg hierher wert", brüllt Daniel mir von hinten ins Ohr. Da bin ich ganz seiner Meinung, so etwas habe ich noch nie erlebt. Ich hätte niemals gedacht, dass ein Auto solchen Belastungen standhält.

Langsam wird die Strecke besser. Sie ist immer noch sehr sandig, aber nicht mehr so hart und uneben. Links von uns liegt ein abgeschossenes Kampf-flugzeug, das angeblich den Amerikanern gehört hat. Kurze Zeit später stoßen wir auf mehrere ausgebrannte Panzer. Ich habe den Eindruck, als wäre ich in einem schlechten amerikanischen Kriegsfilm. Immer wieder fahren wir an Schrott vorbei, der auf die vielen militärischen Konflikte zurückzuführen ist, die das Volk hier schon miterleben musste. Als in der Ferne Häuser zu erkennen sind, hält der Schweigsame kurz an. Pinkelpause – Mann, das wird auch Zeit. Während alle Männer hier in die Hocke gehen, um Wasser zu lassen, erledigen wir unser Geschäft im Stehen, wie wir es eben gewohnt sind. Sogleich kommt

Keydi zu uns, der uns beobachtet hat und erklärt, dass es sehr unhöflich sei, so zu pinkeln. Man lernt eben nie aus. Sogleich gehen wir auch in die Hocke, ohne Zielübungen in dieser Stellung bekommen allerdings die Schuhe immer wieder etwas ab.

Um kurz vor drei Uhr nachmittags fahren wir durch den ersten Vorort Kandahars. Die befestigte Straße hat uns wieder, es ist eine Wohltat. Zögernd lösen wir die verkrampften Hände vom Griff über der Tür. Ich habe mich in Deutschland oft gefragt, wer denn eigentlich diesen Griff braucht – jetzt weiß ich es.

Es sieht hier ganz anders aus als in Quetta. Die Häuser sind fast alle einstöckig und haben die gleiche hellbraune Lehmfarbe. Die Geschäfte erkennt man oft nur an den Produkten, die bis zur Straße oder zum Gehsteig aufgestapelt sind, bunte Werbetafeln sieht man auch in der Innenstadt eher selten. Nur wenige Male entdecken wir Plakate der uns bekannten Marken. Drähte und Kabel sind von Haus zu Haus und diagonal über Plätze und Kreuzungen gespannt, alle Leitungen hängen kreuz und quer und scheinen nicht sehr straff zu sein. Oft hängen die Kabel so weit durch, dass sie von vorbeifahrenden Lastwagen fast berührt werden. Die grauen und braunen Berge im Hintergrund geben eine majestätische Kulisse ab, die Stadt und ihre Lebendigkeit faszinieren uns vom ersten Augenblick an.

In der Innenstadt sind die meisten Gebäude zwei- bis dreistöckig, viele der Häuser haben geschwungene Bögen und flache Dächer. Auf manchen Bauten sind kleine Minarette angebracht, manchmal sogar vier oder sechs pro Haus. Viele Zweiräder und einige Autos fahren durch die teils geteerten, teils staubigen Schotterstraßen, einige wenige dürre Bäume stehen an den Straßenrändern. Überhaupt macht alles einen ausgetrockneten Eindruck. Der Lärmpegel wird von kleinen Zweitaktmotoren dominiert. Viele Leute sind unterwegs, Kinder ziehen in Gruppen durch die Gassen, Erwachsene handeln an jeder Ecke und an den Straßenständen. Es herrscht reges Treiben. Von einer vom Krieg gezeichneten, zerstörten und depressiven Stadt kann nicht die Rede sein. Einige Gebäude, besonders mehrstöckige, haben kein Glas mehr in den Fensterrahmen und weisen Einschusslöcher von Maschinengewehrsalven auf – der Häuserkampf um die ehemaligen Regierungsgebäude der Taliban ist nicht zu verkennen – jedoch ist die Atmosphäre positiv und lebendig. Das ehemalige Gerichtsgebäude steht zwar noch, ist aber leer und ziemlich heruntergekommen, Kinder hüpfen im zweiten Stock aus den großen, geschwungenen Fenstern auf einen hohen Sandhügel, der unten aufgeschüttet ist. Als wir an einer Ampel stehen und die Kinder bemerken, dass wir sie vom Auto aus fotografieren, versucht jeder von den Burschen, noch tollkühnere Sprünge abzuliefern.

Ohne auszusteigen geht es direkt zur pakistanischen Botschaft, ein schönes zweistöckiges Haus am Stadtrand. Direkt gegenüber ist ein komplett zerstörtes, dreistöckiges Gebäude. Merat erklärt uns, dass dies ein Hotel für hochrangige Mitglieder der Talibanregierung war. Bei einem Bombenangriff kamen vierzig Talibans ums Leben. Der Schweigsame nickt andächtig.

Es war zu erwarten, dass die Botschaft bereits geschlossen ist, es ist schließlich 15.20 Uhr. Der Wächter der pakistanischen Anlage sagt uns, wir können morgen um acht Uhr wiederkommen. Auch ein Passbild sollten wir dabei haben. Ein Visum für Ausländer dauere ungefähr einen halben Tag. Einen halben Tag? Keydi schluckt, eigentlich wollte er mit uns nur für einen Tagesausflug an die afghanische Grenze, jetzt ist nicht einmal sicher, ob wir morgen, am dritten Tag, wieder zurück nach Quetta kommen werden. Wie es im Moment aussieht, werden wir wahrscheinlich sogar vier Tage benötigen. Sein Bruder führt zwar während seiner Abwesenheit den Teppichladen, aber auch Frau und Kind warten zu Hause. Auf der Akkuanzeige seines Handys erscheint dazu nur noch ein Balken, weshalb er es nach dem Telefonieren immer gleich wieder ausschaltet und somit auch nicht erreichbar ist, was uns noch mehr zur Eile drängt.

Die beiden Soldaten haben hier in der Stadt irgendwo ein Schlaflager. Vor dem Laden von Keydis Vater steigen wir aus dem Geländewagen, morgen früh um 7.45 Uhr werden sie wieder zurück sein. Beide verabschieden sich auf ihre Art, der eine quasselt ohne Ende, der andere hebt nur kurz seine riesige Hand. Ich bin mir nicht ganz sicher, aber ich glaube ein kurzes Lächeln auf seinen Lippen entdeckt zu haben.

Wir betreten das Geschäft des Vaters. Der ganze Teppichladen ist etwa drei auf sechs Meter groß, nicht einmal eine Toilette ist eingebaut – das wird beim Nachbarn erledigt, der als einziger von den fünf Läden, die sich im Gebäude befinden, über diesen Luxus verfügt. Zwei große Regale sind die einzigen Möbel, die im Raum stehen. Der Vater begrüßt uns und setzt sich wieder mit ausgestreckten Beinen und mit dem Rücken an die Wand gelehnt auf den Boden. Während der gesamten Zeit sehen wir den Vater nur in dieser Position. Bald gibt es etwas zu essen: Von seinem Sitzplatz aus ordert er bei zwei kleinen Jungs, die mehrmals täglich die Nase zur Tür reinstecken und ihren Bringservice anbieten, eine Schale Pommes, die von den beiden kurze Zeit später geliefert wird. Gut schmecken sie zwar nicht – die Pommes sind so kalt, fettig und biegsam, dass sie eher die Konsistenz von Nudeln haben – aber wir sind schließlich eingeladen. Wir schätzen das sehr und außerdem haben wir Hunger. Keydis Vater ist eher zurückhaltend und ruhig, aber freundlich. Es scheint als verbringe er sein ganzes Leben in dieser Position. Er liest kein Buch, er schaut nicht fern oder hört Radio, er sitzt einfach da, raucht, isst ab und zu und wartet auf Kundschaft. Keydi erklärt uns die feinen Unterschiede der Teppiche, die allesamt zwischen 100 und 600 US-Dollar kosten. Selbst der billigste Teppich sei vom afghanischen Durchschnittsbürger nicht mal mit einem Monatsgehalt erwerbbar. Die Kunden waren früher hauptsächlich Ausländer, doch jetzt gibt es nur noch wenige davon. Die amerikanischen Soldaten haben viele Teppiche abgekauft. Keydi hat sogar persönlich den Hauptsitz des früheren Talibanchefs Mullah Mohammed Omar besucht, wo die Amerikaner jetzt eine ihrer Zentralen eingerichtet haben, um dieses prunkvolle Haus mit Teppichen auszustatten. Im Moment allerdings läuft das Geschäft des Vaters weniger gut.

Die Meinung über die Amerikaner ist hier sehr gespalten. Auf der einen Seite gibt es nach wie vor überzeugte Talibans, die das amerikanische Militär verfluchen. Auf ihrer Seite stehen auch gemäßigte Anhänger und viele weniger extreme Sympathisanten. Unzählige Anschläge auf einheimische Polizisten und Soldaten sowie auf die internationale *isaf*-Truppe, worunter sich auch 2.200 deutsche Soldaten befinden, haben die Hoffnung auf eine einheitliche Regierung geschwächt. Das zentrale Übergangsparlament unter Präsident Karzai hat in vielen Gebieten kaum Autorität. Mehrere Gouverneure und Warlords beherrschen Teilgebiete, in denen sie eigene Regeln und Gesetze eingeführt haben. Dadurch entsteht viel Unruhe. Mehrere Afghaner, die wir treffen, betonen, dass unter der Talibanregierung zumindest Ruhe geherrscht habe und die Kriminalität im Vergleich sehr niedrig gewesen sei. Kaum jemand fühle sich hier momentan wirklich sicher.

Auf der anderen Seite stehen die Menschen, die unter der Talibanregierung gelitten haben, die den Schlag der Amerikaner als Befreiung empfunden haben und manches dafür in Kauf nehmen. Die US-Regierung kauft sich teilweise in die Herzen der Bevölkerung. So wurden zum Beispiel alle Fenster- und Schaufensterscheiben, die bei den Bombenangriffen durch die immensen Druckwellen zerstört wurden, üppig bezahlt. Das berühmte Sportstadion in Kandahar, das unter der Talibanherrschaft für Exekutionen und zur körperlichen Züchtigung genutzt wurde, war eines der ersten Projekte nach der Invasion: Die US-Soldaten bauten dieses Stadion wieder auf, jetzt wird dort wieder Fußball, Rugby und Cricket gespielt, was die Leute von der schlechten Situation ablenkt – zumindest für ein paar Stunden.

Die afghanische Bevölkerung ist also sehr gespalten. In Pakistan sind jedoch die meisten Leute gegen die Amerikaner. Gegen Europäer haben sie nichts. Dass sich Schröder und Chirac gegen eine Teilnahme am Irak-Konflikt entschieden haben, wissen die Leute, mit denen wir uns unterhalten, oft ganz genau. Allerdings kann ich nur für die gebildeten und somit auch betuchteren Leute sprechen, da fast nur Studenten und Akademiker Englisch sprechen. Mit den Leuten auf der Straße können wir uns kaum unterhalten. Mich würde natürlich auch deren Meinung brennend interessieren.

Manche Afghaner halten uns Deutsche sogar für ihre Blutsbrüder, denn sie sehen sich als eine Art Arier, was wir laut einigen Aussagen von Pakistanis und Afghanern seit Hitler ebenfalls seien. Von ihm wissen sie nicht viel, selbst Keydi wusste nicht, dass er tot ist. Er wusste nur, dass er ein großer Feldherr war und die Leute begeistern konnte. Keydi erzählt mir, dass er das in der Schule gelernt habe. Von den Konzentrationslagern, den wahnsinnigen Angriffskriegen aus Machtgier und all dem Leid, das er brachte, hat er noch nie etwas gehört. Wir erzählen ihm von der anderen Seite des Nationalsozialismus und das meiste ist tatsächlich neu für ihn.

Wir verbringen eine ganze Weile im Laden und sprechen mit ihm und seinem Vater über dieses Thema. Langsam wird es jedoch Zeit, endlich hinauszugehen und die Stadt zu erkunden. Mit Keydi fühlen wir uns absolut sicher, er kennt sich aus, hier ist er der Homeboy. Auf dem riesigen Markt wird wirklich alles verkauft, was sich irgendwie verklopfen lässt. So ziemlich jedes Gut, das man sich vorstellen kann, wechselt dort den Besitzer, man könnte es als „die Urform von *ebay*" beschreiben. Die Menschen feilschen, unterhalten sich angeregt und oft so laut, dass die Marktschreier nicht dagegen ankommen. Jeder zweite Mann sieht Bin Laden sehr ähnlich: Der lange Bart, die weißen Kutten und die Kopfbedeckung scheinen Einheitsmode zu sein, nahezu jeder Mann ist in diesem Stil gekleidet. Unter der Herrschaft der Taliban war es Pflicht, einen langen Bart zu tragen, das Rasieren stand tatsächlich unter Strafe. Alle Männer tragen zwar immer noch Bärte, jedoch gerade die jüngeren in stark gestutzter Ausführung.
Dass wir durch die Gassen gehen um uns die Stadt und die Leute anzuschauen, ist nicht nur etwas Besonderes für uns, sondern anscheinend auch für manch Einheimischen. Schon lange Zeit waren keine Touristen mehr hier. Die einzigen Weißen, die sich hier zeigen, sind amerikanische Soldaten auf Kontrollfahrt. Keydis Vater hat erzählt, dass man die Soldaten niemals in Zivil und ohne ihre gepanzerten Fahrzeuge in der Stadt sieht, somit sind wir eine Art „Attraktion". Unsere Klamotten sind genauso verlumpt und alt wie die der arbeitenden Bevölkerung hier. Wir haben wie immer keine Gürteltaschen umgebunden und tragen auch keine hippen Sonnenbrillen. Nein, wir sehen nicht aus als hätten wir viel Geld, als würden wir aus den reichen westlichen Industriestaaten kommen oder als wären wir Journalisten.

Während wir durch die Gassen laufen, hat sich mittlerweile ein Pulk von Männern gebildet, die uns folgen. Immer im Abstand von zehn bis zwanzig Metern ist die Gruppe hinter uns. Wenn wir stehen bleiben, um uns Waren in Geschäften anzuschauen, bleiben auch diese Männer stehen, doch so bald wir weitergehen, kommt auch die Gruppe hinterher. Als wir das bemerken, fühlt sich die Sache irgendwie bedrohlich an, doch mit der Zeit gewöhnen wir uns an diese Situation. Auch Keydi meint, dass diese Leute einfach neugierig sind. Ich drehe mich öfter um, das passiert irgendwie automatisch, ohne dass ich es will. Die Männer sind dann freundlich und lächeln – nein, Angst zu haben brauchen wir offensichtlich nicht. Als wir uns auf der Straße etwas zu essen kaufen, sind auch wieder viele Neugierige um uns. Wir unterhalten uns mit den Straßenhändlern, Keydi hat uns ein paar Worte in ihrer Sprache beigebracht. Unsere Aussprache allerdings ist anscheinend nicht perfekt. Jedes Mal, wenn Daniel lautstark in der Landessprache jemanden fragt, „wie geht's Dir?" lachen die Leute herzhaft und nicken. Auch Keydi lacht jedes Mal, ich glaube er hat uns etwas Anderes beigebracht, wir wissen es nur nicht. Wahrscheinlich heißt das so viel wie „Hallo, wir sind die drei Supertrottel" oder so ähnlich.

An einer Bäckerei mit einem Ofen unter einer Plane halten wir an. Einer der Mitarbeiter gibt uns frisches Brot direkt aus dem Backofen. Leider dürfen wir es in der Öffentlichkeit nicht im Stehen essen, da es schließlich eine Sünde ist, Krümel auf den Boden fallen zu lassen. Die heißen Brote werden uns eingepackt, wobei uns der Bäcker zwei Stück mehr in die Tüte steckt als wir bezahlt haben. Gleich an der nächsten Straßenecke gehen wir hinter eine Mauer und stopfen heimlich das dampfende Brot in uns hinein, das unglaublich gut schmeckt. Die Knetmasse-Pommes von vorher haben bei Weitem noch nicht gereicht. Wir hoffen, dass es keiner sieht. Auch Keydi schiebt sich die Backwaren hastig in seinen Mund.

Kurze Zeit später treffen wir zufällig den Schweigsamen, er sitzt vor einem Straßenrestaurant und isst, wobei ihm ein paar Männer Gesellschaft leisten. Er winkt uns erfreut zu, obwohl er auf der anderen Straßenseite sitzt. Jetzt hat er aber wirklich gelacht, er kann es also doch, ich habe es genau gesehen.

Langsam wird es dunkel. An manchen Stellen brennen mitten in der Stadt offene Feuer, um die einige Leute sitzen und sich unterhalten. Auf dem Weg zurück zum Teppichladen reden wir nicht mehr viel, jeder genießt die Eindrücke, die wir hier erleben dürfen. Als wir den Laden betreten, sitzt der Vater in der gleichen Stellung auf dem Boden wie zuvor. Ich weiß nicht, was er den ganzen Tag macht oder denkt. Auch wir setzen uns auf den Boden, etwas Anderes gibt es im Moment schließlich nicht zu tun. Rammi findet in seinem Rucksack noch Spielkarten. Wir erklären Keydi die Kartenspiele „Mau-Mau" und „Schwimmen". Er versteht schnell und spielt auf Anhieb recht gut. Ein schlaues Bürschchen. Einmal versucht er sogar, uns zu bescheißen. Das fliegt aber schnell auf. So haben wir viel Spaß und lachen den ganzen Abend, der Vater denkt bei unserem Gejohle wahrscheinlich, wir hätten uns nachmittags Drogen besorgt oder haben einfach einen an der Klatsche.

Dreimal fällt an diesem Abend der Strom im gesamten Stadtteil für jeweils zwanzig Minuten aus. Keydi meint, das sei normal, die Leute hätten sich daran gewöhnt. Gegen Mitternacht teilt er teure Perserteppiche aus, auf denen wir schlafen. Zum Pinkeln geht es noch mal rüber zum Nachbarn.

# Tag 21
## 25. Februar

Schon früh sind wir wieder auf den Beinen und warten auf unsere zwei Aufpasser, die dann bereits zwanzig Minuten vor dem vereinbarten Zeitpunkt vor der Türe stehen. Als wir den Laden verlassen, sitzt Keydis Vater in der gewohnten Pose da und raucht eine Zigarette.

Die erste Station ist der Fotograf, bei dem wir Passbilder machen lassen müssen. Die Bilder sehen aus wie Fahndungsfotos, weder gekämmt noch rasiert schauen wir verschlafen und mit halboffenen Augen in die Kamera. Jedes Automatenfoto am Bahnhof wäre qualitativ besser, aber das spielt keine Rolle. Kurz nach neun Uhr sitzen wir schon in einem klimatisierten Warteraum der Botschaft bei kühlschrankähnlichen Temperaturen und warten mehr als eine Stunde auf unsere Visa. Ein Angestellter bringt uns in ein Büro, in dem wir einige Erklärungen unterschreiben müssen und insgesamt 150 US-Dollar hinblättern. Eine weitere Stunde später sind wir wieder draußen. Merat und der Schweigsame warten schon abfahrbereit in ihrem Geländewagen. Die Fahrt zurück ist genauso spektakulär wie die Tour gestern – was dieser Geländewagen aushalten muss, ist unglaublich. Die Moorüberquerung an der zerstörten Brücke ist heute etwas einfacher, da der Schlamm schon trockener und somit fester ist. Immer noch werden riesige, schief im Moor steckende Lastwagen per Hand abgeladen und wie gestern sind auch heute massenhaft Menschen damit beschäftigt. Das Szenario ist beeindruckend und erschreckend zugleich.

In einem kleinen Dorf halten wir an, die beiden Soldaten steigen aus, um etwas zu essen zu kaufen. Auch wir besorgen Getränke. Der Schweigsame hat einen ganzen Arm voller einzeln in Plastik verpackter Minikuchen erstanden, die er uns wortlos in den Schoß legt. Eben der Papatyp, der für seine Kinder sorgt. Hunger hätten wir schon, aber keiner von uns hat beide Hände frei, um den Kuchen auszupacken, da sich mindestens eine Hand wieder verkrampft am Haltegriff oder am Nachbarn festkrallt. Die Schüttelparty nimmt ein letztes Mal ihren Lauf. Von den 21.000 Kilometern Straßennetz in Afghanistan sind nur dreizehn Prozent befestigt. Nach einer knappen halben Stunde sind wir zurück auf diesen dreizehn Prozent. Genüsslich verschlingen wir die kleinen Kuchen.

Den Regierungsvertreter haben wir aus Zeitgründen ausgelassen, Keydi meint, wenn er nichts zu tun hätte, könnte es passieren, dass wir den ganzen Nachmittag bei ihm Tee trinken müssten. Darauf hat keiner von uns Lust, wir wollen jetzt endlich wissen, ob der Autohandel funktioniert oder nicht.

Kurz nach Mittag sind wir wieder zurück in der Polizeistation bei unseren Fahrzeugen. Beide stehen noch so da wie gestern. Auch der Polizeichef sitzt genauso unbeweglich auf seiner Veranda wie gestern, ebenso wie der fette Geier.

Rammi versteht sich sehr gut mit Merat. Während der holprigen Fahrt hat der schmalschultrige Soldat sogar ein Foto aus seiner Tasche gezogen, das ihn mit freiem Oberkörper unter einem Geländewagen zeigt. Das hintere Rad steht voll auf seinem Bauchbereich, er ist stolz auf diesen Bauchmuskeltest. Das Bild ist schon ziemlich verknittert, er hat es wohl schon öfter hergezeigt. Merat und Rammi bleiben im Hof, Daniel, Keydi und ich steigen in das Auto, das wir schon in Teheran verkaufen wollten, und fahren los. Als wir den ersten Autohändler ansteuern, klopft mein Herz vor Aufregung, jetzt bin ich gespannt, was passiert. Auch wenn sich oft zehn oder zwanzig Leute im Hof befinden, die Autohändler erkennt man sofort. Sie sind meist weiß und absolut sauber gekleidet und haben vor allem einen dicken Speckbauch. Der erste kommt auf uns zu, er begrüßt uns sehr freundlich. Im Handumdrehen stehen mindestens fünfzehn Leute um uns herum. Nach kurzem Smalltalk mit dem Händler kommen wir gleich zur Sache, Daniel und ich sind bescheiden und bieten ihm das Auto für umgerechnet 4.000 US-Dollar an. Als Keydi das Angebot übersetzt, klopft mein Herz noch mehr. Wie gebannt starren wir auf den Händler, der wiederum die ganze Zeit auf unser Fahrzeug schielt. Doch plötzlich sieht er uns an und schüttelt den Kopf. Er hat kein Interesse. Er sagt, dass er ihn selbst für 2.000 US-Dollar nicht nehmen würde, es gibt weder Ersatzteile für diesen Wagen noch Leute, die ihn reparieren könnten. BMW ist in diesem Land eine seltene Marke. Nein, er hat kein Interesse. Schade, aber es gibt schließlich noch viele andere Händler. Als wir uns verabschieden wollen und ich in Gedanken schon im nächsten Hof stehe, bringt ein Bediensteter Tee. Was sein muss, muss sein. Also weg mit dem Zeug.

Auf dem Weg zum nächsten Händler kommen wir an einem freien Platz vorbei, auf dem mehrere junge Burschen Autos waschen. Keydi kommt auf die Idee, dort anzuhalten und auch unseren Wagen abspritzen zu lassen. Die letzen 10.000 Kilometer sind nicht zu verleugnen. Als das Auto sauber gewaschen vor uns steht, fällt mir erst wieder auf, dass die Grundfarbe sogar silbrig ist. Jetzt blinkt und blitzt es wie neu. Sehr gut. Jetzt muss es funktionieren.

Der nächste Händler ist nicht weit. Als wir durch das Hoftor fahren, kommt uns der Chef bereits entgegen. „Oh nice, Mercedes Benz!" ruft er lautstark, als wir gerade aussteigen. Das halte ich im Kopf nicht aus, der Mann hält diesen BMW wirklich für einen Mercedes! Hier stehen mindestens 50 Autos im Hof, unter anderem auch eine E-Klasse aus der 124er-Baureihe. Wir dachten, dass ein Fahrzeughändler, der ein Vermögen auf dem Hof stehen hat, sich wenigstens *etwas* auskennt – doch Fehlanzeige. Die Ernüchterung kommt spätestens, als drei Mechaniker versuchen, die Motorhaube zu öffnen. Sechs Hände suchen am

Kühlergrill nach dem Hebel, der die Haube aushakt. Dass bei BMW die Motorhaube von der anderen Seite zu öffnen ist, haben sie noch nie gehört. Daniel und ich stehen wortlos daneben. Mir fällt im Moment nichts ein. Mit dem Raumschiff aus Star Trek könnten diese Leute wohl mehr anfangen als mit unserem BMW. Ein Raunen geht durch die Menge, als Daniel die Motorhaube von der anderen Seite öffnet. Auch dieser Händler ist äußerst freundlich. Er zeigt Interesse an dem Wagen, will viel wissen. Wir sind kaum fünf Minuten hier, haben wir schon wieder ein Glas Tee in der Hand. Er fragt viel, wir erzählen von der Reise, von Kandahar, von den vielen Angeboten, die wir für unser Auto schon bekommen haben. Ihm gefällt unser Wagen außerordentlich – aber kaufen? Nein danke. Wir bieten ihm das Fahrzeug für 3.500 US-Dollar an. Nein, nicht mal für 2.000 würde er es nehmen, er kann damit nichts anfangen. Bei diesem Satz habe ich plötzlich ein starkes Déjà-Vu. Als wir einen Moment nicht aufpassen, schenkt uns jemand Tee nach. Wir sind langsam wirklich unter Zeitdruck, bevor es dunkel wird, sollten wir schon ganz nahe an Quetta sein, denn die Straße dorthin gilt bei Dunkelheit als extrem überfallgefährdet. Wir haben noch ungefähr fünf Stunden. Doch einen Tee stehen zu lassen gilt als sehr unhöflich, also setzen wir uns mit dem Händler in einen kühlen Raum. Kurz bevor der heiße Tee endlich ausgetrunken ist, erfährt Keydi, dass gerade für uns gekocht wird und alle zum Essen eingeladen sind. Wir klären ihn sofort auf, dass wir gehen müssen und zweitens gerade gegessen haben. Ich hoffe, dass uns das nicht als Unhöflichkeit ausgelegt und übel genommen wird.

Der dritte Händler zeigt sich, wie bisher alle, sehr angetan von unserem Auto. Mittlerweile kommen wir sofort zur Sache. Auch er erklärt uns, dass er hohe Gebühren zahlen müsste, wenn er das Auto hier registrieren lassen würde. Niemand hätte Interesse an diesen Fahrzeugen, er würde sie auch nicht verkaufen können. Nein, für amerikanische Autos hat er keinen Bedarf. „German, this is a German car!" verbessert ihn Daniel, er hat den Kommentar mit Amerika wohl als Beleidigung verstanden. Deutschland fände er zwar besser, so der Händler, aber auch ein deutsches Auto könne er nicht brauchen. Auf seinem Hof stehen ausschließlich japanische Fahrzeuge. Aber auch er würde uns gerne zum Essen einladen. Die spontane Ablehnung von uns, die wohl wie aus der Pistole geschossen und gleichzeitig gekommen ist, verwundert ihn etwas. Wir bedanken uns, Sekunden später sind wir schon wieder zurück auf der Straße.

Die Hoffnung sinkt ins Bodenlose, wir sind total enttäuscht. Keydi wird immer leiser. Ich glaube, er fühlt sich am meisten unter Druck. Wir erklären ihm aber immer wieder, dass er sich keine Vorwürfe machen muss, er hat uns von Anfang an gesagt, dass wir es lediglich *versuchen* könnten, er hat uns nie etwas versprochen. K e y d i hat als reinste Dolmetschmaschine gearbeitet, die Sondergenehmigungen für Afghanistan besorgt, uns Kandahar gezeigt und noch viel mehr. Durch ihn waren wir hier. Selbst wenn wir nun mit beiden Autos zurück nach Quetta fahren und keinen müden Dollar verdient haben, so bleibt uns immerhin das Abenteuer Afghanistan in Erinnerung, das ich auf keinen Fall missen möchte.

Beim vierten, fünften und sechsten Autohändler erwartet uns exakt das gleiche Szenario. Wir führen das Auto vor, alle sind begeistert, doch keiner hat Interesse am Kauf. Nicht nur die Zeit läuft uns davon, auch die Autohöfe sind bald alle abgegrast. Auf dem Weg zu den letzten zwei Höfen verkaufen wir immerhin noch zwei Ersatzräder, doch die Ersatzbatterie, die wir ebenfalls dabei haben, bringen wir auch nicht an den Mann.

Beim Händler Nummer sieben angelangt, kommt eine ganze Delegation gut gekleideter und wohl beleibter Männern auf uns zu. Einer von ihnen hätte schon von uns gehört. Auch er kann dieses Auto nicht verkaufen. Aber er liebe deutsche Wertarbeit. Rein zur Zierde möchte er es haben. Er biete uns 900.000 Afghani, das sind bei gutem Kurs 1.800 US-Dollar. Wir hätten genau eine Minute Zeit zu überlegen, danach bietet er uns die Hälfte davon. Sobald wir vom Hof fahren, gelte das Angebot nicht mehr. Seine Gefolgschaft schmunzelt. Er ist wirklich der große Macker, echt tolle Show, aber wir müssen uns entscheiden. Schon nachdem uns das alles von Keydi übersetzt worden ist, ist eine halbe Minute um. Daniel sitzt auf dem Fahrersitz, ich stehe draußen. Er sieht mich an: „So ein arroganter Sack, der Dicke, aber was sagst Du? 1.800 Dollar ist deutlich weniger als wir erwartet haben, aber auch deutlich mehr, als wir bezahlt haben!" „1.800 Mücken sind auch viel mehr als null, denn soviel würden wir in Indien bekommen, dort können wir die beiden Kübel sowieso nicht verschachern, also ich würde auch…" „Now, yes or no, now or never", fällt mir der dicke Händler ins Wort und nickt dazu langsam, so dass sich seine Haut zum Dreifach-Kinn faltet. Wir schauen ihn an, Zeit zur Beratung bleibt keine mehr. Daniel nickt mir zu, ich bin auch dafür. Ein schwaches „ok" reicht ihm, das Geschäft ist somit unter Dach und Fach.

Der Händler lacht kurz und spricht mit seinen Leuten, die das Auto mit fünf Mann inspizieren. Daniel und ich erklären dem Käufer, wie die Automatik-schaltung funktioniert, während Keydi sich um ein Taxi kümmert, das uns zurück zum Polizeihof bringt. Ich kann es gar nicht glauben, dass das Auto jetzt hier bleiben wird. 10.500 Kilometer weit hat es uns bis hierher gebracht, war Hotel und Transportmittel, doch jetzt gehört es uns nicht mehr. „Das ging jetzt alles in Blitzgeschwindigkeit", sage ich zu Daniel, der gerade die elektrischen Fensterheber vorführt, „das erste Bier in Indien trinken wir auf unser Gefährt." „Und ob! Den anderen verkaufen wir aber auf keinen Fall unter 2.000 Dollar, falls wir die Summe nicht bekommen sollten, fahren wir lieber nach Indien und verschenken ihn oder tauschen ihn gegen eine heilige Kuh, was sagst Du?" Wir lachen. „What is the problem?" fragt der Käufer aufgeregt, während er mit einer Hand das Lenkrad und mit der anderen den Automatikhebel festhält, als würde er gerade fahren. „No problem, everything very good, don´t worry", antwortet Daniel und führt seine Erklärungen am Auto seelenruhig weiter aus. Ich bin mal gespannt, was Rammi zu diesem Deal sagt, er ist immer noch der Meinung, dass wir locker 5.000 Dollar einsacken.

Ein Mitarbeiter bringt das Geld, es sind 900 Eintausender-Scheine. Schon alleine das Zählen der Banknoten dauert seine Zeit. Die Qualität des Papiers ist, verglichen mit unseren Scheinen, viel schlechter. Viele sind zerrissen oder so schmutzig, dass man genau nachsehen muss, ob es auch wirklich ein Tausender ist. Keydi kennt das Geld zum Glück zur Genüge, er ist sich sicher, dass die Noten echt sind. Für den Umtausch werde er in Quetta sorgen, er kenne dort einen Schwarzmarkt für afghanisches Geld. Wir verlassen uns darauf.

Wir zählen also eine ganze Weile, es scheint zu stimmen, 900.000 Afghanis, das Auto ist verkauft. Hastig räumen wir es aus, ein paar Kleinigkeiten befinden sich im Kofferraum, viel ist es nicht. Die Ersatzbatterie ist allerdings plötzlich nicht mehr da. Keydi fragt den Händler, wo seine Leute die Batterie hingebracht haben, sie wäre beim Kauf nicht inklusive gewesen. Das weiß der Autodealer, das war so abgemacht. Eine Weile redet er um den heißen Brei, dann gibt er einem seiner Leute eine Anweisung. Noch vor fünf Minuten war sie in unserem Kofferraum, bereits jetzt ist sie in einem roten Toyota Corolla eingebaut, der auf dem Hof steht. Wir waren so beschäftigt, dass wir es nicht bemerkt hatten. Zwei Leute bauen unsere Batterie wieder aus, bringen sie zurück und stellen sie genau vor unseren Füßen ab. Bestehlen lassen wollen wir uns nicht.

Das Taxi fährt direkt in den Hof. Wir laden die wenigen Sachen, die wir aus unserem Fahrzeug genommen haben, in den Kofferraum. Keydi sitzt bereits auf der Rückbank. Daniel und ich stehen noch vor unserem Wagen. Der Käufer hat sich aus dem Staub gemacht, weder Vertrag noch Handschlag scheinen hier nötig zu sein, plötzlich war er verschwunden. Der Abschied ist nicht leicht, die Karre ist uns ans Herz gewachsen. Wir klopfen beide noch mal anerkennend auf das Dach, es ist ein gutes Auto, hat uns nicht enttäuscht. Ich atme noch mal tief durch. Danach steigen wir ins Taxi und fahren zurück.

Als wir auf den Hof fahren und uns der hässliche Geier auf dem Baum reglos beobachtet, sehen wir Rammi auf dem Flachdach der Polizeistation auf der Flugzeugabwehrkanone sitzen und mit den Soldaten Tee trinken. Als sie uns aussteigen sehen, eilen alle die drei Stockwerke zu uns nach unten. „Und, wie viel?" schreit Rammi schon voller Erwartungen von weitem entgegen, „habt ihr die 10.000 Piepen?" scherzt er. „Mach keine Witze, gerade mal 500 Dollar gab es für den Kübel", antworte ich und lächle Daniel kurz an, „und da haben wir sogar noch Glück gehabt." Rammis Miene ist wie versteinert: „500? 500 US-

Dollar? Für den ganzen Wagen? Der war doch nicht im Sonderangebot, Jungs, was habt ihr gemacht?" „Nein, alles easy, 1.800 Dollar haben wir, mehr war aber echt nicht drin, es war ganz schön schwierig", antworte ich ihm. Seine Mimik wird wieder sichtlich entspannter. Für lange Erklärungen bleibt jedoch keine Zeit, wir wollen mit dem anderen Auto wieder so schnell wie möglich über die Grenze nach Pakistan zurück und Indien ansteuern.

Plötzlich geschieht etwas sehr Überraschendes: Eine Gruppe mit etwa fünfzehn Menschen marschiert spontan in den Polizeihof. Ein älterer, dicklicher Herr stellt sich als Autohändler vor und bekundet Interesse an unserem anderen Wagen. Die Nachricht, dass wir einen der BMWs verkauft haben, hat sich in Buldak wie ein Lauffeuer verbreitet, jetzt scheint es einen Wettlauf um das zweite Auto zu geben. Ein junger, in alte Tücher gekleideter Mann mit langem Bart signalisiert ebenfalls Interesse. Ich glaube allerdings nicht, dass er das Auto bezahlen könnte. Wir stehen nun alle um den Wagen: Vier Soldaten, der Polizeichef, Rammi, Daniel, Keydi, ich und eine Gruppe von mittlerweile zwanzig Schaulustigen umringen das plötzlich so begehrte Objekt. Wir haben keine Ahnung, wie diese Wende zustande kam. Der untersetzte Mann sitzt auf der Fahrerseite und lässt sich von uns den Schnickschnack erklären – Bordcomputer, automatisches Schiebedach, die Automatikschaltung – all das begeistert ihn. Er will es, 1.800 Dollar möchte er bezahlen, genau wie für das Andere. Woher zum Teufel weiß er nur, wieviel Geld wir für den anderen bekommen haben? Nein, dieses Auto hier ist viel besser, das kostet mehr. Wir setzen bei 1.500.000 Afghanis an, das entspricht ungefähr 3.000 US-Dollar. Der Interessent ist empört, er steigt sofort aus dem Auto und läuft durch die Menge davon. Der junge Mann will es immer noch haben. Ich frage Keydi, ob er das Gefühl hat, dass er auch wirklich zahlen kann. Keydi hat schon mit dem Polizeichef geredet, der ihn angeblich kennt. Er sei ein Taliban und kaufe das Auto für einen anderen Mann, der das Geld auf jeden Fall hätte. Er besitzt die Frechheit und setzt bei 950.000 Afghanis an. Das Feilschen nimmt seinen Lauf. Über Keydi läuft das ganze Gespräch, der, wie schon so oft, auf Hochtouren dolmetscht. Um abschätzen zu können, wie viel der Interessent jeweils in Dollar bietet, muss sein Angebot in Afghanis immer durch 5.000 geteilt werden. Als er bei umgerechnet 2.000 Dollar angekommen ist, möchte ich das Geld sehen. Irgendwie glaube ich nicht, dass er bezahlen kann. Er hat es natürlich nicht dabei. Ohne das Geld zu sehen, handle ich mit ihm nicht weiter, ich glaube, das wäre verschwendete Zeit. Wütend zieht auch er von Dannen, was mich jetzt doch etwas überrascht. „He will be back, believe me", flüstert mir Keydi von der Seite ins Ohr, „he is interested, definitely!"

Ein dritter Interessent hebt sich aus der Masse hervor. Die meisten Leute sind einfach Schaulustige, die uns und die Geschäfte als große Attraktion sehen und sich anscheinend großartig amüsieren. Wir sollten Eintritt verlangen und vor der Polizeistation ein großes Schild aufhängen: „HEUTE: DIE GROßE FEILSCHERSHOW". Rammi und Daniel sowie unsere zwei Guards haben genügend damit zu tun zu beobachten, wo die Hände der Leute sind. Immer wieder macht jemand den Kofferraumdeckel oder eine der hinteren Türen auf. Keydi und ich stehen neben der Fahrertür, die anderen beiden auf dem Dach des Polizeiwagens, von dort haben sie die Übersicht. Ich nehme meine Hände nicht aus meinen Hosentaschen, denn gut drei Jahresgehälter eines afghanischen Arbeiters befinden sich dort – und zu viele könnten dies wissen.

Der dritte Interessent steigt gerade im Zeitlupentempo in den Wagen, er scheint uralt zu sein, als der dicke Mann zurückkommt, der die ersten Angebote gemacht hat. 2.200 Dollar wären sein letztes Angebot. Ich schaue Keydi neben mir an. Er zuckt mit den Schultern, das hilft mir jetzt wenig. Rammi und Daniel schauen mich ebenfalls wortlos an. Ich habe jedoch das Gefühl, dass wir mehr bekommen können und lehne ab. Der Bieter ist wütend. Der dritte Interessent, der alte Mann, steigt noch langsamer aus als er schon eingestiegen ist. Er bietet erst gar keine Summe, wahrscheinlich wollte er nur einmal einen Blick in das Auto werfen, den können wir also abhaken. Die Menge ruft dem ersten Interessenten immer wieder etwas zu, doch Keydi verrät mir nicht, was die Leute sagen. Hätte ich vielleicht doch nicht ablehnen sollen?

Plötzlich ist der junge Typ, von dem ich das Geld sehen wollte, wieder zurück. Mitten durch die Leute kommt er auf mich zu und zeigt mir zwei dicke Geldbündel. Er macht mir sein letztes Angebot, umgerechnet 2.250 Dollar. Der Dicke brüllt ihn an, er hätte das Vorrecht, er wäre als erster hier gewesen. Die beiden streiten wie die Hähne, jetzt wird es heiß. Keydi kommt mit dem Dolmetschen nicht mehr hinterher, ich frage ihn immer wieder „What did he say, Keydi, please translate!" Anstatt zu übersetzen schreitet er jedoch ein. Keydi ist Geschäftsmann, er erklärt ihnen, dass ich gesagt hätte, dass es kein Vorrecht gäbe und dass derjenige das Auto bekäme, der am meisten biete. Sogleich kehrt Ruhe ein.

Der Preis steigt schleichend. Immer wieder wird es laut, wenn der junge Typ den Dicken überbietet – das hier ist der reinste Zirkus. Es ist wirklich spannender als der beste Krimi, die Gruppe Schaulustiger tobt. Plötzlich wird die Versteigerung unterbrochen. Drei Männer kommen in die Mitte des Kreises, ich habe sie schon einmal gesehen, ich glaube, sie sind Mitarbeiter des Händlers, der den anderen Wagen gekauft hat. Sie sind unfreundlich, ja fast bedrohlich und wollen sofort das Geld wiederhaben, das Fahrzeug sei kaputt, der Motor springe nicht mehr an. Keydi übersetzt uns, sie seien mit einem Taxi da, der Chef persönlich stehe mit dem Wagen an einer Tankstelle zwei Kilometer von hier und drehe durch. Das darf doch nicht wahr sein, Daniel und Keydi steigen mit den Männern sofort ins Taxi.

Beide Interessenten sind nun verunsichert, die Schaulustigen sind ebenfalls leiser geworden, kein johlen mehr, kein schallendes Gelächter, nur leises Murmeln ist zu hören. Wir warten, bis die beiden wieder zurückkommen. Der Dicke schnauft wie ein Walross, der andere raucht ununterbrochen furchtbar stinkende Zigaretten.

Im Handumdrehen sind die beiden wieder zurück, sie lachen. Daniel erzählt, dass der Käufer an der Tankstelle den Automatikhebel nicht auf „P" wie „Parken" gestellt habe und deshalb der Wagen nicht angesprungen sei. Schon die Motorhaube sei offen gewesen, anscheinend wollten sie gleich anfangen, den „kaputten" Motor zu reparieren. Der Händler fühlte sich betrogen und war richtig sauer. Als Daniel das Problem geklärt hatte, habe er jedoch sogar ein Abendessen angeboten und das Taxi für den Rückweg bezahlt.

Als Keydi die Geschichte auf *paschtu* erzählt, fangen viele an zu lachen, obwohl wahrscheinlich kein Einziger der Zuschauer je von einem Automatikhebel und von der „P-Stellung" gehört hat. Ich bin erleichtert, die Verhandlungen können weiter gehen. Beide überbieten sich mehrere Male, bis sich der Dicke bei 1,3 Millionen Afghanis verabschiedet. Überaus wütend läuft er vom Hof. Die Menge grölt, der Lärmpegel hat sein Maximum erreicht, was dieses Spektakel unglaublich anstrengend und zu einem wahren Erlebnis macht.

Der junge Taliban zahlt sofort. Auch das zweite Auto ist somit verkauft, ich kann es gar nicht glauben. Das Geld wird sofort an Keydi überreicht, je nach Kurs sind das circa 2.600 US-Dollar.

Ich fahre den Wagen rückwärts bis an die Veranda der Polizeistation. Jetzt müssen wir erst recht aufpassen und alles schnellstens ausräumen, der Käufer scheint in Eile zu sein. Die Positionen werden getauscht, Keydi und ich stehen nun auf einer Mauer und beobachten das Geschehen, unsere Hosentaschen sind prall gefüllt mit Geldscheinen. In den letzten Wochen ist viel Gepäck zusammengekommen, das wir einfach auf der Veranda stapeln. Der Polizeichef hilft uns dabei bereitwillig, ich glaube, er wittert Beute. Ihm ist klar, dass wir nicht alles mitnehmen können. Rammi hat zu Hause einen großen Sack eingepackt, in den viele Sachen passen. Dazu haben wir drei Rucksäcke, da muss alles rein, was mit uns mitkommt. Leider bleibt keine Zeit, das Werkzeug und andere Dinge zu verkaufen, wir geben es den Polizisten und das meiste davon den beiden Guards, die uns nach Kandahar begleitet haben. Auch der Polizeichef bekommt einiges, er freut sich wie ein kleines Kind. Daniel erklärt dem Käufer, wie das Auto funktioniert, Keydi ist stets dabei und dolmetscht. Der Käufer macht Druck, seltsamerweise muss alles schnell gehen. Darüber hinaus sind die 24-Stunden-Visa längst schon abgelaufen, wir müssen unbedingt heute noch ausreisen. Doch in Chaman können wir auch nicht bleiben, zu viele Leute wissen, dass wir eine Menge Geld besitzen. In Windeseile räumen alle zusammen das Auto leer, die Menge Neugieriger steht ständig um uns, die Hunde bellen, es ist eine nervenaufreibende Situation. Alle Utensilien werden einfach rausgeschmissen, Daniel hat die ganze Zeit über seinen Rucksack auf dem Rücken, in dem sich die Pässe und die wertvollsten Dinge befinden. Plötzlich fällt mir auf, dass der Wagen weg ist. Anfangs denke ich, der Käufer macht nur eine Testfahrt. Doch von dieser Testfahrt kommt er nie wieder zurück. Kein Handschlag, kein Vertrag, kein „tschüß, war nett mit euch Geschäfte zu machen", einfach weg. Wir sind ab jetzt ohne Autos unterwegs. Ein seltsamer Gedanke.

Das Taxi steht bereits im Hof, der Polizeichef hat es bestellt. Ich glaube, er möchte, dass wir uns langsam vom Acker machen, der Trubel ist ihm wohl etwas zuviel geworden. Das kann ich verstehen, wo er doch so gerne in Ruhe auf seiner Veranda die Sonne genießt. Wir räumen unsere Sachen ins Taxi und verabschieden uns von Merat und dem Schweigsamen, der den Werkzeugkasten, den er von uns bekommen hat, nicht mehr aus der Hand gibt. Die beiden sind echt das Beste, was uns hier passieren konnte.

Das Taxi ist ein Pick-up mit überdachter Ladefläche. Keydi sitzt vorne und weist den Fahrer an, wie er zur Grenze fahren soll, während wir von der Ladefläche aus beobachten, wie die Häuser an uns vorbeiziehen. Die Hauptstraße ist wieder vollgestopft mit Autos und Fahrzeugen. Überhaupt haben wir das Gefühl, dass zu viele Leute wissen, dass wir Geld bei uns haben. Das Taxi bringt uns durch die engsten Gassen zur Grenze. Die letzten Meter zum Schlagbaum lassen wir schwer bepackt zu Fuß hinter uns. Ich hege die Hoffnung, dass dieses Mal nicht mehr der Mann mit den Narben im Gesicht an der Grenzstation sitzt. Doch weit gefehlt: Er sitzt tatsächlich da. Dieses Mal ist die vergitterte Kammer hinter dem Schreibtisch voll belegt, fünf Männer sind dort eingesperrt und sitzen am Boden. Der Grenzer ist nicht besonders zuvor-kommend, aber das war ja zu erwarten. Was muss das für eine Genugtuung für ihn sein, uns jetzt wieder am Tisch zu haben, nachdem er gestern die Ausreise nicht mehr verhindern konnte. Er lässt sich viel Zeit, als er unsere Pässe kontrolliert – die er eigentlich schon auswendig kennen müsste. Dabei fällt ihm auf, dass wir nicht beim Regierungsvertreter in Buldak waren. Als er mit Keydi spricht, kann ich schon an seinem Gesichtsaudruck sehen, dass das nichts Gutes bedeutet. Ohne die Ausreisestempel lässt er uns nicht zurück nach Pakistan. Alles Klagen hat keinen Sinn, wir müssen wieder zurück und diese Stempel besorgen.

Mit Sack und Pack laufen wir erneut am offenen Schlagbaum vorbei, Keydi besorgt ein Taxi. Langsam geht über den Dächern die Sonne unter, noch ungefähr eine Stunde, dann wird es dunkel sein. Diesmal nehmen wir schon wieder einen anderen Weg, unzählige Gassen dienen als Ausweichstraße für die unkontrollierte Einreise. Ich liebe es eigentlich, durch die Dörfer zu fahren und die kleinen Dinge zu beobachten, allerdings wäre mir heute die große Straße nach Quetta lieber.

Der Beamte ist zum Glück da. Rammi wartet mit dem Taxifahrer draußen vor der Tür und bewacht das Gepäck. Wir drei sitzen erneut andächtig vor ihm und loben sein Land, die Leute und die Guards, die immer an unserer Seite waren. Innerlich sind wir total aufgewühlt, können unsere Füße kaum still halten. Das Gläschen Tee ist obligatorisch, ich glaube, ich rieche ihn mittlerweile auf mehrere Kilometer Entfernung. Der Regierungsvertreter ist ein netter Typ, zum Glück hat er heute anscheinend weniger Zeit, der Stempel ist schon nach zehn Minuten in unseren Pässen. Wir bedanken uns überschwänglich. Jetzt aber schnell zurück.

Der Taxifahrer kennt sich gut aus und ohne dass Keydi ihn anweisen muss, fährt er von der Hauptstraße ab und schlängelt sich durch das Dorf nach Pakistan. Keiner von uns hätte wohl gedacht, dass wir so schnell wieder zurück sind, das war bestimmt Weltrekord!

Kurz vor dem Schlagbaum stehen wir auf der Hauptstraße im Stau, nichts geht mehr. Keydi bleibt da, wir steigen aus und gehen die letzten fünfhundert Meter zum Grenzhaus, das ist bei weitem schneller als mit dem Auto im Stau voranzukommen.

Im Grenzhäuschen werden wir ausgequetscht. Keydi versucht in der Zwischenzeit, ein Taxi zu organisieren, das uns nach Quetta bringt. Durch das spärliche Englisch des Grenzers reden wir permanent aneinander vorbei, es geht um die Autos. Wir erklären ihm, dass beide Fahrzeuge in Afghanistan geblieben sind, umgehen aber immer wieder die Frage, wo sie denn jetzt stehen würden und vor allem, warum. Endlich kommt Keydi zurück, das Taxi steht bereits draußen und wartet auf uns. Wir sitzen auf heißen Kohlen, was ist das Problem? Wir haben neue Visa, die Autos sind aus den Carnets ausgestempelt und der Ausreisestempel aus Afghanistan ist nun auch drin. Unsere Geduld ist jetzt bald am Ende, ich gehe raus und schone meine Nerven. Der Typ mag uns nicht, das wussten wir ja, dass er aber so einen Zirkus macht, hätte ich nicht gedacht. Draußen ist es jetzt schon sehr dämmrig, viele Gestalten überqueren noch die Grenze mit Gepäck auf ihren Schultern oder mit Wägelchen, die sie hinter sich herziehen: Die letzten Händler machen sich wohl auf den Heimweg.

Unser Taxifahrer sieht aus wie der Hauptdarsteller eines Jesus-Films. Er hat ein relativ mageres Gesicht und einen nicht allzu langen, dunklen Bart, seine Nase ist markant, aber im Vergleich zu vielen anderen hier nicht besonders groß. Dazu hat er keinen Turban auf, sondern eine Art Kapuze, die er tief ins Gesicht zieht, seine Statur ist groß und relativ schmal. Es fehlen nur noch die Wundmale. Er drängt, zeigt immer wieder auf die Uhr, das hat uns jetzt gerade noch gefehlt. Zum Glück spricht er kein Wort Englisch, so beschränkt sich unsere Unterhaltung auf das Wesentliche. Meine Hände sind ständig in meinen Hosentaschen, wo sich das ganze Geld befindet, ich habe es auf sämtliche Taschen verteilt. Es ist so viel Papier, dass es bestimmt einen halben Koffer füllen würde, irgendwie ein komisches Gefühl. In Euro umgetauscht würde es wahrscheinlich in meinen Schuh passen.

Die Anderen brauchen ganz schön lange. Hoffentlich kommt keiner der Käufer auf die Idee, mit den Autos über die Grenze zu fahren. Ich weiß zwar nicht warum, aber der Grenzer darf nicht erfahren, dass wir die Autos verkauft haben, das sagt zumindest Keydi.

Der Verkehr wird langsam weniger. Nur noch wenige Fahrzeuge kommen vorbei. Ein paar Minuten später wird der Schlagbaum heruntergelassen, jetzt ist Feierabend. Fahrräder und Fußgänger jedoch sind noch fleißig unterwegs, sie schlängeln sich einfach an der Schranke vorbei. Es ist stockdunkel, die drei sitzen immer noch im Häuschen und verhandeln. Ich habe mittlerweile die Rucksäcke in den Kofferraum eingeladen und stehe vor dem Auto, als sie plötzlich aus dem Häuschen rennen. „Wir haben die Stempel, auf geht's, weg hier", ruft mir Rammi von der anderen Straßenseite schon entgegen. Alle drei kommen auf das Taxi zugestürmt – doch jetzt ist der Fahrer weg! Ich habe gar nicht bemerkt, dass er sich vom Auto entfernt hat. Die Schlüssel stecken, weit kann er nicht sein. Wir sitzen auf den heißesten Kohlen, die man sich vorstellen kann. Der Fahrer ist weg, das ist doch nicht auszuhalten, seit mehr als einer Stunde wartet er auf uns, jetzt fehlt er plötzlich. Keydi steigt aus und sucht ihn, da klopft der Albtraum an das Fenster, der Grenzer mit dem vernarbten Gesicht will uns noch mal sprechen, ich fühle mich wie im Film. Wir müssen alle noch einmal mitkommen, wir dürfen doch nicht fahren. Die Nerven liegen blank, Daniel bleibt jetzt lieber im Auto, bevor er explodiert. Keydi kommt mittlerweile aus der Dunkelheit zurück, der Fahrer war kurz beim Austreten. Daniel erzählt ihm, dass Rammi und ich wieder ins Häuschen mussten. Anfangs lacht er. Als er jedoch erkennt, dass wir keine Witze machen, sinken seine Mundwinkel wieder schnell nach unten.

Mittlerweile haben wir seinen Vorgesetzten am Telefon, er will wissen, wo unsere Autos sind. Wir erzählen ihm, dass beide mit Schäden an der Strecke nach Kandahar stehen würden. Er fragt uns, welche Autos das waren, wir erklären ihm es genau. Nach seiner Meinung jedoch könne es nicht sein, dass diese Autos kaputt sind, deutsche Autos gehen nicht kaputt. Ich weiß nicht mehr, was ich sagen soll, ich drehe jetzt langsam durch hier.

Rammi nimmt den Hörer und spricht mit ihm weiter. Nach einer Weile verlangt er wieder nach dem mittlerweile so verhassten Grenzbeamten. Er legt auf. Wir sollen niederschreiben, wo und wie die Autos kaputt gingen. Ich schreibe es so nieder, wie wir es am Telefon erzählt haben. Er verlangt eine Unterschrift. Auch die bekommt er, ich unterschreibe so undeutlich, dass es genauso Fritz Meier oder Abdullah Öczulür bedeuten könne. Zähneknirschend lässt er uns endlich gehen. Noch bevor alle Türen zu sind, gibt der Taxifahrer Gas, wir sind vom Acker. Das Adrenalin steckt uns in den Knochen, jetzt erst mal in Richtung Chaman – eigentlich egal wohin, Hauptsache weg hier.

Wir sind noch keine Minute unterwegs, da macht es plötzlich einen lauten Knall, Steine prasseln auf uns nieder. Bestimmte Banden verlangen bei Dunkelheit eine Schutzgebühr. Zahlt man diese Gebühr nicht, wird man mit Steinen beworfen. Der Taxifahrer weiß das, hat jedoch nicht bezahlt. Anstatt Vollgas zu geben, tritt er auf das Bremspedal, bis wir stillstehen. Der Wahnsinnige steigt aus. Sogar Keydi verfällt in Panik und versucht, den aufgebrachten Fahrer wieder ins Auto zu ziehen. *Bang*, schon knallt der nächste Stein an die hintere Tür, etwas höher angesetzt wären wohl die Scheibe und Daniels Schädel zu Bruch gegangen. Wir sitzen mit dem Kopf auf den Knien auf der Rücksitzbank. Ich weiß im Moment nicht, was ich denken oder fühlen soll, mir kommt alles vor wie in einem Kinofilm, bei dem man vor Spannung die ganze Tüte Popcorn in sich reinstopft, obwohl man schon lange satt ist. Keydi kommt mit den Sprachen durcheinander, jetzt redet er mit uns auf paschtu. Der Fahrer schimpft im Auto weiter, doch alles, was uns in diesem Moment interessiert ist die Tatsache, dass er jetzt endlich Vollgas gibt. Der Motor heult auf, wir halten immer noch unsere Köpfe nach unten, Keydi sagt mittlerweile gar nichts mehr. Nach einiger Zeit richten wir uns langsam wieder auf. Die Scheiben sind alle noch heil – es scheint, als hätten wir verdammt Glück gehabt.

Durch Chaman fährt er immer noch mit Vollgas, auch ihm ist hier nicht wohl. Was sollen wir tun? Wir hatten vereinbart, in Pakistan niemals in der Nacht zu reisen. Jetzt sitzen wir bei Dunkelheit mit fast 2,5 Millionen Afghanis in Tausenderscheinen im Auto und haben eine überfallgefährdete Serpentinenstrecke von mehr als zwei Stunden vor uns. Zudem scheint der Taxifahrer völlig durchgeknallt zu sein und wir sind total ausgepowert. Etwas zu essen wäre auch mal wieder eine gute Idee. Kurz vor dem UN-Quartier flammt die Diskussion auf, ob wir die Nacht hier bleiben sollen, um dann in der Früh nach Quetta zu reisen. Allerdings sollte niemand wissen, dass wir hier sind, denn spätestens morgen erfährt auch der Grenzer, dass die Autos keine zehn Kilometer von ihm entfernt verkauft worden sind. Er weiß auch, dass wir vor zwei Nächten bei der UN waren und obwohl er nicht der Hellste ist, kann er sich leicht ausrechnen, dass wir wieder hier übernachten werden. Es kann somit sein, dass wieder ein paar freundliche Soldaten am Morgen hier auf uns warten und uns zur Grenzstation eskortieren, wonach mir im Moment nicht unbedingt ist. Keydi hält dieses Szenario auch für wahrscheinlich. Wenn man davon ausgeht, dass selbst der Taxifahrer auf jeden Fall heute Nacht nach Quetta will, dann stimmen wir einstimmig fünf zu null *für* die Fahrt. Der Taxifahrer meint, wir sollten uns keine Sorgen machen, er ist auf dieser Strecke schon fast zwei Jahre lang nicht mehr überfallen worden. Als uns Keydi das übersetzt, müssen wir echt lachen. Die Stimmung liegt jetzt zwischen makaberer Amüsiertheit, Angst und totaler Verwirrung. Nachdem wir die letzte Aldi-Hartwurst verschlungen haben, geht es uns langsam wieder besser. Zum Glück funktioniert nur das Standlicht des alten Taxis, so kann man die Abhänge und Schluchten neben den engen Schotter-pisten-Serpentinen erst gar nicht sehen. Gerade die bergige Strecke soll der sicherste Teil des Weges sein, weil die Diebe dort keine Fluchtmöglichkeit haben. Das beruhigt uns.

Plötzlich bremst der Fahrer ruckartig ab. Drei dunkle Gestalten sind vor uns im schwachen Scheinwerferlicht zu erkennen. Wir halten alle den Atem an, es ist totenstill im Wagen. Die Männer tragen alte Klamotten, haben ihre Gesichter vermummt. Total regungslos sitzen wir Schulter an Schulter auf der Rücksitzbank und beobachten, was passiert. Auch der Taxifahrer sagt nichts, die Stille im Wagen ist zermürbend, mein Puls wird immer schneller. „Sheps", ruft Keydi plötzlich laut, „just sheps out there." Wir können wieder weiteratmen, es sind tatsächlich nur Hirten. Unzählige Schafe sind auf der Straße, erst jetzt kommen die ersten ins Scheinwerferlicht. Schäfer, keine Banditen! Auch der Fahrer ist erleichtert, er wusste die Männer ebenso wenig einzuschätzen. Wir warten eine Weile, dann lässt er den Motor wieder an und drückt aufs Gas.

Kurz nach dem höchsten Punkt des Passes werden wir von einer Militärkontrolle angehalten. Wir hatten kurzzeitig Bedenken, dass der schmierige Grenzer eventuell per Funk Anweisungen geben könnte. Aber er hatte ja Feierabend, nachdem wir gefahren sind, wie sollte er da von dem Deal heute noch erfahren? Die Soldaten an der Kontrolle sind sehr freundlich. Die Pässe haben wir sofort parat. Keydi bekommt seinen sofort zurück, unsere werden in eine Hütte gebracht, die ein paar Meter von der Straße entfernt steht. Wir warten eine Zigarettenlänge, da kommt einer der Kerle auf uns zu und sagt wir sollen aussteigen und mitkommen. Mein Herz schlägt mal wieder schneller, Daniel sieht mich mit gerunzelter Stirn an: „Die Narbenvisage hat gefunkt, garantiert!" Das glaube ich auch. Wir werden mit einer Taschenlampe zur Hütte gebracht, Keydi muss draußen bleiben. Als die Tür aufgeht, kommt uns ein Rauchschwall entgegen. Ein Mann im Kampfanzug sitzt lässig an einem Schreibtisch. Seine Schultern sind mit einigen silberfarbenen Abzeichen verziert, er muss einer von den höheren Burschen im pakistanischen Militär sein. „I have some important information for you." Was für ein netter Empfang. "I heard something that could be interesting for you", spricht er weiter. Und das so langsam, dass er locker eine Zeitlupeneinstellung vom Tor des Monats kommentieren könnte. „Wenn das jetzt ein Verhör wird, dann kann das eine Weile dauern, mein lieber Scholli, da haben wir heute noch etwas vor uns", beurteilt Rammi die Lage und hat damit absolut Recht. Bevor er jedoch endlich rauslässt, was er denn möchte, gibt es Tee. Er wurde von einem Soldaten im Kampfanzug zubereitet, der durch seine Größe und seine dunklen Augen sehr gefährlich aussieht, er erinnert mich stark an den Erzfeind von Sylvester Stallone in Rambo II. Er serviert uns jedoch wirklich nur Tee, keine Granaten. Wir plaudern ein bisschen, erzählen von hier, von da und irgendwann stoßen wir auf das Thema „Autos". Man muss Rammi richtig bremsen, er schmückt die Geschichte von der gebrochenen Achse kurz vor Kandahar so detailliert aus, dass ich es zum Schluss noch selber glaube. Der Militärchef nickt nur und kommt endlich zur Sache: Bei den „News" für uns handelt es sich um einen Hubschrauberabsturz in Deutschland. Das hat er eben im Fernsehen gesehen und da wir Deutsche sind, könnte uns das schließlich interessieren. Wir schauen uns fassungslos an. Das ist alles? Kein Funkspruch vom Grenzbeamten in der Art „Halte die Typen auf, knaste sie ein oder nimm ihnen die Scheinchen ab"? Keine Belehrung, keine Drohung, kein Verhör? Ein Hubschrauberabsturz in Deutschland, deswegen Herzklopfen? Ich merke, wie mein Adrenalinspiegel langsam zurückfährt, wie sich Erleichterung breit macht und auch Rammi und Daniel sich entspannt eine Zigarette anzünden. Ein 10x10-Zentimeter-Fernseher steht auf seinem Schreibtisch, dort hat er die Nachricht wahrscheinlich aufgeschnappt und da sind wir als Deutsche natürlich gerade zum richtigen Zeitpunkt gekommen, um die Neuigkeit loszuwerden. Eigentlich nett von ihm, doch er hat keine Ahnung, was in uns vorging, als wir hier hereinzitiert wurden.

Nach drei Gläsern Tee bekommen wir die Erlaubnis zur Weiterfahrt. Keydi hat sich draußen bestimmt schon Sorgen gemacht, ich kann es kaum erwarten, ihm von den „News" zu erzählen. Als wir während der Weiterfahrt von der Sache berichten, bricht sogar er, der stets gefasst ist, in schallendes Gelächter aus. Die Stimmung ist jetzt total überdreht, wir scherzen und lachen die ganze Fahrt über, was überaus gut tut. Die Berge lassen wir hinter uns. Noch ungefähr 60 Kilometer bis nach Quetta, das Geld ist immer noch vollständig in meiner Tasche, bald haben wir es geschafft. Die nächste Polizeikontrolle steht an, eine Kette ist über die Straße gespannt. Die Soldaten sind jung, bestimmt fünf Jahre jünger als wir. Irgendwie haben wir keine Bedenken, auch als wir aussteigen müssen, weil es ein Problem gäbe. Da der Taxifahrer permanent mit offenem Fenster fährt, ist mir mittlerweile richtig kalt, ein Gläschen Tee wäre deswegen sogar herzlich willkommen.

Drinnen werden wir aufgeklärt. Das Problem ist mein Pass. Das Foto sei gefälscht, das wäre nicht ich. Wir müssen lachen. Wir hatten schon wegen vieler Dinge Probleme, fehlende Stempel, Single-entry-Visa, undeutliche Ausreise-unterschriften – aber das Bild? Auch die Soldaten grinsen. Ich versuche, genau so zu schauen wie auf dem Bild. Es ist höchstens ein Jahr alt, der Pass ist relativ neu, der einzige Unterschied ist, dass ich mich seit zwei Wochen nicht mehr rasiert habe. Immer wieder vergleicht der junge Soldat das Bild mit dem Original. Ernst schaut er mich an, während ich Grimassen schneide. Er weiß nicht, ob er lachen oder hart bleiben soll. Er lacht und lässt uns gehen. Es gibt nicht mal Tee für uns.

Die Lichter der Stadt sind bereits in der Ferne zu sehen. Das Abenteuer Afghanistan geht dem Ende zu, gleich haben wir es geschafft. Wir haben in den letzten Tagen wenig geschlafen und wenig gegessen, uns in viele stressige Situationen begeben und viel Spannendes erlebt. Jetzt fährt mein Körper herunter wie ein PC, der abends ausgeschaltet wird. Bleierne Müdigkeit macht sich breit, jeder schläft auf der Schulter, die gerade in der Nähe ist. Der Taxifahrer hat Verwandte in Quetta, dort wird er heute Nacht bleiben. Zwei Straßen vor Keydis Teppichladen lassen wir ihn anhalten, wir gehen auf Nummer sicher, er soll den Laden nicht unbedingt sehen. So kann es für Keydi auch kein Nachspiel haben. Schlaftrunken steigen wir aus und räumen den Kofferraum leer. Der Taxifahrer möchte mehr Geld als wir vereinbart hatten: Er musste lange warten und die Fahrt war ein großes Risiko. Deswegen sei die vereinbarte Summe zu wenig. Ein Kollege von ihm wurde erst letzte Woche überfallen und verprügelt. Vorher hatte er noch große Töne gespuckt, dass wir uns keine Sorgen machen sollten, jetzt auf einmal war die Fahrt sehr gefährlich. Ich weiß nicht, was wir noch glauben sollen. Wir sind alle vier zu müde, um kurz nach zwei Uhr nachts auf offener Straße mit ihm zu streiten. Ich gebe ihm das Geld.
Der Fahrer zieht seine Kapuze weit in sein Gesicht, nickt kurz anerkennend mit dem Kopf und steigt in seinen Wagen, der eigentlich gar nicht so aussieht, als halte er noch bis zur Grenze durch. Das Motorengeräusch ist noch lange zu hören. Erst als wir vor Keydis Teppichladen stehen, ist es wieder totenstill.
Als wir die Tür hinter uns verriegelt haben, packe ich zuerst meine Taschen aus. Es war verdammt unangenehm, ständig auf den vielen Scheinen zu sitzen, ich fühlte mich wie ein wandelnder Geldkoffer. Aufgestapelt ergeben die Scheine einen mindestens 30 Zentimeter hohen Turm. Keydi und ich zählen es noch mal, während Rammi und Daniel den Kocher auspacken. Die Müdigkeit hat nach-gelassen, der Hunger auf ein warmes Gericht hat gesiegt. Die letzte Reis-mahlzeit, von der wir nun alle Sorten zur Genüge kennen gelernt haben, wird

auf den Kocher gestellt. Ich leere den Sack aus, wobei viele Dinge zum Vorschein kommen, die wir nicht mehr brauchen werden, jedoch für Keydi mitgenommen haben. Er konnte sich schon an der Polizeistation Dinge aussuchen, die er gerne haben möchte. Da er ein bescheidener Typ ist, hat er kaum etwas für sich beansprucht, also haben wir einfach ohne ihn entschieden, was er brauchen kann. Die Playstation hat er nicht gesehen. Das ist für ihn eine Überraschung. Natürlich weiß er sofort, was das ist, er freut sich riesig. Wie ich ihn einschätze, kennt er bestimmt auch einen Schwarzmarkt für Playstation-Spiele!

Vielleicht ist es das Wissen, dass dies die letzte Mahlzeit aus dem Topf sein wird, vielleicht auch die Tatsache, dass wir schon länger nichts Warmes gegessen haben – was auch immer – das Menü schmeckt jedenfalls fantastisch. Hinter seiner Theke hat Keydi sogar einen Computer mit Internetzugang, wir schreiben noch alle drei eine kurze Mail nach Hause, dass wir wohlauf sind. Von der Geschichte mit Afghanistan werde ich meinen Eltern jedoch erstmal lieber nicht schreiben.

Kurz vor fünf Uhr morgens teilt Keydi wieder edle Perserteppiche aus, um das Nachtlager vorzubereiten. Wir sind jetzt allerdings so müde, dass es egal ist, ob wir auf 5000-Euro-Perserteppichen oder auf 6,30-Euro-Klovorlegern von Lidl liegen – der Schlaf übermannt uns im Nu.

# Tag 22
## 26. Februar

Keydi steht bereits vor uns, als ich von meinem Schlafsack aus nach oben schaue. Die Sonne scheint durch das Fenster direkt in Daniels Gesicht, was ihn aber nicht zu stören scheint, denn er schnarcht in gewohnter Lautstärke. Rammi ist schon wach und zählt auf dem Tresen Dollarnoten. Keydi war schon auf dem Schwarzmarkt und hat so einen guten Kurs bekommen, dass wir 120 Dollar mehr haben als erwartet. Er war auch schon am Bahnhof. Der Zug nach Lahore, die Stadt an der einzig offenen Grenzstation nach Indien, geht um 9.40 Uhr, wir haben noch vierzig Minuten. Diese Zeit braucht man ja schon, um Daniel zu wecken. Wir müssen uns anstrengen und die Kaltwasser-Methode anwenden, was prima funktioniert. Ich rechne aus, wie viel fünf Prozent vom Gesamtbetrag sind, die Keydi laut unserer Abmachung bekommen würde. Wir legen noch mal 150 Dollar und mehrere Wertgegenstände drauf, die Keydi gut zu Geld machen kann. Es dauert eine Weile, bis er alles annimmt, doch dann strahlt er. Die Verabschiedung ist herzlich und dauert ganz schön lange. Keydi war wirklich ein Glücksgriff, er ist einer der ehrlichsten Menschen, den ich auf Reisen je kennen gelernt habe.

Das Taxi vor der Tür hupt schon ungeduldig, wir tauschen noch hastig E-Mail-Adressen aus, dann steigen wir ein. Langsam verschwinden er und sein Teppichladen in der Ferne, wir sind ab jetzt wieder zu dritt. Es waren nur drei Tage, die wir mit ihm verbracht haben, doch es kommt mir vor, als würden wir ihn schon ewig kennen.

Auf dem Bahnhof ist die Hölle los und das System ist etwas zu kompliziert für uns. Um an die Tickets zu kommen, müssen wir unsere Pässe vorzeigen und lange anstehen. Hoffentlich kriegen wir noch den Zug, denn der nächste fährt erst in 14 Stunden. Am Schalter erfahren wir, dass wir falsch sind, „over there" gibt es die Tickets nach Lahore. Wir lassen uns von der „Ihr-Europäer-seid-ja-sowas-von-doof-Stimme" erklären, wo genau „over there" ist. Erst jetzt erfahren wir, dass es der fünfte Schalter in der dritten Reihe ist, wie können wir denn bloß nicht wissen, dass die Schalter nach Städten geordnet sind. Ich überlege mir, ob ich ihm erklären soll, dass man bei uns an einem Schalter sogar Tickets für mehrere Ziele bekommt, doch wahrscheinlich würde er unser System für genauso doof halten wie uns. Ich lasse es lieber sein und bedanke mich.

Wir sprinten zum fünften Schalter in der dritten Reihe. Es ist schon nach 9.40 Uhr, als wir die Tickets bekommen, wir hetzen so schnell wir nur können zum Bahnsteig. Der Zug ist noch nicht eingefahren, wir haben Glück. Am Bahnhof sind wir die einzigen Weißen. Familien mit fünf oder sechs kleinen Kindern, junge Männer in auffallend gepflegten Kleidern, Großfamilien, Bauern mit jeder Menge Kisten dabei, darunter auch eine Box mit Hühnern und eine angebundene Ziege, warten geduldig. Es gibt so viel zu sehen, wir sind wieder total in Urlaubsstimmung. Wir fühlen uns klasse, auch weil es bei Keydi sogar eine Dusche gab. Zugegeben, das Wasser war zwar sehr frisch, aber eine Wohltat. Jetzt stehen wir am Bahnhof mit frischen, weißen T-Shirts und gestylten Haaren, so dass wir zwar eindeutig als Touristen identifizierbar sind, aber das ist jetzt ok. Es war schon ein komisches Gefühl heute Morgen, aus dem Haus zu treten und unsere Autos nicht mehr zu sehen. Dass wir jetzt mit Rucksack anstatt mit Limousinen unterwegs sind, ist gewöhnungsbedürftig. Alles hat eben einmal ein Ende. Auch diese Zugfahrt, die über 29 Stunden dauern soll. Bevor wir in den Norden nach Lahore fahren, macht der Zug noch kurz einen 500 Kilometer langen Umweg süd-ostwärts zur Stadt Sukkhur, aber so ist nun einmal die Route. Von Sukkhur nach Lahore sind es dann noch einmal 800 Kilometer Bahnstrecke. „Ahor Lahor" haben wir von den Pakistanis schon öfter gehört, Keydi übersetzte uns dies mit „Man hat nicht gelebt, wenn man Lahore nicht gesehen hat" oder so ähnlich. Lahore soll die bunteste und liberalste Stadt Pakistans sein. Von dort kommen die bunt bemalten Lastwagen, nirgendwo anders gibt es die Möglichkeit, sein Fahrzeug derart schmücken zu lassen. Jeder Fahrer, der etwas auf sich hält, spart für die Fahrt und die Dekoration in Lahore. Ich bin sehr gespannt auf diese Sechs-Millionen-Metropole.

Schon von weitem hört man das pfeifende Signal des einfahrenden Zuges. Die Diesellok schnauft unglaublich schweratmig in den Bahnhof, es ist ein riesiger Koloss, zwei Antriebsmaschinen ziehen dutzende Passagierwägen hinter sich her. Die ersten Waggons sind außen schwarz, denn die Lok qualmt anscheinend ziemlich stark. Unzählige Leute steigen aus, während einige schon versuchen, sofort einzusteigen. Es entsteht ein Chaos. Ich schätze, es sind zu wenig Plätze und jeder möchte sich einen Sitzplatz sichern, was bei einer Fahrt von 29 Stunden eventuell gar keine so schlechte Idee ist. Auch wir drängen uns durch die Menschenmassen und bekommen so noch Plätze. Der Zug steht mehr als dreißig Minuten am Bahnhof, als plötzlich das durchdringende Pfeifen ertönt und sich der ganze Koloss in Bewegung setzt. Die Beschleunigung ist so langsam, dass man es kaum mitbekommt. Die Rucksäcke verstauen wir unter den Sitzen. Eine Studentengruppe sitzt um uns herum, wir schütteln sofort Hände und machen uns bekannt, alle sprechen fließend Englisch. Die Studenten wollen nach Islamabad, nach dem Heimurlaub in den Semesterferien geht es nun wieder zurück zur Universität. Sämtliche Zugtüren bleiben während der Fahrt offen. Rammi und ich sitzen an der Schwelle, lassen unsere Beine aus dem Waggon hängen und beobachten die Stadt, die wie in Zeitlupe an uns vorbeischleicht. Ich hätte nie gedacht, das Quetta so groß ist, die Straßen und Gassen nehmen kein Ende. Die Hütten, die wohl im Schnellverfahren aufgestellt wurden, zeigen jede Menge kurioser Bauweisen. Viele Menschen stehen da, schauen auf den Zug, aufgedrehte Kinder rennen nebenher und winken, Ziegenherden suchen an den Bahnschienen entlang nach Gras, in einer Autowerkstatt werden ausgebrannte Autos repariert – es gibt unendlich viel zu entdecken. Als wir endlich die letzten Häuser hinter uns gelassen haben, beschleunigt der Zug etwas. Ich schätze, wir bewegen uns mit einer Geschwindigkeit von 70 bis 80 Kilometern pro Stunde.

Im Abteil ist das Gespräch zwischen Daniel und den Studenten voll im Gange, Gemeinsamkeiten und Unterschiede von Europäern und Pakistanis werden ausgetauscht, die Vor- und Nachteile bewertet, die Begeisterung für das Fremde erläutert. Die Unterhaltung ist interessant, auch wenn wir uns durch die endlosen Fragen wie in einem Verhör vorkommen. Wie bei allen Unterhaltungen in diesem Land kommen wir schnell zum Thema „11. September". Die Leute hier sind überzeugt, dass Bush selbst hinter den Anschlägen steckt. Diese Meinung wird auch durch die hiesigen Medien geschürt, die ganz andere Informationen verbreiten als wir sie aus Deutschland kennen. Da die Diskussion über die Lage in den USA oft sehr lautstark geführt wird, versuchen wir, das Thema schnell abzuhandeln und über andere Dinge zu sprechen – über die Anschläge haben wir uns jetzt auf unserer Reise schon so oft unterhalten müssen, dass diese Diskussion keinem von uns mehr Spaß macht.

Während wir die Fragen der Studenten abwechselnd beantworten, vergeht die Zeit wie im Flug. Immer wieder setze ich mich an die Tür, lasse die Beine aus dem Zug baumeln und sehe mir die Landschaft an. An Haltestellen werden direkt durch die Fenster und die Türen Lebensmittel angeboten, kleine Souvenirs, undefinierbare Mahlzeiten oder einfach Plastikbeutel, die mit Wasser gefüllt sind. Am frühen Abend kaufen wir uns Teigtaschen mit Fleisch gefüllt, die zwar höllenscharf gewürzt sind, aber überaus lecker schmecken. Die ersten neun sind Waggons der ersten Klasse. Rammi hat dort eine Großfamilie kennen gelernt, bei der er immer wieder sitzt. Wir werden von ihnen zum Essen eingeladen. Der Großvater spricht etwas Englisch, er ist ein Spaßvogel und wir lachen viel mit ihm. Die Leute behandeln uns wirklich sehr zuvorkommend. Immer wieder werden wir angesprochen, wer Englisch spricht, der nutzt es jetzt. Bis es dunkel wird, kennen wir schon einige Leute im Zug, wir sind ständig in mehreren Waggons unterwegs und werden mit allerlei Knabberzeug versorgt. Die Stundenten, die um uns sitzen, kauen schon den ganzen Tag Sonnenblumenkerne, was eine Art Zeitvertreib darstellt. Jeder einzelne Kern wird in den Mund geschoben, danach wird die Schale auf den Boden oder auf den Sitz ausgespuckt. Als das Licht im Zug angeht, erkennt man eine dicke Schicht

davon auf dem Boden. Auch wir versuchen, die angebotenen Sonnenblumenkerne zu essen, das ganze dauert uns jedoch viel zu lange. Deshalb stopfe ich
mir alle Kerne, die auf meiner Handfläche liegen, auf einmal in den Mund und
kaue sie so lange, bis ich sie schlucken kann. Die Studenten sehen mich
entgeistert an – ab diesem Moment bietet mir auf der ganzen Fahrt keiner mehr
Sonnenblumenkerne an.

Als wir um ungefähr sieben Uhr abends in Sukkhur ankommen, ist es am
Bahnsteig sehr warm. Im überfüllten Zug schwitzt mittlerweile jeder, was
merklich am Duft und an der Luftfeuchtigkeit zu erkennen ist. Es hat einige
Verzögerungen gegeben, wir sind jetzt knappe zehn Stunden unterwegs, doch
haben erst ein Drittel der Strecke hinter uns. Die weißen T-Shirts, die heute
Morgen noch nach Ariel gerochen haben, sind mittlerweile schon viel dunkler.
Durch das Sitzen an der offenen Tür haben wir viel schwarzen Qualm von der
Diesellok abbekommen, was man uns auch im Gesicht ansieht. Da wir zu dritt
nur zwei Sitze haben, wird es mit der Zeit etwas ungemütlich. Auf dem Boden
zu sitzen ist nur bedingt angenehm, da erstens die Schicht Sonnenblumenkerne
und sonstiger Abfall im Weg ist und zweitens ein reger Durchgangsverkehr
herrscht, so dass man im Minutentakt aufstehen muss, um die Leute durch-
zulassen. Über den Sitzen sind Schlafkojen, doch die Studenten haben sie
reserviert. Bisher liegen dort die Gepäckstücke. Rammi räumt die Taschen und
Rucksäcke zur Seite und macht es sich einfach bequem. Keine zehn Minuten
später schläft er. Im Sitzen zu schlafen ist in der Enge und bei der Hitze gar
nicht so einfach. Außerdem müssten wir eigentlich aufstehen, da die untere
Sitzbankreihe, auf der wir sitzen, die zweite Schlafkoje darstellt, wofür die
Studenten eigentlich auch bezahlt haben. Doch sie sind kulant, zwei der vier
Jungs schlafen im Sitzen, einer liegt auf der zweiten oberen Koje, der vierte hat
sich auf den Boden dazwischen gequetscht. Daniel und ich versuchen, im
Schneidersitz auf den Sitzen zu schlafen, was uns jedoch nicht so richtig gelingt.
Obwohl weit und breit kein Bahnhof zu sehen ist, hält der Zug plötzlich an. Ein
Schaffner läuft durch die Gänge und brüllt einige Sätze, dass sich sein Hals
bläht. Da es schon sehr spät ist, muss es wohl etwas Wichtiges sein. Der Student
auf dem Boden übersetzt uns im Halbschlaf, dass eine andere Lok die Schienen
vor uns versperrt und wir deshalb eine Verzögerung von ungefähr acht Stunden
haben werden. Naja, ob 29 oder 37 Stunden, das ist im Grunde auch egal –
eigentlich kommt mir das sogar entgegen: „Wenn wir jetzt eine Weile stehen,
dann können wir eigentlich auch draußen schlafen, oder?" „Ich komme mit, hier
drinnen hält es doch keiner aus." Daniel kann in der Sitzposition auch nicht
schlafen und kommt mit nach draußen. Wir sind in einer wüstenähnlichen
Gegend, alles ist bolzengerade. Wir laufen am Zug entlang und suchen eine gute
Stelle, um uns hinzulegen, dabei zählen wir 29 Waggons. Ziemlich am Ende des

Zuges stoßen wir auf eine betonierte Fläche, auf der man schlafen könnte. „Du, ich weiß nicht, ich glaube, wir sollten eher wieder in den Zug gehen", zweifelt Daniel. „Du hast doch gehört, acht Stunden Verspätung, überhaupt pfeift der Zug vor der Abfahrt so laut, da wachen doch sogar Elefanten auf." „Trotzdem, ich geh rein, komm mit." Es tut so gut, sich auszustrecken und flach hinlegen zu können, ich weiß gar nicht, was Daniel hat. „Ich bleibe hier, bis später." Daniel trottet zurück zum Zug. Ich schlafe im Handumdrehen ein.

Ich träume, dass der Zug mehrere Male laut pfeift. Als ich aufwache, liegt tatsächlich ein lautes Pfeifen in der Luft und ich sehe den Zug bereits in Bewegung. Ich bin geschockt – der Zug fährt ohne mich los! Blitzartig stehe ich auf und spurte dem letzten Waggon hinterher, meine Beine geben Vollgas. Im Moment fühle ich so viel Adrenalin in mir, dass ich es jetzt selbst mit einem gedopten Ben Johnson aufnehmen würde. Während der Fahrt springe ich auf die Stufe der letzten Tür und ziehe mich am großen Griff neben der Tür ins Abteil. Junge, das war knapp, gut, dass der Zug keine schnelle Beschleunigung hat! Außer Atem stehe ich jetzt im hintersten Abteil, die meisten Leute dösen in unbequemen Stellungen auf den Sitzen vor sich hin. Ich habe keine Ahnung, wie spät es ist und wie lange ich jetzt da draußen geschlafen habe, aber Hauptsache, ich bin im Zug. Langsam wird mein Atem wieder ruhiger und mein Puls kehrt zum Normalzustand zurück. „Es ist alles gut, alles kein Problem, immer locker bleiben", rede ich mir ein, während ich mir meinen Ruheplatz suche. Im letzten Waggon herrscht kaum Durchgangsverkehr, somit ist der Gang meistens frei und zum Schlafen geeignet.

# Tag 23
## 27. Februar

Als ich aufwache, ist es hell. Ich stehe auf und schaue aus dem Fenster. Die Sonne scheint schon, die Schatten sind noch lang, es kann noch nicht so spät sein. Die anderen werden wohl einige Waggons entfernt sein, ich mache mich mal auf den Weg zurück zu meinem Abteil.

Nach der Durchquerung mehrerer Waggons wundere ich mich über die vielen Kinder, die in diesem Zug sitzen. Gestern hat man die Kleinen kaum gesehen, heute hüpfen überall Bambini herum. Die Leute auf den Sitzen kommen mir unbekannt vor. Wir hatten gestern eigentlich mindestens 20 Einheimische kennen gelernt, da wir ja in vielen Waggons unterwegs waren, doch heute kommt mir seltsamerweise kein Einziger bekannt vor. Nach einer Weile stoße ich auf die Waggons der ersten Klasse, ohne an Rammi und Daniel vorbeigekommen zu sein. Irgendetwas stimmt hier nicht. Wo sind die beiden? Wo sind die vier Studenten, die uns gestern Löcher in den Bauch gefragt haben? Ich haste von Abteil zu Abteil zurück, bis ich wieder im letzten Waggon angekommen bin. ICH MUSS IM FALSCHEN ZUG SEIN!

Kein Geld, kein Fahrschein, kein Gepäck, keine Freunde. Ich bin allein. Wie zum Teufel konnte das passieren? Ich muss heute Nacht in den falschen Zug gestiegen sein. Ok, ruhig bleiben, alles kein Problem, erst mal herausfinden, in welche Richtung dieser Zug hier fährt. Ich versuche, mit ein paar Leuten Englisch zu sprechen, aber leider Fehlanzeige. Statt einer Antwort gibt mir ein Fahrgast eine Zigarette, das ist sehr nett. Danach habe ich zwar nicht gefragt, aber frühstücken muss man ja schließlich auch. Ich lasse sie mir auch gleich anzünden, sie schmeckt schrecklich.

Die Tür geht auf, der Schaffner und ein Soldat, der ihn begleitet, kommen in den Waggon. Weltklasse, Rammi hat alle Fahrscheine in der Hosentasche, was soll man dem jetzt nur erzählen? Am besten die Wahrheit. Ich frage ihn als erstes, wohin dieser Zug fährt. Der Beamte schaut mich an, als wäre ich total bescheuert. „Lahore" ist seine spärliche Antwort. Mir fällt ein Stein vom Herzen, ich fahre immerhin in die gleiche Richtung wie die Anderen. Jetzt ist fast alles kein Problem mehr. Den Fahrschein will er sehen, klar, er ist ja schließlich der Kontrolleur. Ich erkläre ihm die ganze Geschichte. Als ich fertig bin, schaut er mich mit großen Augen an, er hat es nicht verstanden. Ich erzähle alles noch mal. Er schaut mich wieder genauso an, als würde ich Suaheli sprechen. Ich hätte ihn nicht fragen sollen, ob ich lieber mit dem Soldaten reden sollte, da es mit der Sprache nicht so einfach wäre, denn das nimmt er mir übel: „I DO SPEAK ENGLISH", blökt er mich streng an. Schon gut, ich erzähle es ja gerne noch mal, dieses Mal jedoch in einer stark gekürzten Fassung. Beide hören sich die Geschichte geduldig an. Als ich fertig bin, klopft mir der Beamte wortlos auf die Schulter, danach ziehen beide weiter und kontrollieren die Fahrscheine der anderen Reisenden. Was die Geste bedeutet hat, kann ich nur deuten. „Du arme Sau" oder vielleicht auch „Ich verstehe dich immer noch nicht, wird schon recht sein" – was auch immer er damit ausdrücken wollte, es scheint in Ordnung zu sein. Ich bin noch im Zug, er hat mich nicht rausgeschmissen, das ist erst mal das Wichtigste. Ich fahre also auch nach Lahore, das ist schön. Nur kann ich mir beim besten Willen nicht erklären, wie ich hier reingekommen bin. Die Sitzplätze sind voll belegt, ich stehe jetzt schon eine ganze Weile, als ein Mann auf mich zukommt, der die Situation eben mitbekommen hat. Von ihm erfahre ich, dass dies ein Schnellzug ist, der in Sukkhur losgefahren ist. Heute Nacht hätten sie einen kurzen Halt mitten in der Landschaft gemacht, ein anderer Zug war in dieser Zeit daneben gestanden. Es ging dann jedoch schnell weiter. Das ist dann auch des Rätsels Lösung: Dies ist der Zug, der vor unserem gestanden hat. Als diese Lok dann vor der Abfahrt laut gepfiffen hat, bin ich aufgewacht und dem falschen Zug hinterher gerannt. So war es also. Ich hoffe nur, dass Rammi und Daniel in ihrem Waggon bleiben und nicht irgendwo aussteigen. Die beiden werden denken, dass ich verschlafen habe und immer noch in der Wüste auf dieser Betonplatte bin. Lieber Gott, schenke mir ein Handy, das wäre jetzt Gold wert. Noch zwei Stunden bis Lahore. Ich habe jetzt echt keine Lust, über den 11. September zu diskutieren, ich fühle genau, wie dieser Mann sich langsam an dieses Thema annähert. Bingo! Keine Minute später spricht er es an. Ich kann nicht mal erzählen, dass ich jetzt wieder zurück zu meinem Abteil muss, er weiß schließlich, dass ich keines habe, also erkläre ich ihm, dass ich mal kurz muss und wechsle den Waggon.

Am Bahnhof in Lahore habe ich die leise Hoffnung, auf die beiden zu treffen. Erwartungsgemäß sind sie natürlich nicht da, ihr Zug muss um einiges langsamer sein. Es ist neun Uhr morgens, und wir sollten um ein Uhr nachmittags ankommen, dazu hat der Zug ja bis zu acht Stunden Verspätung. Eine Tafel, an der alle Ankunfts- und Abfahrtszeiten abzulesen sind, gibt es nicht. Es ist ein riesiger Bahnhof, Lahore ist doppelt so groß wie Berlin. Ich frage vier Beamte, wann denn der Zug aus Quetta ankommen wird, worauf ich auch vier Antworten bekomme – allerdings alle unterschiedlich. Mir bleibt nichts anderes übrig, als jeden ankommenden Zug zu beobachten und zu sehen, ob die Burschen aussteigen. So viele Züge scheinen hier nicht anzukommen. Ganz weit vorne schimmert etwas, das aussieht wie das „M" eines McDonald's-Restaurants. Nein, das kann nicht sein, ich habe seit 8.000 Kilometern keines mehr gesehen, das letzte war, glaube ich, in *Antalya*. Ein McDonald's-

Restaurant passt irgendwie gar nicht in dieses Land, das die USA so verabscheut. Es ist tatsächlich eins – allerdings bekommt man dort nur Getränke und Eis, keine Speisen. Ich habe noch Kleingeld in der Hosentasche, es ist jedoch ausgesprochen wenig. Ein Kaffee wäre jetzt das Beste, was mir passieren könnte, allerdings kostet ein Becher dreißig Rupien, ich kratze nur noch 25 zusammen. Alle Taschen werden noch mal durchwühlt, nein, nichts. Am Schalter arbeitet eine Frau, die nicht mal in einen Tschador gehüllt ist, sondern nur ein einfaches Kopftuch trägt. Auch das ist ein ungewohnter Anblick, hier scheint ein anderes Pakistan zu sein als im Westen. Langsam verstehe ich, warum alle Lahore so lieben. Sie drückt ein Auge zu. Ich setze mich mit dem Becher Kaffee in die Sonne, es ist ein warmer Tag. Sollte ich ein Internetcafé suchen, um den Anderen Bescheid zu geben? Falls aber der Zug währenddessen ankommt, wird es kompliziert. Ich bleibe lieber hier.

Seit vier Stunden bin ich nun hier, drei Züge sind in der Zwischenzeit eingefahren, jedes Mal bin ich hastig auf- und abgelaufen, um die Jungs zu suchen, sie waren jedoch nicht dabei. Den ganzen Tag habe ich noch keinen anderen Weißen gesehen, irgendwie ist es schon ein komisches Gefühl, hier ständig alleine herumzulaufen. Wenn ich wenigstens in die Stadt gehen könnte, um etwas anzuschauen. Hier bleiben mir nur die Werbebilder, wobei ich bei vielen Plakaten gar nicht weiß, um was es überhaupt geht, da natürlich alles in arabischen Zeichen geschrieben ist. Nur das McDonald´s-Zeichen kann ich entziffern. Allerdings habe ich diesen Schriftzug bald fertiggelesen.

Der nächste Zug fährt ein, es ist mittlerweile fünf Uhr abends. Das muss er jetzt sein, endlich. Ich laufe den einfahrenden Zug ab, renne an den Waggons entlang zurück, doch keiner steigt aus, den ich kenne. Wieder nichts, jetzt reicht es aber langsam!

Immer wenn ein Zug eingefahren ist, gibt es viel zu beobachten: Wie die Leute sich begrüßen, wie sie angezogen sind, was sie mit sich rumschleppen, alles ist interessant. In den Stunden dazwischen jedoch gibt es rein gar nichts zu tun, es ist todlangweilig. Mein Magen rumort, ich habe einen Bärenhunger, aber woher etwas nehmen, wenn nicht stehlen? Und das kommt auf keinen Fall in Frage, meine rechte Hand ist mir heilig, die möchte ich nicht hergeben. Selbstmitleid kommt hoch. So ändern sich die Zeiten. Gestern um diese Zeit habe ich fast 2,5 Millionen Afghanis mit mir in der Tasche herumgetragen, jetzt kann ich mir nicht mal eine einzelne Zigarette kaufen. Der nächste Zug wird angekündigt, der Bahnhofslautsprecher ist total laut eingestellt, er überschlägt sich förmlich. Anstatt einzelner Wörter kommt aus dem Ding nur ein komischer Geräuschsalat, den man mit viel Phantasie als Ansage durchgehen lassen kann.

Der Zug fährt ein, ich starte zu meinem gewohnten Ritual. Enttäuschendes Ergebnis, weder Rammi noch Daniel noch irgendein anderes bekanntes Gesicht sind zu erkennen. Was soll ich tun? Mein Leben lang einfahrenden Zügen hinterherrennen? Irgendwann bei „Wetten dass" alle pakistanischen Züge am Einfahrtsgeräusch erkennen? Ich warte noch genau eine Stunde, dann gehe ich in die Stadt und verkaufe meine Schuhe, um ins Internet zu kommen. Jetzt ist es 17.50 Uhr. Ab jetzt, eine Stunde! Mein Pass ist unter der Hose in einer Tasche um meine rechte Wade gebunden. Das ist das Einzige, was ich bei mir trage, aber auch das Wichtigste. Der nächste Zug wird angekündigt:

*GGGGRRLLLLRRRSSSGGGGGRRRRR* klingt aus dem Lautsprecher.

Als ich zum Dauerlauf ansetzen will, winken mir die vier Studenten aus dem offenen Fenster schon entgegen. Sie sind da. Endlich. Gott, bin ich froh. Als der Zug hält, sind Rammi, Daniel und die Anderen schon aus der Tür gesprungen, ich falle beiden gleichzeitig um den Hals. Vor allen erkläre ich, wie die Sache ablief, die Gruppe kann sich kaum mehr halten vor Lachen, selbst Rammi und Daniel finden es witzig. Ich allerdings nicht mehr. Die Studententruppe steigt wieder ein, sie haben noch ein paar Stunden Fahrt bis in die Hauptstadt vor sich. Diese Story wird wahrscheinlich heute noch an der Uni in Islamabad weiter erzählt.

Gleich neben dem Bahnhof an der Straße bietet ein Verkäufer ein warmes Gericht an, das er auf einem kleinen Wagen kocht. Wir schlagen sofort zu. Ich habe keine Ahnung, was es ist, es sieht nicht einmal nach Essen aus. Aber es schmeckt klasse.

Das Hotel, das wir gefunden haben, ist annehmbar. Zwar ist es kein Luxus, aber sauber, die Dusche ist sogar lauwarm. Abends streunen wir durch die Stadt, bekommen für einen Euro pro Mann noch mal richtig gutes Essen. Entspannung ist angesagt. Rammi kauft neue Schuhe und lässt seine alten Treter gleich im Geschäft, Daniel sucht nach Motorradläden, um Preise zu vergleichen. Er liegt uns schon seit einiger Zeit mit einer *Enfield* in den Ohren, einer indischen Maschine mit Dieselmotor. So geht der Abend schnell vorbei, ohne Stress, ohne Verhandlungen, ohne Planänderung.

# Tag 24
## 01. März

Die Ausreise nach Indien steht heute auf dem Programm, doch erst mal wird ausgeschlafen, das muss sein. Mit einem Taxi durchkreuzen wir die Straßen Lahores, am Stadtrand steigen wir aus und warten auf einen Kleinbus, der uns die letzten 20 Kilometer zu dem kleinen Grenzort Wagah bringt. Kurz vor der Grenzstation lässt der Fahrer uns aussteigen, die letzten 500 Meter müssen wir zu Fuß gehen, da kein Fahrzeug die Grenze passieren darf. Durch die Kashmirkrise, die seit Jahrzehnten andauert, gibt es nur einen einzigen Grenzübergang, der passierbar ist, obwohl Pakistan und Indien eine gemeinsame Grenzlinie von mehr als 2.000 Kilometern Länge verbindet. Indische oder pakistanische Staatsbürger dürfen nicht ein- oder ausreisen. An diesem Morgen sind wir die Einzigen, die an dieser Grenze abgefertigt werden. Sämtliche Anlagen sind massentauglich: Gepäckförderbänder, Straßen und Reihen von Schaltern sind auf eine große Anzahl von Reisenden ausgelegt, doch im Moment herrscht hier gespenstische Ruhe, nur die Vögel auf den Bäumen singen und zwitschern vor sich hin. Mitarbeiter sind jedoch mehr als genügend hier. Als wir zur ersten Passkontrolle kommen, warten drei Beamte in Uniform am Tresen, jeder von uns bekommt seinen eigenen Kontrolleur. Alle drei sind auch gleichzeitig etwas verwirrt, da zwei Visa und bereits ein Ausreisestempel von pakistanischen Behörden in den Pässen zu finden sind. Die Beamten haben viel, viel Zeit, deswegen wird die Ausreise auch sehr lange dauern, davon gehe ich zumindest aus.

Das Gegenteil ist der Fall. Alles läuft sehr schnell ab, die Pässe sind im Handumdrehen ausgestempelt, es folgt die Gepäckkontrolle. Unsere Rucksäcke werden über Rollbänder in eine große Halle geschoben, man könnte sie auch locker tragen oder einfach vor der Halle durchsuchen, aber vielleicht müssen die Anlagen ab und zu benutzt werden. Zwei Männer inspizieren ausgiebig unser Gepäck, sogar die Schlafsäcke rollt er aus. Früher wäre ich wohl schon nervös geworden, wenn mir so etwas an der Grenze nach Österreich passiert wäre. Im Moment allerdings interessiert uns das relativ wenig. Das Geld haben wir in den Schuhen, bei so viel Bargeld würden mit Sicherheit viele Fragen auftauchen, die wir uns lieber ersparen. Nach zwanzig Minuten ist die Sache erledigt, wir dürfen nach Indien marschieren. Draußen auf der breiten Straße steht auf dem Mittelstreifen ein Stuhl, auf dem ein Mann sitzt. Auf seinem kleinen Tischchen liegt ein Buch, in dem wohl alle Ausreisenden vermerkt werden. Überarbeiten wird er sich zurzeit sicher nicht. Er schreibt die Buchstaben nicht, er malt sie in sein Register. Ich bin froh, dass wir keine langen Doppelnamen haben, sonst würden wir wahrscheinlich noch in zwei Wochen dastehen und ihm beim Malen zuschauen.

Das war es jetzt. Links und rechts ist eine Mauer, das Tor ist weit offen, wir schreiten nach Indien. „WELCOME TO INDIA" steht auf einem riesigen Banner, wir sind, ehrlich gesagt, schon etwas stolz, jetzt hier zu sein. Wir haben noch ein paar Tage und ein paar Scheine auf Reserve. Was wir damit machen, müssen wir uns noch überlegen. Neu Delhi ist das Tagesziel. Mehr sogar, es ist das erklärte Endziel. In Neu Delhi zu sein bedeutet, die Reise erfolgreich zu Ende gebracht zu haben. Ich kann es gar nicht glauben, dass wir bald ankommen werden. Dort wollen wir Pläne für die nächsten Tage machen.

Auch die Einreise nach Indien ist nicht sonderlich spektakulär. Wir haben die Visa, wir haben alle Ausreisestempel. Ohne Fahrzeuge ist alles viel unkomplizierter. Die völlig überdimensionierte Wartehalle bei den indischen Grenzbehörden erinnert stark an ein Flughafenterminal, der Großteil der Wände ist aus Glas, mehrere Schalter sind mit Computern ausgestattet. Das alles macht einen sehr sterilen Eindruck. Obwohl wir die einzigen Gäste sind, müssen wir warten – das muss wohl so sein in einer Wartehalle. Wir werden digital fotografiert, das Bild kommt in die ebenfalls digitale Akte, die über jeden von uns angelegt wird. Willkommen bei den Computer-Indern.

Die Leute sind freundlich, jeder unterhält sich gerne, ein bisschen Smalltalk hier und da, nach einer halben Stunde sind wir raus aus dem Zoll und in Indien angekommen. Mindestens zwei Dutzend Taxifahrer warten vor der Grenze. Wir sind am Grenzort Attari angelangt, „DOOR TO INDIA" steht auf einem Schild. Daniel fängt sofort an zu handeln, doch alle Fahrer haben Einheitspreise. Die nächste Stadt ist Amritsar. Dort gibt es einen Bahnhof, von dem aus in regelmäßigen Abständen Züge nach Neu Delhi fahren. Die Landschaft ist in sattes Grün getaucht, üppig bewachsen und sehr fruchtbar. Es ist ein gutes Gefühl, hier und jetzt im Taxi zu sitzen, die Cola, die wir eben gekauft haben, hat noch nie so gut geschmeckt, der Fahrtwind, der durch die offenen Fenster zieht, erzeugt ein angenehmes Gefühl und wir sind bester Laune.

In Amritsar ist mächtig was los. Die Autos stauen sich wie in vielen anderen Großstädten, durch die wir gefahren sind. Mir ist das egal, uns geht es gut im Taxi. Wenn wir heute keinen Zug nach Neu Delhi bekommen, dann vielleicht morgen. Kurz nach drei Uhr nachmittags sind wir am Bahnhof, der nächste Zug in die Hauptstadt geht in 30 Minuten, was für ein Glück. Ungefähr acht Stunden wird die Fahrt dauern. Im Vergleich zu gestern ist das eine Kurzstrecke. Sogleich muss ich Daniel und Rammi versprechen, nicht aus dem Zug zu steigen.

Schon beim Einsteigen lernen wir einen netten jungen Mann kennen. Er gehört zu den zwei Prozent Sikhs, einer Minderheitsreligion, in Indien. Wir befinden uns in der Region Punjab, der Hochburg der Sikhs. Er hat sich noch nie im Leben rasiert, das gehört zu den Regeln. Durch seinen Bart, der gut bis zu seinem Bauchnabel reicht, sieht er ziemlich alt aus. Als wir darauf zu sprechen kommen, schätze ich ihn – obwohl ich die fünf Jahre Höflichkeitspuffer schon abgezogen habe – auf 35. Er verzieht sein Gesicht, ich liege etwas daneben: Er ist 24 Jahre alt. Er hat einen Turban auf, der massiv mit Haaren ausgefüllt ist, sie gehen ihm angeblich bis zu den Knien, zeigen will er es uns jedoch nicht. Wir sprechen über praktische Dinge, zum Beispiel seinen durchschnittlichen Shampooverbrauch, ob es nicht ab und zu heiß wird unter dem Turban oder ob die langen Haare denn beim Schwimmen nicht stören. Er lacht nur, schon öfter sei er diese Dinge gefragt worden.

Die Zeit geht vorbei wie im Flug. Die Türen sind wieder offen, wir sitzen ab und zu an der Schwelle und rauchen, genießen die Fahrt in vollen Zügen im wahrsten Sinne des Wortes. In einigen Städten hält der Zug für zehn Minuten, um sich mit Lebensmitteln versorgen zu können und um die Händler Geschäfte machen zu lassen. Bei jedem Stopp kaufen wir leckeres Essen, die Hemmungen gegenüber Mahlzeiten, die direkt auf der Straße gekocht werden, sind mittlerweile verflogen. Wir haben die Entdeckung gemacht, dass Zwiebel die beste Medizin für den Magen ist. Täglich haben wir in letzter Zeit eine Zwiebel aufs Brot gelegt und roh gegessen, das macht den Magen gegen so ziemlich alles resistent.

Mittlerweile ist es stockdunkel. Die Vororte von Neu Delhi ziehen jetzt an uns vorbei. Ich bin irgendwie aufgewühlt, doch es ist ein gutes Gefühl, anzukommen. Kurz vor ein Uhr nachts hält der Zug am Hauptbahnhof, wir sind da. Rammi und ich klatschen uns ab, wir sind beide unendlich glücklich, nun hier zu sein. Neu Delhi, das Ziel einer intensiven Reise, einer langatmigen Vorbereitungszeit und einer ewigen, zermürbenden Entscheidungsphase, an deren Ende wir zu dritt anstatt zu viert gestartet sind. Daniel ist im Moment weniger von Genugtuung erfüllt, während wir draußen auf dem Bahnsteig das „Wir-haben-es-geschafft-ich-habs-dir-gleich-gesagt-Gefühl" genießen, sucht er noch im Zug sein Feuerzeug. Als er aussteigt, fragt er uns zuerst nach Zigaretten.

Unzählige Händler kleben an uns, wollen uns so ziemlich alles verkaufen, was der indische Konsumgütermarkt hergibt. Es sind unglaublich viele neue Eindrücke, so dass wir im Moment etwas überfordert sind. Es wäre keine gute Idee, viel herumzulaufen und sich einen Überblick zu verschaffen, das hat Zeit bis morgen – oder übermorgen. Wir setzen uns also in das nächste Restaurant und bestellen drei Bier, die Ankunft muss gefeiert werden. Als wir nach einer Unterkunft fragen, empfiehlt uns der Barkeeper sehr dringlich eines der vielen

Guesthouses, die es gibt. Man merkt deutlich, dass ihm viel daran liegt, dass wir genau dorthin gehen, obwohl es ein weiter Weg von hier wäre. Bestimmt bekommt er dort Provision. Wir merken schnell, dass hier alles und jeder vernetzt ist, auf welche Weise auch immer. Etwas angeheitert streunen wir nachts durch eine enge Gasse, wir haben für 2,50 Euro an der Grenze einen alten „Lonely Planet" gekauft, der jetzt das erste Mal zum Einsatz kommt. Das Guesthouse, das wir uns im Buch ausgesucht haben, existiert tatsächlich noch. Als wir zur Tür eintreten, ist niemand groß an uns interessiert, denn Indien spielt gerade gegen Australien Cricket – eine der Nationalsportarten, in der Indien international ganz vorne mitmischt. Das Spiel Indien gegen Australien ist also vergleichbar mit dem Championsleague-Finale FC Bayern gegen Real Madrid. Wir bekommen die Zimmerschlüssel kurz in die Hand gedrückt, alle anderen Formalitäten werden morgen erledigt. Das Zimmer ist recht klein, das Doppelbett nimmt gut zwei Drittel der Gesamtfläche ein, eigentlich könnten wir mehrere Zimmer nehmen, aber leider hat keiner mehr Lust, die zwei Stockwerke zur Rezeption auf sich zu nehmen. So schlafen wir sofort so ein, und zwar genau so, wie wir aufs Bett gefallen sind.

# Tag 25
## 02. März

Wir wachen genauso auf, wie wir gestern eingeschlafen sind, in kompletter Montur. Doch uns fällt plötzlich auf, dass nur zwei Rucksäcke im Zimmer stehen, einer fehlt. Es ist meiner. Wo ist das verdammte Ding? Ich fasse es nicht, er ist weg. Hastig mache ich die Türe auf, um zur Rezeption zu rennen, da stolpere ich fast über den Rucksack. Ich hatte ihn heute Nacht einfach draußen stehen lassen.

Daniel ist etwas krank, er hat offensichtlich Fieber, da er im Dreißig-Minuten-Takt schwitzt und friert. Wir gehen zu einer Apotheke und zum Obsthändler, bringen ihm Medikamente und frische Vitamine. Rammi und ich sitzen auf dem Boden, Daniel liegt im Bett, wir brauchen einen Plan, wie es weitergehen soll. Der Subkontinent Indien liegt vor uns und wir haben nur noch eine Woche Zeit. Das ist lächerlich, hier könnte man locker ein Jahr verbringen und trotzdem nicht annähernd alles sehen. Wie können wir die Zeit am besten nutzen? Schnell stellen wir fest, dass die Malediven-Idee sowohl in Rammis als auch in Daniels Kopf herumgeistert. Und auch ich habe schon so oft davon geträumt, die Reise in der Hängematte zu beenden. Bombay würde Rammi interessieren, Goa ist eine Legende, Daniel möchte einfach weiter in den Süden. Ohne Infos von Reisebüros kommen wir nicht weiter.

Rammi und ich streunen also durch die Stadt. So wie die roten Doppeldeckerbusse in London oder die gelben Taxis in New York gehören die bunten *Wallahs* – dreirädrige, schwach motorisierte Rikschas – zum Stadtbild von Neu Delhi. Der Standardpreis für die Beförderung beträgt jeweils fünf Rupien, also knapp fünfzig Cent. Allerdings bestimmen nicht wir das Ziel, sondern die Fahrer. Meistens landet man in Souvenirshops und während wir uns wundern, wie wir hierher gekommen sind – wir wollten doch eigentlich zu einem Reisebüro – wird den Wallah-Fahrern eine Provision für das Ankarren von Touris bezahlt. Auch wenn man am Bahnhof in ein Wallah steigt und sein Hotel als Zielort angibt, wird man vor einem Ticket-Office abgeladen, was sich relativ normal anhört. Man soll dort angeblich kostenlos seine Reservierung checken. Eigentlich ist das nicht nötig, aber wenn es kostenlos ist, na, warum nicht. Der freundliche Mitarbeiter erkundigt sich, welches Hotel gebucht ist und tippt dann die vermeintliche Nummer ins Telefon, bevor er freundlicherweise den Hörer dem Touristen überreicht. Am anderen Ende der Verbindung meldet sich jemand mit dem Hotelnamen und entschuldigt sich vielmals, dass sein Zimmer doppelt gebucht wurde. Der freundliche Mann am Schalter schüttelt natürlich sofort Alternativen aus dem Ärmel. Man spricht am Telefon freilich nicht mit einem Hotelmitarbeiter, sondern mit jemandem, der im Nebenzimmer des Ticket-Offices sitzt. Solche Tricks gibt es tausendfach. Selbst wenn man dem Fahrer ausdrücklich einprägt, dass man *nicht* zu einem Souvenir-Shop möchte, landet man selten dort, wo man tatsächlich hinwollte.

Irgendwann kommen wir am Connaught Place an, dem zentralen Platz der Stadt für Touristen. Er ist architektonisch nicht sehr ansprechend, nüchterne Bauten reihen sich um einen gigantischen Kreisverkehr. Die Engländer haben diesen Teil in Windeseile errichtet. Um ihn etwas „indischer" zu gestalten, wurde der innere Ring Raijv Chowk und der äußere Ring Indira Chowk getauft, doch alle nennen das Zentrum CP, nach den Initialen des britischen Namens. Hier herrscht eine Plage, die „Händler-Plage". Vom Flugticket nach Timbuktu bis zur Armani-Uhr für 1,80 Euro, hier wird einem alles aufgeschwatzt. Allerdings gibt es auch jede Menge Reisebüros, was uns sehr entgegenkommt. Wir klappern einige zu Fuß ab.

Die Malediven-Idee wäre zwar finanziell durchaus möglich, aber leider sind sämtliche Flüge für die nächsten fünf Tage komplett ausgebucht. Sechs Reisebüros geben uns die gleiche Auskunft, auch der Preisunterschied ist nicht gerade immens, alle scheinen mit den gleichen Gesellschaften zu kooperieren. Rammi und ich sitzen in einem Café und reden über die Möglichkeiten, die wir haben. Das Gespräch schläft mit der Zeit völlig ein, da im Fernseher direkt vor uns die Highlights des gestrigen Spiels gezeigt werden, Indien hat gewonnen. Lustlosigkeit macht sich breit, auch müde sind wir beide – die letzten vier Wochen stecken uns einfach in den Knochen. „Ich will verdammt noch mal da hin." Rammi weiß genau, wovon ich spreche. „Also lass uns dahin fliegen, es *muss* eine Möglichkeit geben." „Dann lass sie uns finden, auf geht's."

Wir bezahlen und steuern das nächste Reisebüro an. Dort bekommen wir überraschenderweise keine Pauschalabsage, das ist schon mal der erste Erfolg. Die hübsche Angestellte telefoniert angestrengt, vertröstet uns, telefoniert wieder und teilt uns letztendlich feierlich mit, sie könne uns die Tickets verkaufen. Mir ist klar, dass wir auch übers Ohr gehauen werden könnten, aber was bleibt uns anderes übrig, als es zu versuchen? Sie erläutert uns noch mal unsere gewünschten Flugdaten, der Flug gehe morgen Abend nach Colombo, Sri Lanka, dort hätten wir ein wenig Wartezeit, danach bringe uns ein anderes Flugzeug nach Male, die Hauptstadt der Malediven. Vier Tage später fliegen wir nach Hause. Das hört sich perfekt an, die Sache hat allerdings einen Haken: Wie uns alle anderen schon mitgeteilt haben, ist das Flugzeug nach Sri Lanka total überbucht, wir können keine bestätigte Reservierungen bekommen, daher empfiehlt sie uns, so früh wie möglich am Flughafen zu sein. Sie lächelt, es würde schon gut gehen. Falls wir nicht mitfliegen dürfen, sollen wir uns wieder melden, sie wird uns das Ticket umschreiben, um dann übermorgen fliegen zu können. Na gut, dann kommen wir einfach wieder. Aber damit rechnen wir nicht, das Glück war uns auf der gesamten Reise hold, das wird schon klappen. Wir legen das Geld sofort bar auf den Tisch. Auf dem Weg nach draußen küssen wir die Tickets und halten sie wie Trophäen nach oben. Malediven, wir kommen.

Daniels Stimmung ist nach dieser Nachricht genauso gut wie unsere, das Fieber hat allerdings nicht nachgelassen – das Thermometer zeigt 39,2 Grad. Wir versorgen ihn mit allem, was gut sein könnte. Er will einfach schlafen, mittlerweile hat er auch ein eigenes Zimmer. Rammi und ich verdrücken uns.

Der Tag ist durch die anstrengenden Besuche in den Reisebüros schnell vorbeigegangen. Wir vereinbaren mit einem Wallah-Fahrer, dass er uns durch die Gegend fährt. Wir bezahlen nicht, dafür gehen wir freiwillig in ein paar Shops, er kann dann dort abkassieren. Der Fahrer lässt sich darauf ein, wir brausen los. Er ist ein witziger Typ, gibt mehrere Male in kleinen Gassen Vollgas, es ist ein gutes Gefühl, den Wind zu spüren und die Mauern links und rechts in knappem Abstand vorbeifliegen zu sehen. Wir lachen viel mit diesem verrückten Kerl. Für eine Stunde Fahrt vereinbaren wir vier Shops, somit ist er gut bezahlt, und wir kommen ein bisschen durch die Gegend. Rammi und ich befinden uns dabei im Wettbewerb, wer die aufdringlichen Händler in den Shops am schnellsten abwimmelt. Es wird gerade dunkel, der ruhige Abendhimmel gekoppelt mit der gehetzten Rush-Hour-Stimmung in der Stadt ergibt ein interessantes Szenario. Es gibt so viel zu beobachten, dass wir gar nicht bemerken, wie wir gerade schon den sechsten Shop anpeilen. Es war dumm von uns zu glauben, dass sich der Fahrer an die Abmachung halten würde. Nachdem wir eine Weile mit ihm streiten, bringt er uns zum Hotel zurück. Es war eine spaßige Tour.

Zurück im Guesthouse treffen wir Daniel im Treppenhaus, er war kurz draußen und sei fest entschlossen, dass er heute Abend ein Bierchen trinken will, er habe es satt, im Bett zu liegen. Ich weiß nicht, ob das in seinem Zustand eine gute Idee ist. Doch er ist sich sicher.

Kurze Zeit später sitzen wir im Restaurant und genießen das mehrgängige Essen, es schmeckt herrlich. Die Stimmung ist allerdings nicht die beste, Daniel schläft nach dem Menü ein, während Rammi und ich über Kleinigkeiten streiten. Wir haben vier Wochen am Stück 24 Stunden miteinander verbracht, es wäre langsam an der Zeit, sich für eine Weile aus dem Weg zu gehen. Als wir zu zweit im Ehebett im Hotel liegen, ist die Sache jedoch einigermaßen geklärt. Ein paar Tage auf einer Insel werden hoffentlich Wunder wirken. Im Fernsehen läuft *The House of the Living Death* mit indischen Untertiteln. Nach dem elften oder zwölften blutigen Gemetzel in Folge schlafe ich ein.

# Tag 26
## 03. März

Heute fliegen wir auf die Malediven! Wir packen schon vormittags die Rucksäcke und freuen uns unglaublich. Daniel geht es schon viel besser. Er hustet zwar noch, aber er sagt, das komme vom Rauchen. Wir trennen uns in der Stadt, Rammi sucht für seine Freundin ein Souvenir, Daniel und ich bewegen uns von Werkstatt zu Werkstatt, um die Dieselmotorräder anzuschauen. Wir stellen uns vor, nächsten Winter hierher zurückzufliegen und mit einer *Enfield* auf dem Landweg in Richtung Australien loszuziehen – eine neue Idee ist geboren, die Fortsetzung dieser Reise könnte in der Tat ungefähr so aussehen.
Kurz nach vier Uhr nachmittags treffen wir uns wieder, bezahlen die Unterkunft und suchen uns ein Taxi zum Flughafen. „Kommen wir heute weg?" fragt Daniel. Rammi und ich nicken ganz eifrig und sind uns ganz sicher.
Die Route zum Flughafen kommt uns ewig vor. Zufällig haben wir Neu Delhis ältesten Taxifahrer erwischt, stolz erzählt er uns von seinen 53 Jahren Taxierfahrung. An einer roten Ampel steigt er plötzlich aus und kramt im Kofferraum. Er kommt mit einem Album zurück. Die Ampel zeigt längst schon grün, doch das laute Hupen der Fahrzeuge hinter uns scheint ihn nicht zu stören oder er hört es mittlerweile einfach nicht mehr. Das Album enthält jede Menge Zeitungsberichte über ihn, den dienstältesten Chauffeur der ganzen Stadt, sogar im Fernsehen war er deswegen schon mehrere Male. Er ist ein netter Kerl, allerdings hat er die Fähigkeit, sich immer genau in der Spur einzuordnen, in der man am längsten warten muss, das Tempo hat in seinen 53 Jahren eindeutig nachgelassen. Der Flug geht abends um acht Uhr. Wir wollen bei den ersten Fluggästen am Schalter sein, um möglichst schnell abgefertigt zu werden.
Mittlerweile ist es 17.50 Uhr, langsam sollten wir ankommen. Während der Fahrer spricht, sieht er mich ständig an. Da er durchgehend am Erzählen ist, schaut er wohl insgesamt mehr auf mich als auf die Straße, was mich manchmal ein wenig nervös macht, denn der Verkehr ist nicht unbedingt vorhersehbar. Dazu fährt er unglaublich dicht auf. Unsere Nerven flattern. Wir sind alle sehr erleichtert, als das Terminal vor uns auftaucht.

Wir sind die dritten am Schalter, er ist noch nicht mal offen. Als wir an der Reihe sind, wird es spannend. Wir versuchen, ganz locker zu sein und schauen so unauffällig in alle anderen Richtungen, dass es mit Sicherheit auffällt. Schnell stellt die Angestellte fest, dass unser Ticket nicht bestätigt ist, sie könne uns leider nur auf die Warteliste setzen, dort stehen wir auf Nummer 26. Geknickt räumen wir den Schalter. Jetzt ist Warten angesagt. Nummer 26, da müsste schon ein Wunder geschehen, um noch mitfliegen zu können.

Das Wunder geschieht nicht. Um den Schalter herrscht großes Chaos. Wir sind nicht die Einzigen, die abgewiesen werden, mehrere Leute machen ihrer Enttäuschung lautstark Luft. Ein Beamter der Sri Lanka Airlines mit zwei Mobiltelefonen am Gürtel und einem Funkgerät in der Hand muss für alles gerade stehen. Er wird angeschrien und muss trotzdem locker bleiben. Auch wir klagen ihm unser Leid, wie dringend wir dorthin fliegen müssten, wer dort alles auf uns wartet und weitere Geschichten. Er hört sich alles an und bleibt die ganze Zeit unglaublich freundlich. Seinen Job möchte ich nicht haben. Wir sollen es morgen noch mal probieren, er kann beim besten Willen nichts für uns tun. Es bleibt uns nur, einzusehen, dass weiteres Reden keinen Sinn hat. Enttäuscht schleichen wir zum Taxistand.

Zurück in der Innenstadt sitzen wir in einem Restaurant und ertränken unseren Frust in Alkohol. Daniel ist sich sicher, dass wir auch morgen leer ausgehen werden, solange die Tickets nicht im Voraus bestätigt werden, womit er wahrscheinlich völlig richtig liegt. Wir werden das gleich in der Früh im Reisebüro klären. Durch die Medikamente ist Daniel nach zwei Bier schon total betrunken, alle drei wackeln wir zusammen zurück in das bekannte Guesthouse. Auf halber Strecke drehen wir noch mal um, wir haben die Rucksäcke im Restaurant vergessen. Sie sind glücklicherweise noch da.

# Tag 27

Obwohl die Dame im Reisebüro uns nichts versprochen hat, können wir unsere Enttäuschung nicht verbergen. Wir wollen das Geld zurück. Sie lässt uns sogleich eine Tasse Cappuccino aus dem Café nebenan bringen. Ihr Chef stellt sich vor, er kümmere sich persönlich um uns, wir sollten etwas Geduld haben und in zwei Stunden wiederkommen. Das haben wir schon zu oft gehört, aber was bleibt uns übrig – wir überbrücken diese Zeit in einem Teehaus.

Nach zwei Stunden treffen wir den Chef schon im Treppenhaus des Reisebüros. Er ist unglaublich cool und lacht über beide Ohren: Er habe bestätigte Tickets für morgen Abend. Ich glaube es erst, als ich das Ticket in den Händen halte. Es stimmt tatsächlich! Wie er das gemacht hat, wollen wir erst gar nicht wissen. Es ist ein Gefühl, als hätte Deutschland im Finale der Fußball-Weltmeisterschaft Brasilien mit 6:0 geschlagen. Kein Zittern mehr, keine Ungewissheit, es steht fest: Wir werden morgen fliegen! Der Chef des Reisebüros verspricht uns sogar noch eine positive Überraschung. Na, da sind wir ja mal gespannt.

Daniel geht es immer besser. Wir buchen für morgen eine Stadtführung, da wir den Tag sinnvoll nutzen wollen. Den Rest des Tages verbringen wir getrennt, jeder schaut sich alleine um, es tut gut, kurze Zeit ohne die Anderen unterwegs zu sein. Am Abend verabreden wir uns mit anderen Rucksackreisenden, die wir gestern in der Stadt kennen gelernt haben im Restaurant auf ein Bier. Auf dem Weg dahin kommt uns mitten in der Fußgängerzone ein Elefant entgegen. Er ist bunt bemalt, gelassen trottet er durch die Menge von Leuten, auf ihm sitzt ein Mann mit grünem Turban. Wir stehen ganz nah an dem vorbeitrampelnden Tier. Keiner der Einheimischen dreht sich um, es scheint wohl nichts Besonderes zu sein, dass Elefanten lässig durch die Fußgängerzone marschieren. Wir finden es faszinierend.

Das Gespräch im Restaurant mit den englischen und niederländischen Touristen über die üblichen Traveller-Themen ist recht unterhaltsam: Wo wart ihr schon überall in Indien, ach, nur in dieser Stadt, aber wie, aha, mit dem Auto, kein Flugzeug, aha, ihr also mit dem Round-the-world-Ticket, Australien ist auch schön und so weiter. Es ist ziemlich spät, als wir zum Guesthouse zurückschwanken. Wir sind schon so gespannt auf morgen.

# Tag 28
## 05. März

Pünktlich um acht Uhr morgens werden wir zur Führung abgeholt. Der Wallah-Fahrer möchte auf dem Weg zum Bus abkassieren, obwohl der Transport zum Bus dazugehört, aber das war ja klar. Wir geben ihm gut Trinkgeld und steigen in den Bus. Es sind fast nur Europäer an Bord und wir senken das Durchschnittsalter merklich. Der indische Guide ist ein witziger Typ, im Laufe des Tages wird er immer sympathischer. Erklärungen zu den Bauwerken und Plätzen allerdings fehlen völlig, wir werden irgendwo hingebracht, danach wieder eingesammelt. Als wir Fragen über manche Bauwerke stellen, entgegnet er, wir sollen uns ein Buch kaufen, da kann man alles nachlesen. In einem Tempel verweist er die Gruppe auf einen alt aussehenden Globus, der im Raum steht. Wir fragen nach, was an dem Globus denn so besonders sei. Völlig ernst entgegnet er uns: „You can see the whole world on it." Wir lachen augelassen. Ich habe das Gefühl, dass er überhaupt nicht versteht, was wir jetzt daran so witzig finden, er läuft einfach weiter. Wir sind bester Stimmung, lassen uns vom Red Fort zum Mahatma Ghandi Park, vom Delhi Gate zu den Regierungsanlagen, von einem Tempel zum nächsten treiben, der ganze Tag gestaltet sich äußerst witzig, wir scherzen und kichern ganz hinten im Bus den ganzen Tag über. Natürlich führt der Reiseleiter die Gruppe in mehrere Souvenirshops, wir bleiben jeweils draußen stehen und nutzen die Zeit für eine Zigarettenpause. An vielen Straßen sitzen Flötenspieler, die Körbe vor sich aufgebaut haben, in denen sich Schlangen befinden. Das Aufrichten der Schlange hat mit den Flötentönen, wie man es in vielen Orient-Filmen oft sieht, rein gar nichts zu tun. Der Flötenspieler spielt ein paar Töne, dann öffnet er den Deckel eines Korbes. Nach ein paar weiteren Tönen zieht er die Schlange einfach in die Höhe, immer wieder bekommt sie einen leichten Schlag mit der flachen Hand auf den Kopf, so richtet sie sich langsam auf. Wenn gerade mehrere Touristen um den Korb stehen und die Schlange sich zu früh in den Korb zurückzieht, wird diese einfach in die Faust genommen und wieder in die Höhe gezogen. Ich muss gestehen, dass diese Art von Schlangenbeschwörung keine magische Wirkung auf mich hat.
Bei der Besichtigung einer Gebetshalle müssen wir die Schuhe abgeben. Ungefähr 500 barfüssige Leute befinden sich in dem Bau, der für Gläubige aller Religionen gebaut wurde. Die Idee, Leute unterschiedlicher Religionen an solchen Plätzen zu vereinen, finde ich gut. Wir bleiben eine Weile dort.
Irgendwie scheinen die Leute an der Garderobe die Bons vertauscht zu haben, ich bekomme drei verschiedene Paar Schuhe angeboten, allerdings nicht meine.

Die Mitarbeiter fordern mich auf, den Hintereingang zu nehmen und mir meine Schuhe selbst zu suchen. Als ich den Raum mit den 500 Paar gebrauchten Schuhen betrete, haut es mich fast um. Auch wenn der ganze Tag witzig war, hier vergeht mir das Lachen. Ich gehe noch mal raus, atme tief ein und halte die Luft an. Meine Schuhe stehen direkt auf Augenhöhe, ich schnappe sie mir und laufe so schnell ich kann zwischen den Regalen ins Freie. Rammi und Daniel haben das vom Fenster aus beobachtet und lachen sich schlapp. Ich bin mir ziemlich sicher, dass die Schuhe der beiden an diesem Gestank Schuld waren.

Die Führung endet um fünf Uhr nachmittags. Wir fahren sofort zum Flughafen. Diesmal sind wir so früh dran, dass wir die Strecke sogar mit einem Traktor fahren könnten und trotzdem pünktlich wären. Ein bisschen kribbelt es im Bauch, als unsere Tickets am Schalter kontrolliert werden. Es dauert ziemlich lange, die Mitarbeiterin entschuldigt sich kurz und verlässt darauf ihren Arbeitsplatz, sie hat unsere Tickets dabei. Bitte, bitte, bitte, lass uns einen Platz im Flieger haben. Wir warten. Ich trete von einem Fuß auf den anderen. Dem Chef des Reisebüros würden wir sofort zutrauen, dass er das Ticket selbst gedruckt hat. Wer weiß.

Die Angestellte kommt zurück, es sei alles in Ordnung, sie nimmt unsere Rucksäcke entgegen. Ich fühle, wie sich meine Stirnfalten entspannen, wir grinsen uns über beide Ohren an, jetzt ist Entspannung angesagt. Gemütlich sitzen wir in der Wartehalle, wir haben bereits eingecheckt und warten auf den Flieger. Ab jetzt sind wir Strandurlaubstouristen.

# Tag 29
## 06. März

In Colombo haben wir zehn Stunden Wartezeit, das wussten wir bereits. Es ist ein Uhr nachts. Anstatt in die Transitzone gelotst zu werden, werden wir via Lautsprecher ausgerufen, worauf wir uns sofort am Counter melden. Der Kontrolleur dort will die Pässe sehen, wir bekommen Stempel, unser Taxi warte bereits. *Unser Taxi?* Wir haben kein Taxi bestellt, wir wollen in zehn Stunden weiter, das erklären wir dem Mitarbeiter eindringlich. Das sei ihm klar, das steht schließlich auf unseren Tickets. Um die Wartezeit zu verschönern, werden wir in ein Hotel gebracht – die Fluglinie bezahlt. Das ist die Überraschung, die uns der Typ vom Reisebüro versprochen hat.

Mit dem Taxi fahren wir mehr als vierzig Minuten. Als wir an der Anlage ankommen, werden wir in einer luxuriösen Hütte einquartiert. Die Spiegel sind gold umrandet, im Bad hängen drei frisch gewaschene, riesengroße Badetücher, alles ist sauber und glänzt – wir sind in einer Vier-Sterne-Anlage gestrandet. Es ist kurz nach drei Uhr, wir stellen den Wecker auf sechs Uhr morgens, um den Luxus genießen zu können, um zehn Uhr werden wir schließlich wieder abgeholt. Rammi und ich stehen tatsächlich um diese Zeit auf und schleichen schlaftrunken zur Veranda. Die Sonne ist schon aufgegangen, wir befinden uns direkt am Strand. Überall um die Hütte stehen Palmen und exotische Pflanzen, wir gehen auf weißem, feinem Sand zum Meer und nehmen ein Bad, danach hüpfen wir in den riesigen Pool. Mittlerweile haben sich einige Leute auf der Veranda eingefunden, dort ist das Frühstücksbuffett aufgebaut. Es gibt alles, was man sich vorstellen kann. Wir wecken Daniel und essen so viel wir können. Schon um 9.40 Uhr ist der Taxifahrer da, um uns zum Flughafen zu bringen. Er muss leider warten, wir genießen das Frühstück bis zur letzten Minute.

Die Fahrt zurück bei Tageslicht ist sehr interessant, es gibt so viel zu sehen. Keiner von uns hätte damit gerechnet, etwas von Sri Lanka mitzubekommen, das war wirklich eine positive Überraschung. Nach Sri Lanka wollte ich sowieso schon immer. Ich werde auf jeden Fall wiederkommen und mehr als zehn Stunden Zeit mitbringen, soviel ist sicher!

Beim Anflug auf die Malediven genießen wir die atemberaubende Sicht. 1.200 kleine Inseln verteilen sich über mehrere Atolle. Das Wasser des Indischen Ozeans ist dunkelblau, in hellem Azurblau heben sich die Atolle mit den Inseln hervor. Je näher wir der Landebahn auf den Malediven kommen, umso besser kann man die einzelnen Inseln erkennen. Jede Einzelne könnte man in kurzer Zeit zu Fuß umrunden. Kleine Hütten, viele Palmen und lange Stege sind zu erkennen. Es bieten sich atemberaubende Anblicke, die schöner nicht sein könnten. Die Landebahn wurde künstlich verlängert, da die Flughafeninsel nicht groß genug ist, um einen Airbus A340 zu empfangen. Als das Flugzeug aufsetzt, sieht man beim Blick aus den Fenstern links und rechts nur Wasser, das glasklar die Sicht bis auf den Meeresboden freigibt.

Mit einem Boot setzen wir auf die Hauptinsel Male über, die zugleich Hauptstadt ist. In weniger als zehn Minuten schippern wir mit einem kleinen Kahn bis zur Anlegestelle. Male ist komplett bebaut. Auf dieser Insel ist kein einziger Meter Sandstrand zu finden, denn die Küste ist um die ganze Insel betoniert. Jede Menge Hochhäuser stehen auf dem überschaubaren Stück Land, fast alle Gebäude sind in unterschiedlichen Farben gestrichen, was einen kuriosen, aber dennoch sympathischen Eindruck macht. Das bunte Stadtbild ist einzigartig. Auf dieser kleinen Insel wohnen fast 70.000 Menschen – kein Wunder dass die Häuser hoch sind. Der Inselstaat ist völlig unabhängig, die Menschen sprechen ihre eigene Sprache, die sich *Divehi* nennt, und sie haben ihre eigene Währung, Rufiyaas, die etwa 14:1 in Euro umgerechnet wird. Wir schlendern durch die Stadt, denn ein kleines organisatorisches Detail ist noch zu erledigen: Wir müssen uns noch eine Insel buchen.

Es ist alles sehr modern hier, es gibt alles zu kaufen, was das Herz begehrt. Die Preise sind allerdings sehr hoch. Als Daniel zwei Pfirsiche auf den Kassentisch legt, verlangt der Verkäufer 84 Rufiyaas, umgerechnet sechs Euro, was Daniel dazu veranlasst, die Pfirsiche zurückzulegen und gegen ein Snickers einzutauschen.

In einem Reisebüro buchen wir ab morgen früh einen Pauschalurlaub für 36 Stunden, der dann mit dem Flug direkt nach Frankfurt endet. Zwar kosten diese 36 Stunden wohl mehr als eine ganze Woche auf Ibiza, aber wir haben es uns schließlich verdient. Nach dem Besuch eines Internetcafés sitzen wir gemütlich am Hafen, bis es dunkel wird.

Daniel ist noch nicht hundertprozentig fit, er sucht sich ein Guesthouse, Rammi und ich schlafen direkt am Meer auf der Ladefläche eines Muldenkippers. Lange sitzen wir noch auf dem Fahrerhaus und schauen den Wellen zu, die von Flutlichtstrahlern angeleuchtet werden.

# Tag 30
## 07. März

Heute sollen wir Daniel auf der Flughafeninsel treffen, von wo aus ein Motorboot startet, das uns zu unserer Urlaubsinsel bringt. Hoffentlich verpennt Daniel nicht, er ist Weltmeister im Verschlafen! Als wir im Morgengrauen mit einem Kahn zur Flughafeninsel tuckern, sitzt er jedoch schon ganz alleine auf einer langen Wartebank.

Wir sind gut eine Stunde zu früh, es ist noch kein Flugzeug angekommen oder abgeflogen, im Vergleich zu gestern ist es hier jetzt ruhig und entspannt – was sich in der nächsten halben Stunde jedoch schlagartig ändert, denn wir sind nicht die einzigen Touristen, die auf eine Insel möchten.

Insgesamt sind wir acht Leute, die in eines der vielen Schnellboote gebeten werden. Die rasante Fahrt dauert mehr als eine Stunde, wobei wir Male von mehreren Seiten begutachten können. In der Ferne sehen wir viele verschiedene Inseln, die allesamt aussehen wie im Werbefernsehen. Es ist ein Stück Paradies, keine Frage. Der Wind weht angenehm durch die Haare, die seit dem Reisestart vor knapp fünf Wochen ein ganzes Stück gewachsen sind. Mit unseren alten Sonnenbrillen sitzen wir auf der hintersten Bank des Bootes und sind absolut entspannt. Daniel scheint wieder völlig gesund zu sein, das erkennt man an seinem Grinsen.

Als wir nach der Ankunft den langen Steg entlang schreiten, legt gerade ein Gummiboot mit Tauchlehrer und -schüler ab. Wir schreiten direkt auf eine Hütte zu, vor der ein Angestellter mit einem Tablett aufwändig dekorierter Begrüßungscocktails steht. Nachdem er uns eine kleine Willkommensrede gehalten hat, will jemand unsere Rucksäcke abnehmen und zum Bungalow bringen, wir geben sie jedoch wie gewohnt nicht in fremde Obhut und tragen sie selbst. Auf dem Weg zu unserer Hütte überholen uns zwei Angestellte mit einem Wagen, der das gesamte Gepäck der anderen Gäste transportiert; es ist wohl normal, dass man seine Gepäckstücke nicht selber schleppt. Wir kommen uns ein bisschen doof vor, ich glaube, an diese Art von Urlaub müssen wir uns erst noch gewöhnen.

Unser Bungalow ist wunderschön, es fehlt wirklich an nichts. Rammi erinnert uns kurz an den Kleintierzoo in Quetta, in dem wir gewohnt haben – das hier ist genau das Gegenteil. Zehn Meter vom Haus entfernt ist das Meer. Das Wasser hat 25 Grad und ist glasklar, man kann metertief bis zum Grund blicken. Hinten am Steg werden kostenlose Tauchkurse angeboten, doch wir sind zu faul, uns die Ausrüstung anzuziehen und lehnen ab. Am Nachmittag gibt es Sandwiches und Süßigkeiten, aber wir holen uns nichts – wir sind zu faul, um die 200 Meter zu laufen. Ich verbringe den ganzen Nachmittag im Wasser und auf der Liege, Rammi schläft ein paar Meter weiter im Sand. Daniel ist irgendwo. Wir sind alle mit uns selbst beschäftigt, jeder macht, was er will. Obwohl die Insel so klein ist, dass sie in zehn Minuten zu Fuß umrundet werden kann, sehen wir uns den ganzen Nachmittag über nicht mehr. Erst zum Abendessen sitzen wir wieder gemeinsam am Tisch.

# Tag 31
## 08. März

Als ich neben Rammi aufwache, stelle ich fest, dass Daniels Bett noch unbenutzt ist, er war heute Nacht nicht da. Plötzlich steht er im Raum, sein Körper hat von den Waden bis zum Gesicht ein gleichmäßiges Caromuster, da er die Nacht auf einer Hängematte am Strand verbracht hat.

Wir leihen uns Schnorchelausrüstungen aus. Die Fische haben tatsächlich alle Farben, die man sich vorstellen kann. Die Schwärme gleiten seelenruhig vorbei, es gibt unglaublich viel zu entdecken, man weiß gar nicht, wo man zuerst hinschauen soll. Viel mehr als Schnorcheln und Abhängen gibt es auf der Insel allerdings nicht zu tun.

Ich setzte mich mittags mit Daniel in die Hütte und trinke Kaffee, er frühstückt ein Bier. „Es ist wunderschön hier, aber ich könnte nicht zwei Wochen hier verbringen, mir ist jetzt schon langweilig", sagt er und steckt sich eine Zigarette an. „Hier gibt's ja kein einziges Auto." Wir müssen beide lachen. Ich genieße die Zeit hier, es ist wahrhaft ein krönender Abschluss dieser Reise. Aber zwei Tage sind in der Tat genug.

Der letzte Tag geht schnell vorbei. Wir machen das, was wir schon gestern gemacht haben: nichts! Als wir am Abend ins Boot steigen, verschwindet die Sonne am Horizont schon langsam hinter dem Meer. Die einstündige Fahrt zur Flughafeninsel ist genau richtig, um mit den Malediven abzuschließen.

Bei den Zollformalitäten fällt uns auf, dass Rammis Digitalkamera im Boot geblieben ist. Er darf zwar noch mal den Flughafen verlassen, die Kamera allerdings ist unauffindbar, sie bleibt auf den Malediven. Wie bei seiner Videokamera dauert die Trauer um das verlorene Stück nicht mehr als eine halbe Stunde.

In der Dunkelheit heben wir ab. Nach einem Zwischenstopp in Colombo erreichen wir Frankfurt, es ist sonnig aber kalt, nur neun Grad. Am Gepäck-förderband warten wir vergeblich auf Rammis Rucksack – er ist nicht mit-gekommen.

Daniel wird von seiner Freundin abgeholt, Rammi und ich kaufen zwei Zugtickets für den ICE nach Günzburg. In einem Café am Flughafen verabschieden wir uns herzlich von Daniel und bedanken uns gegenseitig für die außergewöhnliche Zeit, die wir hatten. Auch wenn es hier und da während der Reise Streitereien gab, merken wir alle, dass die Reise uns noch enger zusammengeschweißt hat. Der Abschied ist nicht für lange, gleich nächste Woche treffen wir uns sowieso wieder.

Rammi und ich steigen in den Zug, er hat immer noch Shorts an, eine zweite lange Hose habe ich leider auch nicht dabei. Dazu trägt er mittlerweile meine Regenjacke, das war das einzige langärmelige Kleidungsstück, das ich noch im Rucksack hatte. Sein Gepäck bleibt tatsächlich unauffindbar. Während der Fahrt sitzen wir uns gegenüber, schauen aus dem Fenster und sprechen noch einmal über die letzten fünf Wochen, über die zwölf Länder, die wir durchquert haben, über den geplatzten Autodeal in Teheran – wir werden wohl nie erfahren, was damals vor sich ging. Wir lachen über vieles, was passiert ist und denken noch einmal an Keydi zurück, mit dem wir viel Aufregendes erlebt und den Autoverkauf hinter uns gebracht haben, reden über Merat und den Schweigsamen, der vielleicht gerade seinen Geländewagen mit unserem Werkzeug repariert und über unsere Autos, die uns nie enttäuscht haben und jetzt irgendwo in Afghanistan gefahren werden – vorausgesetzt, die Käufer denken daran, den Automatikhebel auf „P" zu stellen.

Mit zwei vollgepackten Fahrzeugen und jeder Menge Ausrüstung sind wir gestartet, jetzt sitzen wir hier im Abteil mit kurzen Hosen und einem einzigen halbvollen Rucksack. Wenn man das betrachtet, dann kommen wir mit viel weniger nach Hause, als wir mitgenommen hatten. Doch in Wirklichkeit sind wir um ein Vielfaches reicher: Die Erlebnisse und Erinnerungen, die wir mitbringen, sind unbezahlbar. Es war eine unvergessliche Reise. Ich würde sie sofort wieder machen.

**Hubert Luible**, der Autor, war zum Zeitpunkt der Reise 27 Jahre alt und befand sich im achten Semester seines Studiums der Sozialpädagogik in München. Seiner ersten sechsmonatigen Reise nach Asien und Neuseeland gemeinsam mit Rammi Dülger folgte dann die Fahrt mit dem eigenen Wagen durch die Westsahara mit Daniel Wachter und ein direkt anschließender dreimonatiger Aufenthalt in den USA. Nach weiteren Fahrten durch Afrika und Russland sowie der Durchquerung der Zentralsahara und einer erneuten Reise nach Neuseeland erfolgte dann die beschriebene Tour nach Indien.

**Rammi Dülger** war zum Zeitpunkt der Reise 28 Jahre alt. Seit seiner kaufmännischen Ausbildung ist er in Krumbach/Schwaben als Baustoffhändler tätig. Mit zwanzig Jahren brach Rammi zu seiner ersten großen Reise nach Asien und Neuseeland auf, wo er knapp sechs Monate verbrachte. Nach mehreren Touren durch verschiedene Teile Europas und der Türkei sowie einer weiteren dreimonatigen Reise nach Neuseeland war nun das nächste große Ziel der Landweg nach Indien.

**Daniel Wachter** war 27 Jahre alt, als er nach Indien aufbrach. Er ist KFZ-Meister und als selbständiger Autohändler in Augsburg tätig. Er unternahm bereits sechs Touren durch verschiedene Gebiete der Sahara – bis er mit einem alten Geländewagen von Augsburg aus seine längste Reise auf dem Landweg startete, die er dann vier Monate später erfolgreich am Kap der guten Hoffnung in Südafrika beendete. Weiteren Afrikatrips und mehreren Aufenthalten in den USA folgte dann die beschriebene Tour durch den Mittleren Osten.

*Mein Dank*

Für die tatkräftige Unterstützung bei der Entstehung dieses Buches geht mein Dank an meine Schwester Veronika für die Korrektur und an meine Schwester Irmgard, die den Text lektoriert hat. Des Weiteren danke ich Franz Kirschner, Angelika Plötz, Ralf Schmidt und Isabella Brcic für ihre wertvollen Tipps. Auch Patrick Weiß gilt mein herzlicher Dank für die grafische Gestaltung des Layouts und die Erstellung der Umschlagseiten.

Ein besonderes Dankeschön geht an meine Eltern Theresia und Ludwig Luible für die nervenaufreibende Wartezeit während diesen ungewissen 31 Tagen. Ich verspreche, dass ich auf der nächsten Reise mehr als eine Postkarte nach Hause schicken werde!

Last, but not least gilt mein Dank natürlich Daniel Wachter, Rammi Dülger, Andreas Rittler, Keydi aus Quetta, Merat und dem Schweigsamen aus Afghanistan sowie vielen weiteren Menschen, die uns auf unserem Weg nach Indien begegnet sind und diese Reise zu einem großartigen Erlebnis werden ließen.